상호작용
의미 화용론

상호작용 의미 화용론

김진석 지음

한국문화사

서문

우리는 사회적 존재로 다른 사람들과 소통하고 협력하며 살아간다. 일상생활에서 서로의 생각이나 감정을 말이나 글, 문자, 상징 등으로 표현하며 공동의 정보(common ground)를 구축한다. 자기 주도적으로 상황을 인지·판단하고 능동적으로 행동하는 주체자로 살아가야 하는 AI시대에서, 우리는 끊임없이 상호 주관적으로 의미를 표현하며 위계적·비위계적 개념들 간 연결을 강화하고 있다.

의미론은 표현과 대상물 간의 관련성을 밝히는 것이다. 이를 위해, 심리학자나 언어 철학자의 관점뿐만 아니라 사회·문화적 이론이나 민족지학적 접근 등을 고려해야 한다. 어떤 표현의 의미는 고정되어 있는 것이 아니라, 화자, 청자, 사회·문화적 맥락 등에 의해 역동적으로 결정되기 때문이다. 일상생활에서, 화자는 대화 참가자들에 대한 정보, 언어적 지식, 세계에 대한 지식 등을 바탕으로, 자신이 의도하는 정보를 형성하고 사회·문화적 맥락을 고려하여 발화한다. 청자는 심리적, 철학적, 언어적 요인, 사회·문화적 이론이나 민족지학적 접근 등을 모두 고려하여 화자의 의도를 해석한다. 이런 측면에서, 대화 참여자들 간 상호작용 시, 청자는 화자가 발화한 표현과 대상물 간 관계를 포괄적으로 분석할 필요가 있다. 이러한 포괄적 관련성(inclusive relationship)을 형성화(formulation), 맥락화(contextualization), 추상화(abstraction), 일반화(generalization)로 나누어 연구하는 것이 상호작용 의미·화용론이다.

화자는 자신의 의도를 개인 내적 층위에서 형성화한 후, 대인 간 층위에서 형성화된 단어, 구, 문장 등을 맥락화하여 발화한다. 대화 참여자들 간 일련의 상호작용의 과정 속에서 공유하는 지식(sharing knowledge)이 많아지면서 서로 간 의미를 구축하고 확장해 나간다. 그래서, 대화 참여자들이 표현한 단어, 구, 문장의 의미는 주관성(subjectivity), 상호 주관성(inter-subjectivity), 상호이해(mutual comprehension) 등이 고려되어야 하고, 공동체의 구성원들이 공유하고 있는 가치, 규범, 신념 등을 바탕으로 발화한다는 측면에서 사회이론과 민족지학적 방법론의 렌즈를 통해 제대로 분석될 수 있다.

이 책은 3개의 부와 9개의 장으로 구성되어 있다. 우선, 1부 '상호작용 의미·화용론 개관'은 1장 '상호작용 의미·화용론: 개념', 2장 '사회이론과 민족지학적 이론', 3장 '상호작용 의미·화용론: 구성과 가정', 4장 '상호작용 의미·화용론: 층위별 형성화·맥락화'로 구성된다.

상호작용 의미·화용론의 개념 및 프레임워크를 제시한 1장에 이어,

2장에서는 대화 참여자들이 구축하는 맥락화의 요인들을 살펴보고, 그들을 활용하여 표현하는 과정을 탐구하였다. 맥락은 대화 참여자들 간 의도하는 것을 수월하게 이해하며, 표현과 지시하는 대상이나 사물들 간 관련성을 어려움 없이 파악할 수 있도록 하기 때문이다. 대화 참여자는 자신의 생각이나 느낌을 표현하기 이전에 개인 내적 층위 단계에서 사건구조, 통사구조, 음운구조를 계획한 후, 대인 간 층위 단계에서 INTERACTION의 자질들을 선택하여 맥락화하고 발화한다. 물론, 화자는 개인 내적 층위 단계에서 언어맥락을 고려하여 메시지를 구성하며, 대인 간 층위 단계에서 상황 맥락과 사회·문화 맥락을 고려하여 메시지를 주고받는다. 대화 참여자들은 내적 층위에서 계획한 의도를 상황 맥락과 사회·문화 맥락에 적합하게 화행, 순서교대하기, 대화수정, 범위 등을 선택하여 맥락화한다. 대화 참여자들은 상호 주관성을 갖고 서로 전달하고 공유하고자 하는 의도를 발화하며, 그로 인해 공동의 정보(common ground)를 서로 구축하면서 상호작용한다.

  3장에서는 대화 참여자들 간 상호작용에 적합한 담화구조의 틀과 의미협상의 과정을 살펴보았다. 화자는 의사소통의 목적에 적합한 담화구조를 선택해야 하며, 의사소통이 자연스럽지 못하거나 단절이 일어나는 경우, 의미협상을 통해 상호작용이 효과적으로 일어날 수 있도록 해야 한다. 또한, 화자는 영역(field), 테너(tenor), 모드(mode)를 충분하게 고려하여 발화해야 한다. 화자는 말하고 있는 화제에 적합한 문장을 구성하고 어휘를 선정해야 하며, 전달할 내용을 듣거나 읽는 사람을 고려하여 언어를 격식 있게(formal) 사용할 것인지, 격식 없이(informal) 사용할 것인지를 결정해야 하며, 상대방에게 자신이 의도하는 것을 이메일로 할 것인지, 얼굴을 맞대고 대화를 할 것인지, 방송에 출연하여 말할 것인지 등을 결정한다. 이런 측면에서, 화자는 자신이 말하고자 하는 의도에 적합한 사건구조, 통사구조, 음운구조를 형성화하고, INTERACTION자질들을 바탕으로 화행 및 의미협상의 과정에 적합한 담화구조를 구축하여 상호작용한다는 것을 살펴보았다.

2부 '단일문장의 의미·화용'은 4장 '사건 간 시간해석', 5장 '보문절의 의미해석', 6장 '등위접속 요소들 간 의미해석'으로 구성된다.

4장에서는 화자가 개인 내적 층위에서 언어적 지식, 언어맥락 등을 고려하여 언어를 거시·미시계획하고, 대인 간 층위에서는 주어진 일차적 시간(given primary time: GPT), 주어진 일차적 공간(given primary space: GPS) 등의 상황 맥락, 세상에 대한 지식 등의 사회·문화맥락을 바탕으로 맥락화하여 표현하는 일련의 과정을 설명하기 위해, 사건진전체계를 구축하였다. 또한, 그 체계를 통해 텍스트에 나타나는 사건 간의 시간 관련성을 해석하며, 완료상과 진행상이 갖는 의미를 분석하였다. 더욱이, 어휘상의 자질들과 진행상 간의 자질점검을 통하여 진행상의 문법성과 미완료 모순을 분석하였다. 즉, 종결성 자질인 [telic], 역동성 자질인 [dyn], 순간성의 자질인 [inst] 등을 사용하여 진행상의 문법성을 설명하였다.

5장에서는 화자가 개인 내적 층위에서 모문절과 보문절 간의 시간해석이 회상해석이나 동시해석이 될 수 있도록 보문소와 시제 간의 관련성을 고려하여 통사구조를 형성화한 후 발화하는 과정을 살펴보았다. 화자는 개인 내적 층위에서 모문과 보문 간의 시간 관계를 설명하기 위해, 보문소의 역할, 모문과 보문의 발화시(speech time: S)나 사건시(event time: E) 등의 관계를 제대로 연관시켜 계획하고 발화한다. 이에, 화자는 보문소와 시제가 보문절의 의미해석에 중요한 역할을 하기 때문에 보문소의 종류와 통사적 위치를 결정한다. 이런 점을 바탕으로, 동사의 특성이 시제일치규칙에서 예외로 처리하는 현상을 설명할 수 있으며, 부사, 시제, 문맥 등에 의해 보문절의 다양한 해석들을 분명하게 해석할 수 있음을 살펴보았다.

    6장에서는 대화 참여자들이 서로 등위접속 요소들 간 시간해석을 명료하게 이해할 수 있도록 등위접속의 의미구조를 형성화(formulation)한 후 맥락을 구축하고 발화하는 일련의 과정을 살펴보았다. 어휘상, 인과성, 문맥정보 등의 요인들이 등위접속 요소들 간 다양한 시간관계(선후관계, 동시관계, 포함관계, 설명관계, 대조관계 등)를 해석하는데 미치는 요인들이라는 것을 살펴보고, 그 요인들 간의 우선 적용 순위를 검증하였다. 다시 말해서, 등위접속 요소들 간의 시간관계를 순서성 수칙, 어휘상, 인과성, 문맥정보, 세상 지식 등으로 적절하게 해석할 수 있지만, 그 요인들 간의 우선 적용순위를 정한다면 문맥정보나 세상 지식이 순서성 수칙이나 어휘상보다 우선 적용될 수 있는 요인이라는 것을 논의하였다. 또한, 그 요인들을 바탕으로 담화에 나타난 등위접속 요소들 간의 다양한 시간해석의 양상들을 상호작용 의미·화용의 관점에서 살펴보았다.

3부 '문장들 간 의미·화용'은 7장 '사건진전체계와 장르별 텍스트 분석', 8장 '거시 텍스트 구조: 사건 간 의미해석과 전경', 9장 '연설문에 나타난 헤지 분석'으로 구성된다.

7장에서는 거시 텍스트 구조에서의 사건 간 시간관계를 해석하는 데 관련되어 있는 요소들과 사건진전 양상에 대해 살펴본 후, 장르별 텍스트 분석의 결과를 바탕으로 사건 간 시간관계를 결정하는 요인들이 무엇이며, 장르별로 나타나는 사건진전층위의 양상이 어떠한지 비교하였다. 화자(작가)와 청자(독자) 간 상호작용 시, 화자(작가)는 자신의 의도를 개념-사건구조, 통사구조, 음운구조 형성화한 후, 상황 맥락과 사회·문화 맥락의 자질들을 바탕으로 그 의도를 맥락화하여 청자(독자)에게 표현한다. 이런 측면에서, 독자는 작가가 표현한 사건들 간 시간 관련성을 제대로 해석하기 위해, 상황 맥락과 사회·문화 맥락의 자질들로 작가가 표현한 의도를 파악하려고 한다. 사건진전 양상과 사건진전층위를 기반으로 설정한 분석의 틀로 사건 간 진전이 현저하게 나타나는 설화 텍스트 The Pearl, 에세이 The Nature of Symbolic Language, 신문기사 Princess Diana, 연설문 Inaugural Address 등을 분석하여, 그 틀의 타당성을 입증하였다.

8장에서는 거시 텍스트 구조의 갈등과 절정 부분이 다른 부분에 비해 사건 진전이 많이 일어나서 전경정보의 빈도수가 높게 나타나는 반면에, 발단과 결론에서는 비교적 낮게 나타난다는 가설의 타당성을 검증하기 위해, 사건 간의 진전이 현저하게 나타나는 Fitzgerald의 The Great

Gatsby(GG), Mark Twain의 The Adventures of Tom Sawyer(ATS), Defoe의 Robinson Crusoe(RC), Hemingway의 The Old Man and the Sea(OMS), Steinback의 The Pearl(P)을 분석하였다. 분석 결과, 첫째 갈등과 절정 부분에 사건진전이 발단과 결론에 비해 비교적 많이 나타난다는 가설의 타당함이 입증되었고 둘째, GG, ATS, RC, OMS, P 모두 공통적으로 사건 간 진전이 절정에서 가장 빈도수가 많았고, 그 다음으로 갈등, 도입, 결말 순으로 나타났으며 셋째, 어휘상 중 성취 동사와 완수 동사가 사건 간 진전을 결정하는데 핵심적 역할을 하였다.

9장에서는 연설문의 분석을 통해 추출한 어휘적, 통사적 헤지 표현들의 자료를 바탕으로 헤지에 대한 개념을 다시 정립하고, 그것에 기초하여 연설문에 나타난 어휘적, 통사적 헤지 표현의 양상과 의미를 분석하고자 하였다. 헤지는 대화 참여자들 간 상호작용이 원만하게 이루어지도록 하는 역할을 한다. 화자는 연설문에서 좋지 않은 표현들의 부정적 의미를 부드럽게 하거나 발화를 객관적이고 모호하게 하기 위해 헤지를 표현한다. 또한, 화자는 판단을 유보하기 위해 헤지를 표현하기도 한다. 화자는 공손성 원리뿐만 아니라 의사소통의 전략적 측면도 고려하여 상호작용하고 있다는 것을 보여준다. 이는 화자가 표현하고자 하는 단어, 구, 문장과 대상물 간 관련성을 상대방이 포괄적으로 탐구해야 할 이유다.

화자는 내적층위에서 상대방에게 표현할 의미·개념을 사건구조로 구조화한다. 대인 간 층위에서 형성화한 언어(단어, 구, 문장 등)를 상황 맥락과 사회·문화 맥락을 고려하여 맥락화(contextualization)하고 대화 참여자들과 의미협상(negotiation of meaning)한다. 이러한 형성화와 맥락화를 모두 고려하여 표현과 대상물 간 관련성을 분석하는 상호작용 의미·화용론은 대화 참여자들이 논리형태뿐만 아니라 맥락 자질을 선정·수정·확장하면서 다양하고 역동적인 형태로 표현하는 것을 분석의 대상으로 삼는다. 상호작용 의미·화용론은 언어학과 사회·문화·민족지학을 바탕으로 하는 거시맥락, 미시맥락과 상호작용하면서 의미가 구축되고 있음을 살펴보고, 대인 간 상호작용에서 상황에 적합하고 효과적으로 교섭이 이루어지고 있는지를 분석한다. 따라서, 대화 참여자가 표현한 단어, 구, 문장과 대상물 간 포괄적 관련성을 밝히는 데 초점을 둔 상호작용 의미·화용론이 탐구되어야 할 시점이다.

  이 책을 완성할 수 있도록 도움을 주신 한국문화사 김진수 사장님, 조정흠 부장님, 진나경 대리님께 감사의 뜻을 표한다. 여러 가지 부족한 책이지만 독자들이 이 책을 통해 조금이나마 도움을 얻을 수 있다면 큰 기쁨이다.

2024년 12월
저자 김진석 씀

차례

서문 · 5

1부 상호작용 의미 화용론 개관	17

제1장 상호작용 의미 · 화용론: 개념과 프레임워크	19
1. 상호작용 의미 · 화용론: 개념	20
2. 사회이론과 민족지학적 이론	25
3. 상호작용 의미 · 화용론: 구성과 가정	29
4. 상호작용 의미 · 화용론: 층위별 형성화 · 맥락화	35
4.1. 개인 내적 층위의 형성화	36
4.2. 대인 간 층위의 맥락화	41

제2장 상호작용 의미 · 화용론: 맥락화의 과정	59
1. 상황 맥락과 사회 · 문화 맥락	60
2. 상호작용의 자질들과 맥락화	66
3. 거시 · 미시 계획과 맥락화	72
4. 맥락 구축 · 수정 · 확대	78

제3장 담화구조와 상호작용	91
1. 상호작용: 행위, 이동, 그리고 교환	92
2. 담화구조의 틀	98
2.1. 순서교대	98
2.2. 인접쌍	100
2.3. IRE/IRF	103
2.4. 정보구조	111

3. 상호작용과 근접발달영역　　　　　　　　　　　　114
　　4. 상호작용과 협동원리　　　　　　　　　　　　　　119

2부 단일문장의 의미·화용　　　　　　　　　　　　127

제4장 사건 간 시간해석　　　　　　　　　　　　　　129
　　1. 사건진전 요인: 어휘상　　　　　　　　　　　　130
　　2. 사건 진전 요인: 부사와 문맥정보　　　　　　　139
　　　2.1. 부사　　　　　　　　　　　　　　　　　140
　　　2.2. 문맥정보　　　　　　　　　　　　　　　142
　　3. 사건진전양상과 사건진전층위　　　　　　　　　144
　　　3.1. 사건진전 양상　　　　　　　　　　　　　144
　　　3.2. 사건진전양상과 층위　　　　　　　　　　148
　　4. 담화의 시간 체계와 시제 및 관점상의 의미해석　155
　　　4.1. 담화의 시간체계와 시제의 의미　　　　　156
　　　4.2. 관점상의 의미와 통사: 완료상과 진행상　159

제5장 보문절의 의미해석　　　　　　　　　　　　　193
　　1. 보문절의 시간해석 및 분석의 문제　　　　　　194
　　2. 보문소의 종류와 특성　　　　　　　　　　　　196
　　3. [that-t]효과　　　　　　　　　　　　　　　　202
　　4. 보문절의 역동적 의미해석　　　　　　　　　　221
　　　4.1. 통사론적 접근　　　　　　　　　　　　　221
　　　4.2. 형식의미론적 접근　　　　　　　　　　　226
　　　4.3. 보문절의 역동적 해석　　　　　　　　　229

제6장 등위접속 요소들 간 의미해석   241
   1. 등위접속 요소들 간 시간 관련성   242
   2. 등위접속 요소들 간 상호작용 의미·화용   244
   3. 어휘상과 등위접속 요소들 간 의미   247
   4. 문맥을 고려한 등위접속 요소들 간 의미해석   250
   5. 등위접속 요소들 간 역동적 의미해석   254

3부 문장들 간 의미·화용   267

제7장 장르별 텍스트 분석   269
   1. 텍스트에서의 사건진전체계   270
   2. 장르별 텍스트 분석   277
     2.1. 설화 텍스트   277
     2.2. 에세이   282
     2.3. 신문   285
     2.4. 연설문   288
   3. 장르별 텍스트 비교 분석   291

제8장 거시 텍스트 구조: 사건 간 의미해석과 전경   299
   1. 거시 텍스트에서의 사건진전체계와 가설   300
   2. 전경   307
   3. 거시 텍스트 구조   308
   4. 거시 텍스트에서의 사건진전과 전경   312

제9장 연설문에서의 헤지(hedge) 표현   325
   1. 헤지란 무엇인가?   326
   2. 어휘 측면에서의 헤지   329

  2.1 완화어   330

  2.2 서법성   335

 3. 통사적 측면에서의 헤지   337

  3.1. 인칭구문   337

  3.2. 비인칭구문   339

  3.3 수동태   341

 4. 연설자들 간의 헤지 비교 분석   342

참고문헌 · 349

찾아보기 · 366

1부

상호작용 의미 화용론 개관

제1장

상호작용 의미·화용론: 개념과 프레임워크

> 대화 참여자들 간 상호작용의 핵심은 의미 해석이다.
> — Deppermann (2011)

생각하기
1. 상호작용 의미·화용론은 의미론이나 화용론과 어떤 차이가 있는가?
2. 사회이론과 민족지학적 이론은 상호작용 의미·화용론에 어떤 영향을 주고 있는가?
3. 상호작용에서 의미가 생성되고 복원되는 방식을 어떻게 설명할 것인가?

　우리는 사회적 존재로 다른 사람들과 소통하고 협력하며 살아간다. 대화 참여자들은 일상생활에서 상호 주관적 관점을 갖고 서로의 생각이나 감정을 말이나 글, 문자, 상징 등으로 표현하면서 공동의 정보(common ground)를 구축한다. 자기 주도적으로 상황을 인지·판단하고 능동적으로 행동하는 주체자로 살아가야 하는 AI시대에서, 대화 참여자들은 끊임없이 상호 주관적으로 의미를 형성화·맥락화하고 위계적·비위계적 개념들 간 네트워킹[1]하면서 효과적이고 적절하게 상호작용해야 한다. 이 장에서는 상호작용 의미·화용론의 개념과 그 틀을 살펴보고, 대화 참여자들이 그 틀을 바탕으로 서로 전달하고 공유하려는 의미를 어떻게 형성

1　개념들 간 연결은 사고나무의 가지(계통), 위계적 체계, 수직적 구조의 이원적 방식뿐만 아니라 나무의 뿌리(연동), 비위계적 체계, 수평적 구조의 리좀(rhysome)적 방식을 말한다.

화(formulation)하고, 그것을 어떻게 맥락화(contextualization)하는지를 살펴보고자 한다.

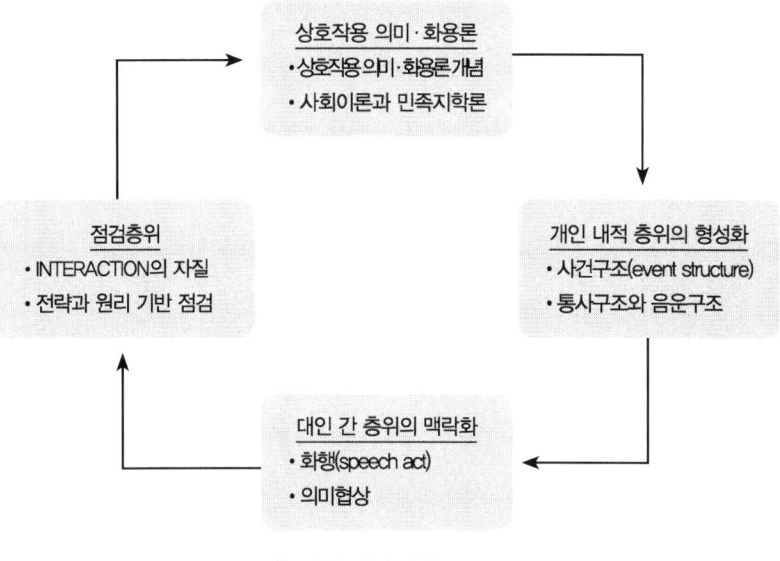

[그림 1] 핵심 개념 흐름도

1. 상호작용 의미·화용론: 개념

우리는 일상생활 속에서 자신의 생각, 감정, 의견을 언어적·비언어적으로 표현하며 살아간다. 대화 참여자들 간 의사소통 시, 화자는 청자에게 의도(intention)하는 것을 표현하고, 청자는 화자가 의도하는 것을 해석하면서 응답한다. 다음 부부 간 대화를 살펴보자.

(1) 아내: 어제 그 책이 어디 있지요?
남편: 그 책상 위에 놓았어요.

어제 아내가 서점에서 흥미로운 책을 샀다며 남편에게 보여주었고 남편이 재미있게 책을 읽고 있었던 장면을 떠올리며 물어보고 있는 상황이다. 굳이 책의 제목을 말하지 않아도 '그 책'이 가리키는 것이 무엇인지를 알고, 거실에 있는 '책상'이라는 것을 말하지 않아도 '책상'이 어디에 있는지를 알면서 서로 대화를 나누고 있다.

아내는 '책'을 가리킬 수 있는 여러 가능한 의미들의 집합(책꽂이에 있는 책, 책상에 놓여있는 책, 거실에 있는 책 등)을 살펴보고, '책'이 거실의 책상 위에 있는 책을 지시한다는 것을 인지한다. 이렇게 표현(expression)과 실세계에서의 대상물(object) 간 관련성(relationship)을 살펴보는 것은 의미를 해석하는 데 필수적이다. 물론, 대상물은 실물이 될 수도 있고, 심리적 실재물(mental object)이 될 수도 있다. 이러한 관련성을 규명하는 것이 의미론(semantics)이다.

또한, 화자가 발화한 '그 책'은 대화자들 간 공유된 맥락 속에서 '어제 서점에서 샀던 책'을 가리키고 있다는 것을 알 수 있다. 표현과 대상물 간 가능한 관련성을 화자와 청자 간 상호작용의 맥락(context) 속에서 인지하고 있다. 언어지식과 세계에 대한 지식(world knowledge)을 바탕으로 맥락 속에서 언어적·비언어적 표현이 어떻게 사용되고 있는지를 고찰하는 것이 화용론(pragmatics)이다[2]. 이런 측면에서, 화용론에서는 대화 참여자들이 표현하고 의미를 공유한 맥락을 사용하여 어떻

---

2   Griffiths(2023: 1)에 의하면, 화용론은 언어가 어떻게 사용되는지를 고찰하는 것으로, 맥락을 고려하여 의미지식과 세계에 대한 지식(world knowledge) 간 상호작용을 연구하는 분야이다.

게 추론(inference)하는지를 연구(Fasold, 1990: 119)한다. 추론은 발화가 일어난 맥락(O'Keeffe외, 2011: 1)을 바탕으로 한 대화 참여자들의 연역(deduction)을 말한다(Christie, 2000).

대화자들 간의 표현과 대상물 간의 관계는 심리, 철학, 언어의 관점에서 연구되어 왔다. 심리학자들은 개개인이 어떻게 학습하는지, 정보를 어떻게 기억하고, 회상하고, 망각하는지, 문제를 어떻게 분류하고, 판단하고, 해결하는지에 관심이 있다(Kreidler, 2014: 2). 그들은 인간의 마음이 어떻게 의미를 찾고 의미와 함께 어떻게 작동하는지를 연구한다. Ogden & Richards(1923: 11)에 의하면, 화자가 어떤 표현을 했을 때, 화자의 마음속에 있는 그 표현의 관념이나 개념(concept)에 의해 표현과 심리적 실재물 간 관련성이 맺어질 때 의의(sense)를 갖게 된다.

또한, 언어 철학자들은 인간이 어떻게 알고, 우리가 알거나 받아들이는 어떤 특정 사실이 다른 사실들과 어떻게 연관되는지에 관심이 있다(Kreidler, 2014: 2). 그들은 그 사실보다 먼저 일어나야하는 것이 무엇인지(전제), 그 사실의 결과(consequence)가 어떻게 나타날지(함의), 어떤 진술(statement)이 상호 모순적인지, 어떤 문장들이 동일한 의미를 다른 단어들로 표현하는지, 어떤 문장들이 서로 연관되는지에 초점을 둔다.

대화자들의 표현과 대상물 간의 관계는 심리학자나 언어 철학자의 관점뿐만 아니라 사회·문화적 이론이나 민족지학적 접근 등을 고려하여 분석해야 한다. 어떤 표현의 의미는 고정되어 있는 것이 아니라, 화자, 청자, 사회·문화적 맥락 등에 의해 역동적으로 결정되기 때문이다. 화자는 대화 참가자들에 대한 정보, 언어적 지식, 세계에 대한 지식 등을 바탕으로, 자신이 의도하는 정보를 형성하고 사회·문화적 맥락을 고려하여 발화한다. 이러한 역동적 과정을 제대로 분석하기 위해서는 심리적, 철학적, 언어적 요인, 사회·문화적 이론이나 민족지학적 접근 등을 모두 고려하여 어떤 표현과 대상물 간 관련성을 해석해야 한다. 이런 측면에서, 대화 참여자들 간 상호작용 시, 화자가 발화한 표현과 대상물 간 관계를 포괄적으로 분석할 필요가 있다. 이러한 포괄적 관련성(inclusive relationship)을 형성화(formulation), 맥락화(contextualization), 추상화(abstraction), 일반화(generalization)로 나누어 연구하는 것이 상호작용 의미·화용론이다. 상호작용 의미·화용론의 구성과 흐름은 정보처리 이론(Connell, 2005)과 상호작용 의미·화용론의 과정이 다음과 같이 병합되어 구도화될 수 있다.

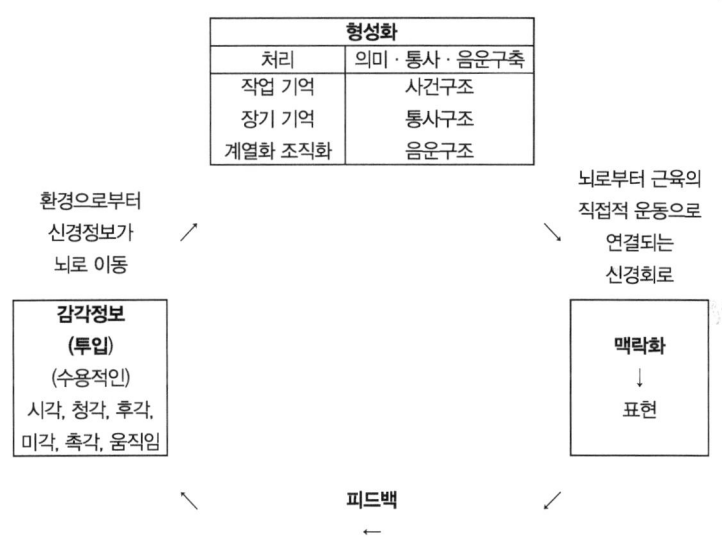

[그림 2] 상호작용 의미·화용론 구성과 흐름도

위의 그림에서와 같이, 화자가 시각, 청각 등을 통해 정보를 수집하면, 그 정보가 뇌로 이동되게 된다. 다시 그 정보는 작업 기억(working memory)을 통해 계열화되는데, 이 때 인지하지 못한 내용은 소멸된다(김진석, 2023). 또한, 더 심도있게 처리할 필요가 있는 정보는 조직화되어 장기기억(long-term memory)으로 부호화된다. 이렇게 환경으로부터 받은 정보가 처리되면 그것을 바탕으로 화자는 자신의 생각이나 감정에 적합한 사건구조, 통사구조, 음운구조를 구축하고, 맥락화하여 새로운 감각정보를 창출한다. 대화 참여자들은 이야기를 들으면서 정보를 받아들이고, 이미 알고 있는 이야기의 내용을 자신들이 겪은 경험과 관련지으면서 마음속에서 조직화하며(Connell, 2005), 대화자들 간 새로운 정보를 표현하고 공동의 정보(common ground)를 구축한다.

　형성화는 대화 참가자들 간 상호작용에서 자기 설명적이고 정보적이며 사건들이 구체화될 수 있음을 보여준다(Deppermann, 2011). 형성화에서는 순차적 구성과 정확한 언어 설계(linguistic design)가 강조된다. 대화 참여자들은 상호주관성을 갖고 의미를 설명하거나 환문한다. 상대방이 발화한 의미를 설명하기 위한 것이 아니라 자신이 주관적으로 해석하고 인식한 후 자신의 관점을 계획하고 표현하는 것이다. 그래서, 형성화는 선택적이고 관점적이며, 우발적이지만 구성적이고 풍부한 추론이 가능하다(Heritage and Watson, 1979; Drew, 2003; Antaki, 2008).

　추상화와 일반화는 전문적인 형성화의 전형이다(Deppermann, 2011). 시간적, 공간적, 개인적 세부 사항의 사례들을 특정 사례로 추상화하는 것은 전문적 실행의 핵심이다. 추상화는 대화 참여자들 간 상호작용 시, 과제를 완수하거나 문제를 해결하는 데 필요한 핵심요소를 확실하게 이해하고 복잡함을 단순화하는 과정이기 때문이다. 또한, 일반화는 파악한 일반 패턴을 적용하는 과정으로 적용 가능성을 입증하여 명료성을 확보할 수 있다. 일상에서 대화 참여자들은 무슨 일이 일어났는지에 대해 잘 알고 있으며, 추상적이고 일반화가 가능한 범주화의 전문가다. 이런 측면에서, 대화 참여자들은 상호작용 시 상호 주관적으로 의미를 형성화·추상화·일반화·맥락화 하면서 표현하고 공동의 정보를 구축해 나간다고 할 수 있다.

2. 사회이론과 민족지학적 이론

상호작용은 대화 참여자들 간 면대면의 직접적 상호작용과 비대면의 간접적 상호작용으로 대별될 수 있다. 대화 참여자들의 분류에 따라 대인 간 의사소통과 대물 간 의사소통으로 나눌 수 있다. 대인 간 의사소통은 '발신자와 수신자가 의사소통의 주체인 개인 간 의사소통과 매스 커뮤니케이션으로 칭하는 사회의 의사소통'(Castells, 2013)으로 나눠진다. 매스 커뮤니케이션은 상호작용할 수도 있고, 책, 신문, 영화, 라디오, TV 등과 같은 메시지를 일방향으로 전달할 수도 있다. 인터넷, 페북, 카톡 등의 다양한 테크놀로지를 통해 상호 작용성이 활발하게 일어나는 경우다. 물론, 메스컴과 다양한 매체가 결합하여 새로운 형태의 양방향 의사소통이 일어나는 경우도 있다. 또한 대물 간 의사소통은 직·간접적으로 대상물과 교감하는 소통이라 할 수 있다.

인간은 사회적 존재로 일상을 살아가면서 다양한 시공간에서 수많은 사람들과 직·간접적으로 네트워킹하고 상호작용한다. 이러한 초연결 사회에서는 개인(들) 간 언어적·비언어적 의사소통을 통해 서로의 감정이나 의견을 주고받기도 하고, 매스컴이나 SNS 등을 통해 간접적으로 상호작용할 수도 있다. 사람들은 언어로 서로 의사소통하고, 정체성을 구축하며, 공동체의 구성원이 되지만, 언어가 상호작용에 어떻게 기능하는

지를 이해하지 못한다면, 의사소통이나 정체성 및 공동체를 이해하는 데 어려움이 있을 수 있다(Young, 2008: 3).

상호작용에 대한 논의는 Mead, Vygotsky 등으로 거슬러 올라갈 수 있다. 그들은 대화 참여자들이 상호작용의 상황에서 발화한 행위가 서로에게 어떠한 의미를 주는지를 이해하고 서로 수용 가능한 상호작용의 과정에 초점을 둔다. 이러한 상호작용의 특징은 ① 상호작용의 결과로 개개인의 자아의식이 형성되고, ② 타인과의 상호작용을 통해 의미를 이해하며, ③ 상호작용 시, 사회적으로 주어진 의미를 중심으로 상대방이 어떤 대응을 할 것인가를 예견하면서 발화하는 과정적 측면을 중시한다. 대화 참여자들은 상호작용하는 일련의 과정 속에서 의미를 명료하게 하며, 역동적으로 의미를 상호 주관적으로 공유하고 창조한다.

언어의 사회적 기능을 중요시한 Firth는 발화(utterance)를 상황 맥락(context of situation)과 연결하여 어떤 표현의 의미를 맥락적 의미(contextual meaning)로 분석한다. 의미는 맥락적 관계의 복합체로 간주하고, 음성학, 문법, 어휘, 의미 등은 적절한 맥락 속에서 복합체의 구성요소로 적절하게 기능한다(Firth, 1957: 190). 이러한 맥락화는 어떤 단어가 새로운 맥락 속에 사용될 때 새로운 단어가 된다는 관점에서, 단어가 구, 문장, 단락을 구성하면서 점점 확장해 나간다. 이는 궁극적으로 문화맥락으로 확장하여 제시된 단어가 포괄적 의미를 갖게 되는 것으로 분석될 수 있다.

Firth의 영향을 받은 Lewis(1972)는 청자가 화자의 발화를 정확하게 분석할 수 있도록 하기 위해 좌표(co-ordinate)를 설정하였다.

Lewis(1972)의 좌표

(a) 가능세계 좌표(possible-world co-ordinate): 일어날 수 있고, 일어날 수 있음 직한, 실제 일어난 상황을 설명하는 좌표
(b) 시간 좌표(time co-ordinate): 시제나 'today, next week' 등의 명시적 시간부사(explicit temporal adverb)를 설명하는 좌표
(c) 장소 좌표(place co-ordinate): 'here it is' 등의 문장을 해석하는 좌표
(d) 화자 좌표(speaker co-ordinate): 1인칭 지시(I, me, we, our)를 포함하고 있는 문장을 해석하는 좌표
(e) 청자 좌표(audience co-ordinate): 2인칭 지시(you, yours, yourself)를 포함하는 문장을 해석하는 좌표
(f) 지시 대상물 좌표(indicated object co-ordinate): 지시표현(this, those 등)을 포함하고 있는 문장을 해석하는 좌표
(g) 선행 담화 지시 좌표(previous discourse): 선행 담화 지시어(the latter, the aforementioned 등)를 포함하는 문장을 해석하는 좌표
(h) 할당 좌표(assignment co-ordinate): 무한한 일련의 사물들(사물들의 집합이나 배열)을 말함

Lewis(1972)의 영향을 받은 Hymes(1974)는 의사소통을 '대화 참여자가 어떤 맥락 하에서 자신의 감정, 생각, 의견 등을 표현하는 것(who says what to whom under what contexts?)'으로 정의하고, 대화 참여자들의 발화를 정확하게 분석하기 위해, SPEAKING의 요인들(2장 참조)을 제시하였다. 이후, Young(2006), Walsh(2011), Bilmes (2012) 등은 대화 참여자들 간의 표현이 갖는 의미를 상호작용의 측면에서 구체적이고 상세하게 분석한다. 그들은 대화분석(conversational analysis: CA)을 통해 상호작용을 연구해 왔다. CA는 순서교대(turn-taking)와 대화의 순차적 조직화에 초점을 맞추고 있다. 그러나, 대화 참여자들이 언어 및 기타 요

인들을 사용하여 의미를 생성하는 방법과 맥락 속에서 언어를 해석하는 데 사용하는 요인과 절차는 아직 눈에 띄게 규명되지 못하고 있다(Deppermann, 2011; Maynard, 2011).

무엇보다도, 표현과 대상물 간의 관련성을 분석하기 위해서는 민족지학적으로 접근할 필요가 있다. 대화 참여자들은 함께 살아가는 공동체 사회의 구성원으로 청자에게 전달하고자 하는 의미를 관념적으로 구축하고 표현하기 때문이다(Langer 외, 2021). 실제, 대화 참여자들 간 상호작용 시, 의미는 개인 심성 모형(personal mental model)과 문화 모형(cultural model)에서 나온다고 할 수 있다(Shore, 1996: 47). 개인 심성 모델은 다른 사람이 겪을 수 없는 자기만의 유일한 경험의 결과들에 의해 형성된다. 다시 말해서, 공동체의 일원이지만 개인적으로 구축한 물리적 세계를 표상하는 것을 가정하고 있다. 반면에, 문화 모델은 관념적으로 구축되고 공동체 사회에서 공유되는 인지적 자료(cognitive resource)들이며, 한 공동체 사회의 구성원으로 생활하면서 겪게 되는 끝임 없는 의미 협상(negotiation of meaning)의 결과로써 형성되고 변형되는 것으로 다음과 같이 구도화 할 수 있다(김진석, 2015).

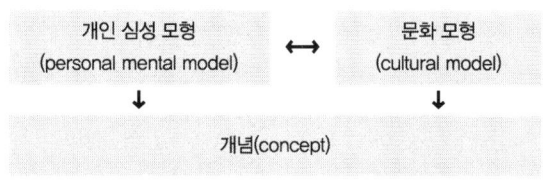

[그림 3] 개념 구축 모형(Shore, 1996)

위의 그림에서와 같이, 개인 심성 모형과 문화 모형은 상호 연관되어 있다. 한 사람의 심성 형성과 변화는 다른 사람들과의 끝임 없는 상호작용의 과정이기 때문이다. Shore(1996: 56)는 문화 모형을 구조 모형과 기능 모형으로 세분한다. 구조 모형은 언어적 하위 모형과 비언어적 하위 모형들로 세분된다. 구조모형에서는 개인이 다른 사람들과 상호작용하면서 상대방의 문화적 기능과 언어적·비언어적 구조를 이해하게 되고 담화 공동체 문화를 나름대로 체득하게 된다(김진석, 2015). 기능 모형은 방향적 기능, 표현적 기능, 과제(task) 등으로 유형화된다.

위의 개념 구축 모형과 같이, 화자가 상호 주관적으로 의미를 형성화한 후, 발화한 의미들을 청자가 제대로 파악하고 응답하기 위해서는 민족지학적 배경이 고려될 필요가 있다. 대화 참여자는 공동체가 담고 있는 가치, 규준, 신념, 사회적 관습을 바탕으로 생각과 느낌을 형성하고 표현하면서 공동체의 구성원들과 관계를 맺어가는 사회적 존재이기 때문이다. 이러한 접근을 통해, 대화 참여자들은 상호작용의 일관성있는 순서를 발견하고, 지나칠 수 있는 부조리하고 미묘한 상호작용을 인식하며(Deppermann, 2000), 그들이 선택한 기능과 인식론적 배경을 바탕으로 의미를 심도있게 파악할 수 있다.

3. 상호작용 의미·화용론: 구성과 가정

화자가 표현하는 단어, 구, 문장들의 의미를 제대로 해석하기 위해서는 관찰 가능한 대화와 현상들을 분석할 수밖에 없다. 대화 참여자들 간 의사소통 시, 단어, 구, 문장들은 맥락이 고려되지 않고 사용되지 않기 때문이다. 사례 분석에서 광범위한 의미론적 문제(의미의 참조, 추론, 평가 및 논증 측면 포함)가 일부 자세하게 다루어져 왔다. 그러나, 순차적으로 조직된 대화가 어떻게 작동하는지 입증하였을 뿐, 상호작용에서 의미가 어떻게 조직되는지를 제대로 설명하지는 못하고 있다(Deppermann, 2011).

화자는 상황 맥락이나 사회·문화 맥락을 바탕으로 의미를 구축하여 효과적이고 적절하게 표현해야 한다. 상호작용 의미·화용론은 언어지식(Linguistic Knowledge)과 세계에 대한 지식(World Knowledge)으로 구성된다. 언어지식은 화자가 기저에 가지고 있는 의미, 통사, 음운에 대한 지식으로, 의미론, 통사론, 음운론에서 연구되고 있다. 언어지식과 세계에 대한 지식을 바탕으로 상황 맥락이나 사회·문화 맥락에서 실제로 사용된 언어를 연구하는 분야로는 화행론(speech act), 화용론(pragmatics), 담화분석(discourse analysis), 사회 언어학(socio-linguistics) 등이 있다.

대화 참여자들 간 상호작용 시, 개개인에게 내재되어 있는 언어지식은 사회·문화적 요인 등과 같은 맥락과 상호작용하게 된다. 화자는 언어지식과 세계에 대한 지식 간 상호작용을 바탕으로 의미를 형성한 후, 청자에게 표현한다. 이를 다음과 같이 구도화할 수 있다.

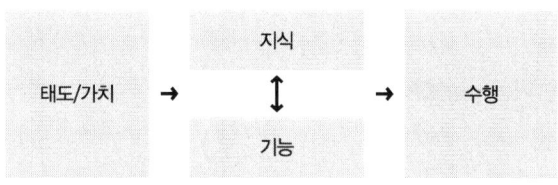

[그림 4] 대화 참여자들 간 상호작용의 내적·외적 층위

태도·가치와 지식은 내적층위에 해당되고 기능은 대인 간 층위에 속한다. 화자는 언어지식을 반영하여 청자와 효과적이고 적절하게 상호작용한다. 그래서, 어떤 표현의 의미를 해석할 경우, 의미론과 화용론으로 분리되어 연구될 것이 아니라 그 의미를 의미론뿐만 아니라 화용론적 측

면에서도 바라보아야 한다.

  대화 참여자들 간 상호작용에서, 화자는 일련의 단계별로 자신의 의도를 구축하고 청자에게 발화한다고 할 수 있다. Pence와 Justice(2008)에 의하면, 대화 참여자들 간 의사소통의 과정을 '형성(formulation), 전달(transmission), 수용(reception), 이해(comprehension)'와 같은 일련의 단계별로 나누고, 그 단계에 작용하는 언어·발화·청각의 역할을 중심으로 상호작용의 과정을 분석하였다(김진석, 2013). 이는 의사소통의 핵심적 요소들 즉 화자의 메시지 '형성'과 '전달', 청자의 메시지 '수용'과 '이해', 의사소통을 위한 상징적 수단을 포함하는 의사소통 모델을 기반으로 하고 있다(김진석, 2013). '형성' 단계에서는 타인과 공유하기 위해 사고와 개념을 낱말로 조합하고, '전달' 단계에서는 사고와 개념을 타인에게 전달하며, '수용' 단계에서는 화자가 발화한 메시지를 받아들이고, '이해' 단계에서는 화자가 발화한 메시지의 의미를 이해하게 된다.

  상호작용이 잘 이루어지려면 대화 참여자들은 상호 주관적으로 구축한 의미를 지각(perception)해야 한다. 동일한 의미를 갖는 표현에 대해 대화 참여자 간 지각이 다르면 의사소통이 단절될 수 있기 때문이다. 서로의 의도를 제대로 지각하기 위해서는 맥락이 고려되어야할 이유다.

  상호작용 시, 청자는 맥락을 고려하여 화자의 의도를 지각하고 사고하면서 그 발화에 응답한다. 이러한 화자와 청자 간 상호작용의 과정을 살펴보면, 사고와 발화 간 일대일 대응으로 나타나는 것이 불가능하기 때문에 발화하기 전에 사고를 정제해 나가는 일련의 과정이 있다(Chafe, 2012)는 것을 알 수 있다.

  화자는 사고한 것을 의미구조로, 의미구조를 통사구조로, 통사구조를 음운론과 소리로 단계별 흐름이 나타난다. 이러한 일련의 과정은

Carroll(1988)과 Levelt(1989)에서도 볼 수 있다(이완기, 김진석, 장은숙(2012)에서 재인용). 과업환경에 의해 말할 이유나 목적이 주어지면 말하기는 일반적으로 목표 형성(goal formation), 언어 계획(language planning), 음성 발화(phonetic execution), 자기 점검(self-monitoring)의 단계[3]를 거치는 것으로 이해되고 있다. van Dijk(2012)도 화자와 청자 간의 담화를 경험 모델 형성, 문맥 모델 형성, 상황 모델 형성, 장르 선택, 의미론, 통사와 어휘론, 표현 등과 같이 일련의 과정[4]으로 처리한다.

  Carroll(1988), Levelt(1989), Pence와 Justice(2008), Chafe(2012), van Dijk(2012) 등을 바탕으로 대화 참여자들 간 상호작용의 메커니즘을 내적 층위, 대인 간 층위, 점검 및 지원 층위, 맥락 층위로 다음과 같이 세분할 수 있다(김진석, 2013).

---

3   • 목표 형성(goal formation) - 표현할 의미나 생각을 개념화하는 단계
    • 언어 계획(language planning) - 의미나 생각을 실을 언어적 표현을 구체적으로 계획하는 단계
    • 음성 발화(phonetic execution) - 계획된 언어적 표현을 발성기관을 통해 발화하는 단계
    • 자기 점검(self-monitoring) - 발화된 말의 효과성을 자기 점검하는 단계
4   경험 모델 형성에서는 사회적 상황에서 시간이나 장소, 의사소통의 의도, 참여자의 역할 등을 고려한다. 문맥 모델에서는 경험 모델과 동일한 전체 구조 기반 문맥을 형성한다. 여기에는 의사소통의 역할, 의도, 전제된 지식, 의사소통해야 할 지식 등이 포함된다. 경험 모델과 문맥 모델을 바탕으로 상황 모델이 활성화되어 의사소통 상황에 적절한 정보를 전략적으로 선택하게 된다. 아울러, 문맥 모델을 고려하여 이야기하기, 토론하기, 글쓰기 등과 같은 적합한 장르가 선정되고 의미, 통사, 어휘적 측면의 언어적 요소를 결정한 후 표현하게 된다(김진석, 2013).

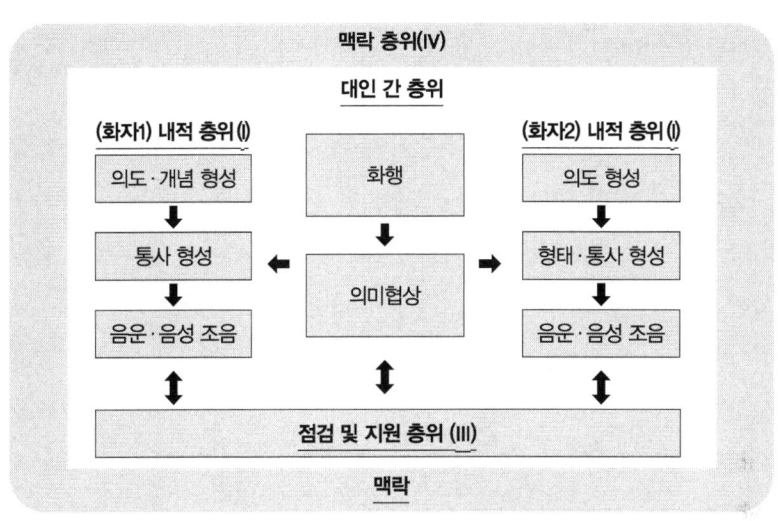

[그림 5] 대화 참여자들 간 상호작용 층위

위의 그림에서와 같이, 대화 참여자들 간 상호작용 시, 화자는 내적 형성 층위, 대인 간 층위, 점검 층위, 맥락 층위와 같은 일련의 과정 속에서 대화 참여자들 간 상호작용을 지속한다고 할 수 있다. 먼저, 개인 내적 층위에서는 화자가 자신이 표현하고자 하는 의도를 형성하고, 언어를 계획하며, 발음을 형성한다. 대인 간 층위에서는 청자에게 자신의 의도를 발화하고 상황에 따라서는 청자와 의미를 협상하며 상호작용을 하게 된다. 대화 참여자들 간 상호작용 시, 의미론적 작업은 이전에 생성된 일부 표현(어휘 항목의 배열) 또는 일부 기술을 명시, 일반화, 수정, 또는 협상하는 경우에서 관찰될 수 있다(Deppermann, 2011). 점검 층위에서는 화자나 청자가 이러한 과정이 맥락 속에서 제대로 이루어지고 있는지를 점검한다. 맥락 층위는 대화 참여자들 간 의사소통에서 매우 중요한 층위다. 문화 간 화자는 맥락에 적절하고 효과적으로 의사소통해야 하기 때문이다(Wagner, 2018). 대화 참여자들이 고려할 맥락에는 언어 맥락, 상황 맥락, 사회·문화 맥락[5]이 있다(김진석, 2013).

화자는 내적층위에서 상대방에게 표현할지 의미·개념을 사건구조로 구조화한다. 사건구조는 통사구조로, 통사구조를 음운론과 소리로 단계별 흐름으로 형성화(formulation)한다. 화자는 대인 간 층위에서 형성화한 언어(단어, 구, 문장 등)를 상황 맥락과 사회·문화 맥락을 고려하여 맥락화(contextualization)하고 대화 참여자들과 의미협상(negotiation of meaning)한다. 이러한 형성화와 맥락화를 모두 고려하여 표현과 대상물 간 관련성을 분석하는 상호작용 의미·화용론은 논리형태뿐만 아니라 맥락 자질을 선정·수정·확장하면서 다양하고 역동적인 형태로 표현한다. 이를 형성화와 맥락화로 나누어 더 구체화하면 다음과 같다.

· **형성화**
  - 규칙 지배(rule-governed)되고, 일련의 그 규칙들로 작동
  - 사건구조, 통사구조, 음운구조 간 대응이 가능
  - 범주별로 구분이 가능하고 형식적이며 관념적임

· **맥락화**
  - 원리 통제(principle-controlled)되고, 일련의 원리들로 작동(Leech, 2014)
  - 구조 간 대응이 아니라 화용적 전제와 언표내적 힘(illocutionary force: IF)

---

5 맥락에는 ① 대화 참여자들 간 의도를 해석하는 데 관여하는 참여자의 정보뿐만 아니라 물리적 시간이나 장소와 같은 정보인 상황 맥락, ② 대화참여자들이 발화한 메시지를 어떻게 이해하고 해석하며 또한 어떻게 반응하는가에 대해 일반적으로 인정하는 행동 양식을 말하는 사회·문화 맥락, ③ 표현된 어떤 부분들을 해석하는 데 제약을 줄 뿐만 아니라 상호작용 시 화자의 발화 의도를 해석하는 데에도 제약을 주는 언어 맥락(김진석, 2013)이 있다.

으로 목적과 그 목적이 달성되도록 실행
  - 가치의 측면에서 기술하고 기능적으로 설명

형성화와 맥락화의 과정을 바탕으로 상호작용 의미·화용론은 표현과 대상물 간 관련성을 분석한다. 다시 말해서, 상호작용 의미·화용론은 언어학과 사회·문화·민족지학을 바탕으로 하는 거시맥락, 미시맥락과 상호작용하면서 의미가 구축되고 있음을 분석하고, 대인 간 상호작용에서 상황에 적합하고 효과적으로 교섭이 이루어지고 있는지에 초점을 둔다. 개인(들) 간 서로 영향을 주는 언어적·비언어적 의사소통은 상호작용의 과정이기 때문이다. 무엇보다도, 의미는 대화 참여자들 간 상호작용의 핵심이다. 화자는 어떤 의미를 어떻게 전달할 것인가를 결정한 후, 그것을 상대방에게 적절하고 효과적으로 전달하고 교섭하며 공동의 정보를 공유하면서 상호작용을 지속한다.

4. 상호작용 의미·화용론: 층위별 형성화·맥락화

어떤 대화의 현상들에서 대화 참가자들의 의미론적 작용이 보여지는가? 의미론적 작용은 상호작용 및 해석적 실행의 측면에서 어떻게 조직되고 있는가? 상호작용에서 의미가 생성되고 복원되는 방식을 설명하기 위해 다른 방법론적 절차와 함께 순차적 분석을 보완해야 하는 방법은 무엇인가? Couper-Kuhlen과 Selting(2001), Couper-Kuhlen과 Ford(2004), Barth-Weingarten 외(2010) 등은 이러한 의문점들을 갖고 음성학, 운율, 문법 등이 대화 시 상호작용(interaction in talk)을 조직하는 주요한 요인으로 간주하고 연구하였으며, Hakulinen과 Selting(2005),

Deppermann (2007), Nore'n과 Linell (2007), Linell (2009) 등은 어휘와 의미론에 초점을 두었다.

대화 참가자들이 주고받는 표현의 의미를 연구하는 것은 의미의 분석에 포함될 수 있는 범위를 심각하게 제한한다. 이는 해석이 상호작용의 핵심이지만 대부분 암묵적이고 일시적으로 발생하며, 의미론적, 인식론적, 추론적 근거를 명시하지 않고 대화 효과(행동 측면에서의)와 현상(순서교대 설계, 대화 수정, 헤지 등의 관점에서의)만을 보여주는 경우가 많다는 것을 말한다(Deppermann, 2011).

대화 참여자는 내적 형성 층위를 통해 의도를 발화하고, 의미협상을 통해 서로의 의도를 이해하게 된다. 또한, 이전에 생성한 의미를 일반화하고 추상화한다. 따라서, 개인 내적 층위의 '형성화(formulation)'는 대화 참여자들이 서로를 이해하고 사용한 어휘, 구, 문장들을 이해하는 방법을 제공해 준다. 먼저, 개인 내적 층위에서의 형성화 과정을 살펴보자.

4.1. 개인 내적 층위의 형성화

내적 형성 층위의 '형성화(formulation)'라는 용어는 초기에는 '어떤 대상(사람 포함) 또는 활동이 식별되는 대화의 장소'(Schegloff, 1972: 80)로 정의되었다. 형성화는 '사물이 단어로 표현되는 방식'이라는 개념으로, 특정 속성에 초점을 맞추는 선택적이고 관점적이며, 특정 방식으로 이야기되는 상황을 개념화하는 방법을 제공(Heritage and Watson, 1979; Drew, 2003; Antaki, 2008)한다는 측면에서 구성적이다. 또한, 공식 사용에 의해 전제되거나 일반적으로 동시에 발생하는 다른 상황, 결과, 평가, 자기 및 타인의 포지셔닝 등을 고려할 수 있기 때문에 풍부한 추론이 가능하다(Deppermann, 2011).

　화자는 전달하고자 하는 의미를 형성한 후, 통사·음운적 측면에서 의미에 적합한 통사구조를 구축하여 상대방에게 표현한다. 이러한 일련의 형성화 과정은 다음과 같다.

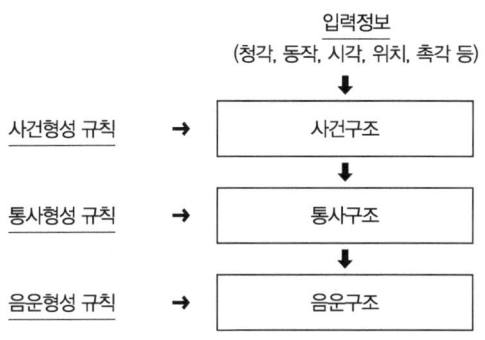

[그림 6] 형성화 과정

위의 그림에서와 같이, 청각, 동작, 시각, 위치, 촉각 등의 다중모드에 의해 정보가 입력되면, 그 정보를 계열화·조직화하여 장기 기억한다. 화자는 입력된 정보를 바탕으로 표현하고자 하는 의도를 일련의 사건형성규칙을 바탕으로 사건구조를 형성하고, 그 사건구조를 통사구조로 사상(mapping)하며, 그 통사구조를 음운구조를 통해 발화한다. 화자가 "Newton saw that Shelly put the key under the dangerous kit"을 발화하려고 할 경우, 개념은 다음과 같이 구체화될 수 있다.

(2) SEE(NEWTON, PUT(SHELLY, KEY, (UNDER (DANGEROUS KIT)))

위의 NEWTON과 SHELLY에는 행위자역을, KEY에는 피동자역을,

KIT에는 장소역을 다음과 같이 할당할 수 있다.

(3) SEE(NEWTON~AGENT~, PUT(SHELLY~AGENT~, KEY~PATIENT~, (UNDER (DANGEROUS KIT~PLACE~)))

여기서, 동사 'put'의 경우, 다음과 같은 구조로 구도화할 수 있다 (Jackendoff, 1991).

(4)   put
      V
 ____ NP$_j$ PP$_k$
[$_{Event}$ CAUSE ([$_{Thing}$]$_i$, [$_{Event}$ GO ([$_{Thing}$]$_j$,
                          [$_{Path}$ TO ([$_{Place}$]{k})]{k})])]

(5) a. [$_{Path}$ TO ([$_{Place}$]k)]
    b. [$_{Path}$ TO ([$_{Place}$])]$_k$

(5a)는 "cause to go to a place"를 의미하고, PP논항은 Place구성요소와 동일 지표(co-index)가 되므로 Place로 표현된다(예, George put the book at the corner of bed. George put the book with the telephone.). 반면, (5b)는 PP논항 전체가 Path구성요소와 융합되는 것으로 PP는 Path로 표현된다 (Martha put the book into the drawer. Martha put the book onto the counter.). 여기서, TO는 함수이고 Place는 논항이 된다.

도구역(instrument)이 있는 문장 (6)을 Jackendoff(1991)의 구조로 도식하면 다음과 같다(Jackendoff, 1991, 142).

(6) Sue broke the coconut with hammer.

　　CS^+ ([SUE], [GO_{comp}, ([COCONUT], [TO [　]])])

　　AFF^- ([SUE], [COCONUT])

　　[BY [CS^+ ([SUE], [AFF^- ([HAMMER], [COCONUT])])]

　　AFF^- ([SUE], [HAMMER])

위의 구조에서 BY는 사건을 수단의 수식어로 전환하는 함수다. 사건은 인과 관계다. 수단을 나타내는 표현에서 Sue는 망치로 하여금 코코넛에 행위를 가하도록 하는 행위의 유발자다. 개념구조에서의 도구역은 통사구조에서 'with NP'로 사상(mapping)된다.

Jackendoff(1991)의 구조와 유사하게, Croft(2012)는 'Sue broke the coconut for Greg with hammer.'를 사건구조(event structure)로 구조화한다. Croft(1987:120; 2012:209)의 사건구조는 의미역, 문법 관계, 의미자질들을 바탕으로 아래와 같이 구조화한다.

(7) 사건구조

```
①    CAUSE   CAUSE   CHG-ST   STATE    BENEF
②     *──〉   *──〉    *──〉    *──〉    *──〉 *
③      Vol    Cause   Become   Broken    Aff
④      SUB            break              OBJ
       ###                               ###
⑤   Sue    hammer  coconut  (coconut) (coconut) Greg
```

(7)의 ①은 사건해체(event decomposition)의 구조다. 이는 사건의 유발자(causer)인 Sue에 의해 코코넛이 깨지게 된 상태가 Greg라는 수혜자로 전해지는 일련의 과정을 구조화한 것이다. 문법적 관계로 연결(linking)

하는 단계인 ④는 의미역을 통사구조로 사상(mapping)한다[6]. 이렇게, 사건의 인지적 개념화를 보여주는 사건구조는 주어 선택, 의미역, 격 할당, 동사의 상을 설명해 준다.

사건구조가 통사구조로 사상되면, 그것을 발화하는데 관여하는 음성·조음을 구축하는 발음 형성 단계가 이어진다. 이를 위해서는 형태론 정보와 음운론 정보를 결정해야 한다. 화자가 "Newton saw that Shelly put the key under the dangerous kit"이라는 문장을 발화하려고 할 경우, 다음과 같은 요소들을 바탕으로 'dangerous'의 발음을 형성하게 된다(김진석, 2013).

· **dangerous**
- 어근 'danger' + 접사 'ous'
- 첫 음절에 강세

---

6 Rosen(1996:195)에 의하면, 함수를 설정하여 사건구조가 통사구조로 사상되는 것을 설명하였다. 동사의 의미 속성을 바탕으로 하여 사건에 참여하는 역할자에 CAUSER, DELIMITER, MEASURER라는 함수를 설정하였다. CAUSER는 사건을 야기하는 유발자, DELIMITER는 사건을 종결시키는 종결자, MEASURER는 사건을 측정하는 측정자의 역할을 한다. 이들은 다음과 같이 사상원리로 정의될 수 있다.

(1) (a) CAUSER maps to the external argument position.
 (b) MEASURE maps to the direct internal argument position.
 (c) DELIMITER maps to an internal argument position ⋯ direct if it measures the event, indirect if it does not.

(1)에서 CAUSER를 갖는 논항은 외적 논항 위치인 주어로 사상되며 MEASURER를 갖는 논항은 직접 내적 논항인 직접 목적어로 사상된다. DELIMITER는 내적 논항 위치에 사상된다는 점에서 MEASURER와 유사하지만, DELIMITER가 측정성을 가지면 직접 목적어로 사상되고 측정성을 갖지 못하면 간접 목적어로 사상된다는 점에서 차이가 있다. 예로서 문장 'John broke the coconut with hammer.'에서 CAUSER가 갖는 외적 논항인 'John'은 주어로 사상되고, MEASURER의 내적 논항인 'coconut'는 목적어로 사상된다.

- 세 개의 음절 중 첫 음절에 강세가 있음
- 첫 번째 분절음 /d/

세 개의 음절로 구성된 'dangerous'는 어근 'danger'와 접사 'ous'가 결합되어 구성된 것으로 첫음절에 강세를 두게 됨을 계획한다. 이러한 발음 형성 단계에서는 아직 발화하기 이전의 단계이므로 내적 발화(internal speech)라고 할 수 있다.

화자는 자신의 생각을 표출할 언어적 계획의 정보가 두뇌에서 발성 기관의 근육으로 전달되어 의도한 소리를 낼 수 있도록 발성 기관의 근육을 움직여야 한다(김진석, 2013). 허파에서 공기가 성대의 두 판 사이로 들어오면 두 판의 사이가 가까워지고 두 판은 서로 당기는 작용을 하며 붙었다 떨어졌다 한다. 이때 두 판의 떨리는 효과로 나는 소리가 유성음이고, 두 판이 서로 가까워지지 않아 떨리지 않는 상태에서 나오는 소리가 무성음이다. 성대의 두 판을 구성하는 근육의 길이와 두께와 긴장도를 조절함으로써 다른 소리를 낸다. 그 다음 혀, 입술, 턱, 이빨과 목젖, 그리고 내고자 하는 소리에 맞게 구강과 비강의 크기와 모양을 조절함으로써 발화가 이루어진다. 다음 절에서는 대인 간 층위에서의 맥락화에 대해 살펴보고자 한다.

4.2. 대인 간 층위의 맥락화

일반적으로 대화를 나눌 때, 한 사람이 일방적으로 자신의 의사를 전달하는 것은 아니다. 상대방이 한 마디를 하지 않았을 경우에도 말하는 사람은 듣는 사람의 반응을 보면서 말을 건네게 된다(김진석, 2015).

대화 참여자들 간 의사소통하는 과정에 초점을 둔다면, 그들 간 의미를 공유하도록 하는 일련의 상징적(symbolic), 해석적(interpretive), 교섭적(transactional), 맥락적(contextual) 과정이 고려될 필요가 있다(Lustig와 Koester, 2006). 먼저, 맥락화의 발화·화행 단계에 대해 살펴보자.

가. 발화·화행 단계

화자는 언표 내적 목표(illocutionary goal)를 갖고 발화를 한다(Leech, 1983: 115). 개인 내적 층위에서 이러한 목표를 바탕으로 계획이 끝나면 발성 기관을 통한 발화한다. 발화를 통해 일어나게 되는 화행(speech act)의 경우에는 모든 발화가 행위를 수반한다는 수행적 측면에 초점을 두고 있다(김진석, 2013). 의사소통 참여자 중 화자는 어떤 의도나 목적을 가지고 발화한다. 발화의 이러한 의사소통적 의도를 발화 수반력(illocutionary force: IF)이라 한다(Austin, 1962). 결국, IF를 가진 발화가 곧 화행이다.

대화 상황에서 나타나는 이러한 함축된 의미를 포함하고 있는 발화수반행위를 Searle(1979)은 단언(assertive), 명령(directive), 의뢰(commissive), 표현(expressive), 진술(declaration)의 5개 범주로 다음과 같이 구분하고 있다(김진석, 2013).

> **Searle(1979)의 발화수반행위**
>
> · 단언 : 화자가 단언, 주장, 결론, 보고, 진술 등을 하기 위해 'state, conclude, affirm, believe, deny, report' 등을 사용하여 말하는 행위임(예, He is a liar.)
> · 명령 : 화자가 충고, 명령, 질문, 요구 등을 하기 위해 'forbid, ask, command, insist, request, order' 등을 사용하여 말하는 행위임(예, I order you to leave.)
> · 의뢰 : 화자가 제공, 약속, 거절, 위협 등을 하기 위해 'pledge, promise, vow, warrant' 등을 사용하여 말하는 행위임(예, I promise to pay you the money.)
> · 표현 : 화자가 사과, 비난, 축하, 칭찬, 감사 등을 하기 위해 'apologize, appreciate, congratulation, regret, welcome, thank' 등을 사용하여 말하는 행위임(예, I thank you for giving me the gift.)
> · 진술 : 화자가 선언, 제명, 해고, 후보 지명 등을 하기 위해 'declare, define, baptize, pronounce, sentence, name, open' 등을 사용하여 말하는 행위임(예, I decare the meeting adjourned. You're fired.)

각 발화수반행위는 다음과 같이 만족시켜야 한다(김진석, 2013).

> **Austin(1962)의 적정성 조건**
>
> (a) 관례적 절차(conventional procedure)가 있어야 하고, 상황과 인물이 적정해야 함
> (b) 절차는 정확하고 완전하게 실행되어야 함
> (c) 관련 인물들은 절차에 명시된 대로 사고, 감정, 의도를 가져야 하고, 후속 행위가 제시되어 있다면 그렇게 행하여야 함

위의 (a)는 절차, 상황, 인물 등이 설정되어야 하는 단계이고, (b)는 완전하고 정확하게 실행하는 절차 실행의 단계이며, (c)는 관련 인물들이 절차에 명시된 대로 실제 그렇게 행하는 결과 단계이다. "Pass me the water please"라는 요청의 발화를 하는 경우에 다음과 같은 적절성 조건

을 준수해야 한다(Levinson, 1983).

(8) 요구의 적절성 조건
    (A = act, H = hearer, S = Speaker)

    Proposition content : Future act A of H
    Preparatory :   1. S believes H can do A
                        2. It is not obvious that H would do A without being asked
    Sincerity :   S wants H to do A
    Essential :   Counts as an attempt to get H to A

명제의 내용은 청자가 물을 전해줄 것이라는 미래의 행위이고, 준비조건으로는 청자가 그렇게 할 것이라고 믿지만 청자에게 요청하기 전에는 그렇게 하리라는 것이 확실하지 않다고 화자는 생각하고, 성실성 조건에서는 화자의 요구에 따라 청자가 물을 가져다 줄 것을 원하고 있고, 필수 조건에서는 화자가 말함으로써 청자가 물을 갖다 주는 시도를 할 것이라고 판단한다(김진석, 2013).

화자는 화행이 적절하게 전달되었는지를 다음과 같은 요인들을 고려하여 결정한다(Levelt, 1989).

· 자신이 무엇을 말하고 있는가?
· 어떤 맥락에서 발화가 이루어지고 있는가?
· 어떻게 말을 하고 있는가(제스처 등을 사용)?
· 청자의 주의집중, 의지, 배경 정보는 어떠한가?

이 단계는 목표 형성에서부터 계획에 이르기까지 준비되었던 것으로, 화자의 의도가 발성 기관을 통하여 표출되는 과정이다(김진석, 2013). 발화할 때 흔히 휴지(pause)[7]의 시간이 있는데, 그것은 계획의 단계가 매우 인지적으로 부담이 많이 가는 단계이기 때문이다. 그래서, 화자는 한꺼번에 전체의 내용을 다 계획할 수가 없다. 한 번에 조금씩 계획을 해서 발화하고, 또 발화할 다음 부분을 계획해서 발화하는 일련의 과정을 반복한다. 사용 빈도가 높은 단어에서보다는 빈도가 낮은 단어에서 더 자주 휴지하게 되고, 불확실한 경우에는 망설이게 되기도 한다(이완기, 김진석, 장은숙, 2012). 물론, 화자는 대화 참여자들 간 상호작용하는 일련의 과정속에서 휴지하고, 순서교대(turn-taking)가 일어나는 중간에도 휴지를 주기도 한다(Lehtonen과 Sajavaara, 1995).

대화 참여자들은 자신들의 의도를 서로 전달하고 상호 간 의미를 이해하면서 지속적으로 상호작용해 나간다(Kramsch, 1986: 370). 상호작용 시, 대화자들은 의사소통을 어떻게 진행할 것인가를 지속적으로 선택하고 결정한다고 할 수 있다. 대화 참여자들 간 상호작용에서 전제하고 있는 것은 '상호 주관성(inter-subjectivity)의 측면 또는 공유한 내적 맥락(Kramsch, 1986, p. 367)'이다.

Young (2011)은 대화 참여자들 간 상호작용에서 고려해야 할 자질을 다음과 같이 설정하고 있다.

---

7 대화 참여자들 간 상호작용 시, 다양한 형태의 휴지가 나타난다. 하나의 순서교대 내에서 나타나는 침묵을 'pause'라고 하고, 화자가 바뀌는 전이 순간에 나타나는 침묵을 'gap'이라 하며, 하나 이상의 'gap'으로 구성된 말이 없는 공간을 'lapse' 혹은 '대화 중단'이라고 한다(김진석, 2015). 'gap'보다 더 큰 2초 정도의 침묵이 있을 경우 '무반응(silent response)'이라고 해석한다.

- 정체성 자질(Identity resources): 대화 참여자의 틀
  - 상호작용에 참여하는 모든 참여자들의 정체성으로, 참석 또는 비 참석, 공식 또는 비공식, 실증 또는 비실증, 참여자들 간 관계
- 언어적 자질(Linguistic resources)
  - 사용역(Register): 실제로 정형화하는 발음, 어휘, 문법의 자질들
  - 의미 구축 방식(Modes of meaning): 대화 참여자들이 대인간이면서 경험적이고 실행하고 있는 텍스트의 의미를 구축하는 방식
- 상호작용 자질(Interactional resources)
  - 화행(Speech acts): 화행의 선택과 그들의 선행조직
  - 순서교대하기(Turn-taking): 대화 참여자들이 어떻게 다음 화자를 선택하고 언제 순서를 마무리하고, 그들이 언제 어떻게 다음 순서를 시작할지를 아는 것
  - 대화수정(Repair): 대화 참여자들이 상호작용의 어려움에 반응을 보이는 방식
  - 범위(Boundaries): 현재와 인접한 화행들 간 구분하는 시작과 끝맺음

상호작용은 사회 맥락 속에서 위의 자질들에 대한 지식과 함께 그들을 선택하는 것이라 할 수 있다. 그러나 화자가 갖는 위 요인들에 대한 지식과 선택은 다른 참여자들이 행하는 것을 선행조건으로 한다는 것이다. 즉, 상호작용은 대화 참여자들에게 달려있고, 그들 간 상호작용의 실행에 따라 다양하게 나타난다. 상호작용은 개개인이 알고 있는 것이 아니라 특정한 맥락 속에서 다른 사람들과 함께하는 것이기 때문이다.

본질적으로 상호작용은 대화 참여자들 간 어떤 것들이 일어나고 상호작용이 어떻게 유지되는지에 관심이 있다(김진석, 2014). 앞에서 언급한

Hymes(1974), Kramsch(1986), Young(2011, 2014), Walsh(2011) 등을 바탕으로, INTERACTION을 다음과 같이 11개 자질들로 세분할 수 있다 (김진석, 장은숙, 2024).

- I^1(dentity): 대화 참여자들은 대화에 참석하고 있는지, 대화 참여자들은 공식적인지 아니면 비공식적인지, 실증적인지 아니면 비실증적인지에 관여하는 요인
- N^1(orms of interaction & interpretation): 대화 참여자들은 상대방이 전달한 메시지를 어떤 규준으로 이해하는지, 어떤 규준으로 순서교대(turn-taking)하고 있는지, 상대방의 발화에 반응하는 태도의 규준은 무엇인지에 관여하는 요인
- T^1(ime & place): 시간, 장소, 화자, 청자 좌표에 해당됨. 시간은 상호작용이 일어나는 때와 시간적 길이 등에 관한 것이고, 장소는 대화 참여자들이 공유하는 공간으로 움직임, 좌석 위치, 실내 온도 등의 물리적 요인
- E(mpathy): 생리적 반응(동작성, 근접성, 촉각성 등)이나 인지적 관점 형성의 과정에서 대화 참여자들 간 동일시가 일어나는 것으로, 대화 참여자들 간 갈등 없이 상호작용이 원활하게 일어나고 있는지, 대화 참여자들 간 동일시가 일어나고 자연스럽게 상호작용이 되고 있는지에 관여하는 요인
- R(elationship): 대화 참여자들의 대인 간 관련성을 말하는 것임. 대화 참여자들 간 서로 다른 관련성에서 다른 사람의 행동에 대해 갖는 기대를 말함. 그 관련성을 기반으로 화행(speech acts), 순서교대하기(turn-taking), 대화수정(repair), 범위(boundaries) 등을 결정하는 요인
- A(gency) & Activation: 대화 참여자들은 가치, 규준, 신념, 사회적 관습 등에 대한 스키마를 고려하여 자기 주도적으로 상호작용하고 있는지, 대화 참여자

들은 자기 효능감(self-efficacy)을 갖고 상호작용하고 있는지, 대화 참여자들은 인지적, 정의적, 심동적 영역의 스키마를 활성화하면서 상호작용을 지속하고 있는지에 관여하는 요인

- C(hecking): 대화 참여자들은 자신이 한 말이 올바르게 전달되었는가, 혹은 상대방이 제대로 이해했는가를 항상 점검함. 대화 참여자들은 자신이 한 말이 올바르게 전달되고 있는지, 상대방이 제대로 이해했는가를 점검하고 있는지, 발화 후에도, 자신의 말이 올바르게 전달되는가에 대해 관심을 가지고 점검하고 있는지에 관여하는 요인
- T^2(ools): 면대면 또는 비대면 시, 대화 참여자들은 어떤 상호작용의 도구(예, 이메일, 전화, 줌, 등)를 사용하고 있는지, 자신의 의도를 말로 전달할 것인가, 글로 전달할 것인지, 모국어를 쓸 것인지, 외국어를 쓸 것인지, 아니면 혼용할 것인지에 관여하는 요인
- I^2(nter-subjectivity): 대화 참여자들이 서로의 주관적 관점을 이해하고 조정하면서 상호 이해를 형성하고 공유하고 있는지, 서로 공동의 의미를 함께 구축하고 새롭게 창출하며 상호작용하고 있는지에 관여하는 요인
- O(pinion): 대화 참여자들이 서로 전달하고자 하는 의견으로 개별 화자의 경험과 판단을 개인화함. 대화 참여자들은 자신의 의도를 어떻게 계획하고 발화하고 있는지, 상대방과 의미협상하면서 새롭게 의견을 구축하고 있는지, 스캐폴딩이나 피드백으로 상대방의 의견을 구축하도록 도움을 주고 있는지에 관여하는 요인
- N^2(etworking): 대화에 참여하는 화자(행위자)들 간 연결될 뿐만 아니라 대화와 관련된 대상, 의견, 감정 등과 상호 연결되어 메시지가 구축되고 전달함. 대화 참여자들은 개념이나 내용의 의미를 위계적·비위계적으로 깊이 있게 연결하여 발화하고 있는지, 대상, 의견, 감정 등과 상호 연결하여 메시지를

구축하고 발화하고 있는지, 대화에 참여하는 화자(행위자)들 간 일관성있고 관련성있게 연결이 잘 되고 있는지에 관여하는 요인

위 요소들은 대화 참여자들이 일련의 순서교대의 규칙을 바탕으로 서로의 메시지를 주고받을 때, 그 메시지의 내용이 무엇인지를 자신의 주체성과 서로 간 공유한 지식을 고려하여 제대로 해석하고 자신의 인지, 정의, 심동적 기능을 활성화시켜 자신의 의견을 전달하는 것을 포함하고 있다.

대화 참여자들은 자신의 경험과 지식을 바탕으로 주체성(agency)을 갖고 자신의 감정, 생각, 관점을 발화하며, 대화 참여자들 간 상호 주관성을 고려하여 가치, 규준, 신념, 사회적 관습 등을 바탕으로 상호작용한다. 대화 시, 주체성과 상호 주관성이 효과적이고 적절하게 일어나게 되면, 개개인은 자신의 경험과 판단을 전달하는 개인화(personalization)가 활발하게 일어난 상호작용이라고 할 수 있다. 이를 위해서는 대화 참여자들은 서로 간 발화에 유념하며 함께 의미를 만들어 가는 화자들 간 상호 유창성(confluence)에 더 초점(Young, 2006)을 두어야 한다. 무엇보다도, 대화 참여자들은 서로 간 의도를 이해하기 위해 도와주기도 하고 질문도 하면서 지속적으로 상호작용할 수 있도록 해야 한다(김진석, 2013). 다음 대화를 살펴보자.

(9) 1　L1: do you bring his photo with you

2　L3: eh ... yeah but we have only a few photos because we get together (.)only one year or

3　　so =

4　L2: = and your work was very busy so you have no time to play with him [⟨L03⟩ Yeah]

5　L1: but I suppose that you must (.)leave some enough money to(.) live with your boyfriend

6　　and in this way you can (.)improve the (.)eh (3 sec unintelligible) how do you say =

7　L4: = relationship =

8　L1: = relationship yes [⟨L04⟩ and know each other] =

9　L3: = yeah I think I now him very well now (laughs) (4) well lets talk another topic =

10　L2: = I remember one thing when they choose register in Coleraine and they organiser

11　　know you [reg...register...register]

12　L: are single girl and they don't know you have a boy friend

13　LL:((laugh))

14　L3: I think eh that is is humerous ok he is not very handsome and not very but I think he

15　　is very clever ehm and he [⟨L01⟩ a lot like you] no (laughs) I think he is clever than

16　　me and (laughs) (3) he do everything very ... [seriously

17　L1: [seriously

18　L3: yeah (3 sec unintelligible) eh and eh in some eh ... in some degree ... eh I...admire

19　　him (laughs) =

20　L1: = thats a good thing [⟨L⟩ Yeah] lets change another topic (10)

(Walsh, 2011)

1행에서는 화제에 대해 L1의 질문을 시작으로 L3이 확장된 응답을 하였고, L2는 매우 바빠서 남자 친구와 함께 지내는 시간이 없다는 점을 말하면서 L3의 입장을 공감하고 있다. 6행에서는 L1이 적절한 단어를 찾고 있는 상황에서 토론이 단절되지 않도록 하기 위해 7행에서 L4가 빨리 'relationship'을 말하였고 8행에서 L1이 'know each other'를 더하면서 대화를 확장하였다. 9행에서 화자는 화제를 바꾸기 위해 4초간의 멈춤을 가진 후 발화를 하였다. 그러나 화제는 L2가 10행에서 'registration'에 대한 이야기로 끼어들게 되어 바로 전환이 일어나지 않았다. L2의 방해는 14-19행에서와 같이 남자 친구가 그다지 잘 생기지도 못하고 약삭빠르며 자신의 일에 진지하다는 결론을 내리도록 촉구하였다. L1의 중복된 발화는 L3이 말하고 있는 것에 지원하고 L3의 코멘트에 일종의 찬동과 승인을 하고 있다. 여기에 웃음은 찬동과 승인을 제공하는 방법 중 하나이다. 마지막으로 20행에서 L1은 9행에서 L3이 제안한 화제의 전환으로 되돌아가도록 하고 있다(김진석, 2013). INTERACTION자질을 고려하여 대화 참여자들 간 상호작용을 살펴보면, 대화 참여자들은 메시지를 서로 맥락에 적절하게 구축하고 전달하면서 공동의 의미(common ground)를 공유하며, 그 메시지를 수정하고 확장해 나가고 있다. 대화 참여자들은 대화에 참석하여 상대방이 전달한 메시지를 이해하며 토론이 단절되지 않도록 하기 위해 적절한 순서교대의 방식을 바탕으로 끼어들어 'relationship'을 말하였다. L2는 매우 바빠서 남자 친구와 함께 지내는 시간이 없다는 점을 말하면서 L3의 입장을 공감하기도 하고, 웃음으로 상대방에게 찬동과 승인을 제공하여 공감대를 형성하였다.

나. 의미협상 단계

대화 참여자들 간 상호작용 과정은 그들 간 공통된 의견의 일치를 찾기 위한 일련의 협상 과정이라 할 수 있다. 대화 참여자들 간 의견 수렴의 정도에 따라서 효과적인 대화인지를 말할 수 있다(Widdowson, 2007). 화자가 청자의 의미를 이해하지 못하는 언어 항목을 발화하거나 청자가 친숙하지 못하는 대인간 규약을 화자가 사용한다면 의사소통의 단절이 일어날 수 있다. 이런 경우, 청자는 화자에게 명료하게 말해달라고 요청하거나 추가적 정보를 제시해 주도록 하고, 화자는 메시지를 정교하게하거나 다른 용어로 재형성하여 발화할 수 있다. 대화 참여자들 간에 일치(correspondence)된 부분이 많을수록 의견의 수렴이 더 쉽게 일어나는 반면에 일치된 부분이 더 적을수록 수렴을 위해 의사소통할 필요성이 더욱 커지게 된다.

대화 참여자들 간 효과적이고 적절하게 상호작용하기 위해서는 상호 협조하는 태도를 가지고 상호 간의 의도를 해석해 나가는 일련의 협조적 의미협상(cooperative negotiation of meaning)의 과정이 필요하다. Grice의 협동원리(cooperative principle)를 살펴보자(김진석, 2013).

> **Grice의 협동원리(cooperative principle)**
>
> - 양(quantity)
>   - 대화에서 요구되는 것만큼 충분히 정보를 제공하라. (Make your contribution as informative as required.)
>   - 대화에서 요구되는 것 이상의 정보를 제공하지 말라. (Do not make your contributions more informative than is required.)
> - 질(quality)
>   - 거짓을 말하지 말라. (Do not say what you believe to be false.)
>   - 충분한 근거가 있지 않은 것은 말하지 말라. (Do not say that for which you lack adequate evidence.)
> - 관련성(relevance)
>   - 관계가 있는 말을 하라. (Be relevant, or make your contributions relate to the ongoing exchange of talk.)
> - 양태(manner)
>   - 모호함을 피하라(Avoid obscurity of expression.)
>   - 중의성을 피하라(Avoid ambiguity.)
>   - 간결하게 말하라(Be brief (avoid unnecessary prolixity.))
>   - 순서적으로 말하라(Be orderly.)

대화 상황에서 대화 참여자들 간 요구되는 것만큼의 정보를 충분한 근거를 바탕으로 거짓말하지 않고 관련성 있고 명확하며 간결하게 말한다면 적절하고 효과적으로 의사소통한다고 할 수 있다. 위 대화 격률 중 양 수칙은 전제와 대화함축을 고려하고, 질 수칙은 반어법의 효과(effect of irony) (Widdowson, 2007) 등을 고려할 필요가 있다(이에 대한 설명은 3장 참조).

대화 시 준수해야 할 원리를 위배할 경우, 의미협상이 일어난다. 대화 참여자들이 일상생활에서 문자 그대로의 의미를 서로 주고받을 때에는 상대방의 말을 알아듣지 못하는 특수한 경우가 아니면 대화의 단절이 거의 일어나지 않지만, 대화의 내용에서 제대로 알아듣지 못하거나 함축적 의미가 있다면 대화 참여자들 간 추론을 제대로 하지 못해 의사소통의 단절이 일어나고, 그럴 경우 의미협상을 통해 서로의 의미를 제대로 인지하면서 대화를 지속할 수 있다(김진석, 2013). Hank가 Green Street을 걷고 있는데 낯선 이방인이 승용차의 창문을 열고 "I'm almost out of gas."라고 말을 걸었다고 가정하자(Hinkel, 2005). Hank가 그 발화의 함의된 의미를 추론하지 못하면 어떻게 될까?

   (10) Stranger: Excuse me. Could you help me? I'm almost out of gas.

이방인이 도움을 요청할 때 "Where is a gas station?"이나 "Could you tell me how to get to a gas station?"과 같이 직접적으로 묻지 않고, 그가 지금 처하고 있는 문제를 Hank에게 말하고 있다. 이런 상호작용에서, Hank가 추론을 제대로 하지 못하고 "Excuse me, but could you say it again, please?"라고 되묻는다면 다음과 같은 의미협상이 일어날 것이다(Hinkel, 2005).

   (11) Stranger: Excuse me. Could you help me? I'm almost out of gas.
          Hank: Excuse me, but could you say it again, please?
          Stranger: Could you tell me how to get to a gas station?
          Hank: Sure. There's a gas station about 3 blocks on down the street on your right.

물론, (11)과 같은 의미협상의 과정이 없어도 Hank가 화자가 요청하는 도움이 무엇인지를 추론한다면 주유소의 위치에 대해 Hank가 다음과 같이 대답할 것이다. 이런 경우에는 대화 상황이 다음과 같이 자연스럽게 이루어질 수 있다(김진석, 2013).

(12) Stranger: Excuse me. Could you help me? I'm almost out of gas.
     Hank: Sure. There's a gas station about 3 blocks on down the street on your right.

일상 대화에서 대화자는 다른 사람의 함축된 말의 의미를 이해해야 한다. 화자는 자신이 의미하는 모든 것을 말해주지 않고 암묵적으로 말하기 때문이다. 따라서 제대로 의사소통을 하기 위해서는 함축을 바탕으로 상대방의 의도를 이해하거나 자신의 의도를 제대로 표현할 필요가 있다(이에 대한 구체적인 설명은 2장 참조).

위의 대화에서, 이방인이 Green Street에서 Hank에게 길을 묻기 위해 공손성 원리(Politeness Principle)를 준수하면서 'Could you ~?, Could you tell me ~?'라는 표현을 사용하고 있다. 공손성은 체면[8]위협행동(face threatening behavior)을 부드럽게 해주는 복잡한 체계이다. 대화 참여자들은 Grice의 협동원리뿐만 아니라 Leech(2014)의 요령 수칙(maxim of tact), 관용 수칙(maxim of generosity), 인가 수칙(maxim of approbation), 겸손 수칙(maxim of modesty), 동의 수칙(maxim of agreement), 동정 수칙

---

8 Goffman(1967)은 체면(face)을 한 개인이 효과적으로 자기 자신을 위해 주장하는 적극적 사회 가치로, Brown & Levinson(1987)은 사회 구성원들이 자신을 위해 주장하는 공적인 자기 이미지로 정의한다.

(maxim of sympathy)의 격률들로 구성된 공손성 원리(Politeness Principle)를 준수해야 한다. 이 원리는 흔히 대인 간 층위에서 고려되어야 할 협동 원리(cooperative principle)뿐만 아니라 아이러니 원리(irony principle)와 함께 Leech(1983)의 대인 간 수사(interpersonal rhetoric)범주에 속한다(수칙과 원리에 대한 구체적인 설명은 3장 참조).

화자는 자신이 한 말이 올바르게 전달되었는가, 혹은 상대방이 제대로 이해했는가를 항상 점검(monitoring)한다(김진석, 2013). 이 점검의 과정은 언제나 발화 후에 하는 것만은 아니다. 내적 층위에서 언어를 계획하는 중에도, 대인 간 층위에서 화자가 발화한 후에도, 항상 자신의 말이 올바르게 전달되는가에 대해 관심을 가지고 점검한다.

대화 참여자들 간 상호작용 시, 화자는 I(정체성), N^1(규준), T^1(시간과 공간), E(공감), R(관련성), A(주체성/ 활성화), C(점검), T^2(도구), I^2(상호 주관성), O(의견), N^2(네트워킹)을 고려하여 점검한다. 대화 참여자들은 맥락, 메시지, 언어적 · 비언어적 요소, 전략, 원리 등을 반영하여 발화하기 때문이다. 대화 참여자들 간 화행뿐만 아니라 의미협상 단계에서도 INTERACTION의 자질들을 고려하여 상호작용이 잘 일어나고 있는지를 점검할 수 있다.

일상대화에서 우리는 때때로 금방 한 말을 즉각 수정하는 경우가 있다. 자신의 말 속에서 실수의 요소를 찾아내고 다양한 편집의 표현(uh, sorry, I mean... 등)을 사용한 후 말을 수정한다. 실수를 인식한 후 바로 수정하려는 욕구가 있는 반면에, 한번 발화하기 시작한 단어는 끝까지 하려는 경향이 있기 때문에 실수를 인지한 후 첫 번째 단어 경계에서 멈춰서 수정하는 것이 보통이다.

요약하면, 화자는 자신의 의도를 개인 내적 층위에서 형성화한 후, 대인간 층위에서 형성화된 단어, 구, 문장 등을 맥락화하여 발화한다. 대화 참여자들 간 일련의 상호작용의 과정 속에서 공유하는 지식(sharing knowledge)이 많아지면서 서로 간 의미를 구축하고 확장해 나가게 된다. 물론, 의미는 주관성(subjectivity), 상호 주관성(inter-subjectivity), 상호이해(mutual comprehension) 등과 밀접하게 관련성이 있다. 표현과 대상물 간의 관련성은 사회이론(social theory)과 민족지학적 방법론(ethno-methodology) 등을 통해 포괄적으로 분석되어야 한다. 대화 참여자들이 표현한 단어, 구, 문장의 의미는 사회이론과 민족지학적 방법론의 렌즈를 통해 제대로 분석(Maynard, 2011)할 수 있기 때문이다. 대화 참여자들은 공동체의 구성원들이 공유하고 있는 가치, 규준, 신념 등을 고려하여 발화한다는 점에서, 표현의 의미를 사회이론과 민족지학적 방법론의 측면에서 파악하는 것이 타당하다고 할 수 있다. 맥락화에 대해서는 다음 장에서 구체적으로 살펴보고자 한다.

주요개념
- 포괄적 의미
- 상황 맥락과 사회·문화맥락
- 사회이론과 민족지학적 이론
- INTERACTION의 자질들
- 언어적 지식과 세상에 대한 지식
- 시건구조와 통사구조 사상(mapping)
- 형성화와 맥락화
- 점검층위에서의 전략과 원리들

제1장 연습문제

1. 대화 참여자들 간 상호작용 시, 화자는 청자에게 자신의 의도를 표현한다. 상호작용 의미·화용론은 화자가 발화한 표현과 실제 세계에서의 대상물 간 포괄적 관련성(inclusive relationship)에 대한 연구라고 할 수 있다. 이를 구체적으로 기술하고 의미론과 다른 점을 설명하시오.

2. 상호작용에 대한 논의는 Mead으로 거슬러 올라갈 수 있다. Mead는 대화 참여자들이 상호작용의 상황에서 발화한 행위가 서로에게 어떠한 의미를 주는지를 이해하고 서로 수용 가능한 상호작용의 과정에 초점을 둔다. 상호작용 의미·화용론이 일반 의미론이나 화용론과 다른 특성을 제시하시오.

3. 내적 형성 층위의 '형성화(formulation)'는 '사물이 단어로 표현되는 방식'이라는 개념으로, 특정 속성에 초점을 맞추는 선택적이고 관점적이며, 특정 방식으로 이야기되는 상황을 개념화하는 방법을 제공(Heritage and Watson, 1979; Drew, 2003; Antaki, 2008)한다는 측면에서 구성적이다. 이러한 측면을 예를 들어 기술하시오.

4. 화자는 개인 내적 층위에서의 의도 형성 단계, 언어 계획 단계, 발음 형성 단계 등을 바탕으로 언어를 계획하게 되면, 대인 간 층위의 과정으로 이어진다. 대인 간 층위는 자신의 의도를 청자에게 발화하고 대화 참여자들 간 의미협상을 하고 있다는 점에서 개인 내적 층위와 구별된다. 무엇보다도 화자는 형성화된 메시지를 맥락화한다. 이러한 과정을 정보처리의 과정과 관련지으며 설명하시오.

제2장

상호작용 의미 · 화용론: 맥락화의 과정

화자는 맥락화의 단서들을 선택하여 새로운 맥락을 구축한다.
- Rymes(2009)

생각하기
1. 화자가 맥락을 구조화할 때, 어떤 맥락화의 단서들을 필수적으로 선정하는가?
2. 상황 맥락과 사회 · 문화 맥락 간 차이는 무엇인가?
3. 화자가 맥락화에서 고려해야 할 전략이나 원칙은 무엇인가?

대화 참여자들 간 서로 공유하는 배경정보나 맥락 없이 말을 하게 되면 대화가 자연스럽지 못하고 심하게는 대화가 단절되거나 오해가 일어날 수 있다. 화자가 맥락 없이 다음과 같이 말하면 청자는 어떻게 대답해야 할지 망설이게 된다.

(1) 영미야, 그 사람 만났어?

영미는 친구의 질문에 어떻게 대답해야 할지 어려움을 느끼고 머뭇거리고 있다. 만약 (1)에 시공간의 맥락을 넣어 "어제 광화문에서 만나기로 약속한 그 사람을 만났어?"라고 묻는다면, 영미는 최근 상황을 생각하면서 친구의 질문을 이해하고 응답할 것이다. 이렇게 맥락화는 대화 참여자들 간 의도하는 것을 수월하게 이해하고, 표현과 지시하는 대상이나 사물들 간 관련성을 어려움 없이 파악할 수 있도록 한다. 이 장에서는 대화 참여자들이 고려하는 맥락화의 요인들을 살펴보고, 그들을 활용하여 표현하는 과정을 살펴보고자 한다.

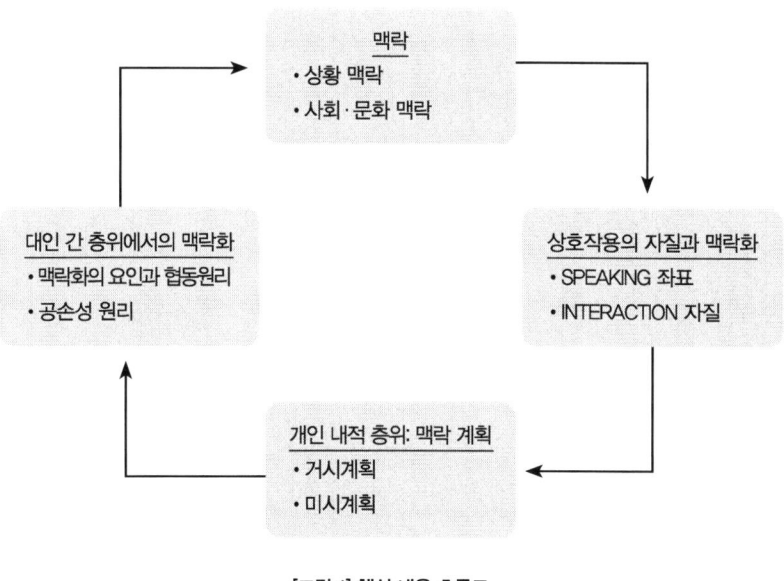

[그림 1] 핵심 내용 흐름도

1. 상황 맥락과 사회·문화 맥락

숨겨진 보물을 찾아 나선 탐정가 명승은 보물을 가져갔을 것으로 의심되는 두 사람 간 대화가 담긴 동영상을 갖게 되었다. 제대로 식별할 수 없을 만큼 대화자들의 얼굴이 희미하게 찍혀있지만 다음과 같은 대화의 내용이 담겨져 있는 동영상을 보면서 대화의 의미를 분석하고 있다.

(2) 민수가 여러 바위들 밑에 보물들을 숨겨 놓아서 그들을 발견하기에는 쉽지 않을 것이다.

진리 조건적 의미론으로 분석해 본다면, 민수가 보물들을 여러 바위들 밑에 놓았다면 '민수가 여러 바위들 밑에 보물들을 숨겨 놓았다'는 문장은 참일 것이지만, 그렇지 않다면 거짓이 될 것이다. 그러나, 명승은 '바위들'이 어떤 장소인지를 파악할 수 없으며, '그들'이 '바위들', '보물들' 중 무엇을 지시하는지를 분명하게 분석할 수 없기 때문에, 이 발화가 참인지 아니면 거짓인지를 단정할 수 없다. 그럼에도, 대화 참여자들은 그들이 지시하는 대상물이 무엇인지를 분명하게 알고 대화를 하고 있기 때문에 의사소통하는 데에는 전혀 어려움이 없다. 대화 참여자들은 서로 공유하고 있는 맥락을 바탕으로 '바위들'이 어떤 장소인지, '그들'이 '바위들', '보물들' 중 무엇을 지시하는지를 알고 있기 때문이다. 따라서, 대화 참여자들 간 상호작용이 원활하게 일어나기 위해서는 화자는 청자와 함께 맥락을 구축하고 공유한 맥락에 적절하게 자신의 의도를 표현해야 한다.

맥락은 특정한 상황에서 화자가 말하고자 하는 바를 제한한다. 화자가 "배가 고프니?"를 표현했다면, 대화 참여자가 공유한 맥락에 따라 의미가 달라진다(김진석, 2013). 점심 식사 시간에 친구가 다가와서 "배가 고프니?"라고 묻는다면 함께 점심 먹자는 제안이나 간접적인 초청이 될 것이고, 늦은 오후 무렵에 초콜릿을 가지고 와서 "배가 고프니?"라고 묻는다면 초콜릿을 주고 싶다는 의미이지만, 아침에 친구와 서로 다이어트를 하자고 말했는데 그 친구가 늦은 오후 무렵에 전화를 걸어 "배가 고프니?"라고 묻는다면 동병상련을 하면서 한탄하는 의도이기도 하고 가벼운 놀림을 뜻하기도 한다(Hinkel, 2005). 화자의 말은 어떤 맥락이냐에 의해 청자에게 전달하는 의미가 달라지기 때문이다. 따라서, 화자는 상호작용의 여러 자질들을 고려하여 맥락을 구축하면서 발화해야 하고, 청자는 화자의 의도를 이해하고 그 맥락에 적절하게 응답해야 한다.

대화 참여자들 간 의사소통은 고도로 문맥화한 상호작용이라 할 수 있다. 대화 참여자들은 서로 간 공유하고 있는 배경정보를 바탕으로 상황맥락과 사회·문화 맥락을 고려하여 전경정보를 중심으로 발화하기 때문이다. 화자는 1장에서 설정한 상호작용의 구성요소(정체성, 상호작용 규준, 시공간 좌표, 공감, 대화 참여자 간 관련성, 주체성, 점검, 상호작용 도구, 상호 주관성, 의견, 네트워킹)들을 고려하여 맥락화해야 한다. 이러한 자질들은 형성화의 사건구조, 통사구조, 음운구조, 상호작용 구조 등을 만드는 데 영향을 주기 때문이다. 따라서, 화자는 대인 간 층위에서 상호작용의 구성요소들을 바탕으로 형성화 단계에서 구축한 구조들을 고도로 맥락화하면서 청자와 상호작용한다.

대화 참여자들은 내부의 emic적 관점과 외부의 etic적 관점을 고려하여 맥락을 구축한다. 전자에서는 대화 참여자가 개인 내적 층위 단계에서 언어 맥락을 고려하여 자신의 생각이나 느낌을 표현하기 이전에 설정하고 그 개념에 적합한 통사나 음성을 계획하는 것이다. 후자에서는 대화 참여자가 대인 간 층위 단계에서 청·화자 간 상호작용의 맥락을 고려하여 타인과 효과적이고 적절하게 소통하는 단계다. 두 개의 관점을 바탕으로 화자는 개인 내적 층위 단계에서 언어맥락을 고려하여 메시지를 구성하고, 대인 간 층위 단계에서 상황 맥락과 사회·문화 맥락을 고려하여 메시지를 주고받는다. 이를 간략하게 구도화하면 다음과 같다.

⟨표 1⟩ emic, etic관점과 맥락

	emic적 관점	etic적 관점	
		미시맥락	거시맥락
개인 내적 층위	언어맥락		
대인 간 층위		상황 맥락	사회·문화 맥락

- **언어 맥락**
  - 개인 내적 층위에 관여하는 맥락으로, 표현된 어떤 부분들을 해석하는 데 제약을 줄 뿐만 아니라 상호작용 시 화자의 발화 의도를 해석하는 데에도 제약을 주는 언어의 구성요소(김진석, 2013)[1]를 말함. 단일문장 내 맥락과 문장들 간 맥락이 있으며, 어떤 대상에 대해 생각하고 표현하고자 하는 의견에 적합한 어휘, 언어형식, 화행 등을 선정
- **상황 맥락**
  - 대인 간 층위에 관여하는 맥락으로 대화 참여자들 간 의도를 해석하는 데 밀접하게 관련되는 대화 참여자의 정체성, 의사소통의 목적, 물리적 시간이나 장소, 매체 등을 들 수 있음.
  - 시간: 시제나 'today, next week' 등의 명시적 시간부사(explicit temporal adverb)를 설명하는 좌표로 의사소통이 일어나는 때와 시간적 길이 등에 관한 요인
  - 장소: 'here' 등의 문장을 해석하는 좌표로 의사소통 참여자들이 공유하는 참여자들의 움직임, 좌석 위치, 실내 온도 등의 여러 가지 물리적 요인
- **사회·문화 맥락**
  - 거시 맥락 층위에 관여하는 맥락으로 대화 참여자들이 발화한 메시지를

---

1 Halliday와 Hasan(1989)은 맥락을 언어적 맥락(텍스트 내 맥락, 텍스트 간 맥락)과 비언어적 맥락(상황 맥락, 문화 맥락)으로 분류하고 있다.

어떻게 이해하고 해석하며 또 어떻게 반응하는가에 대해 일반적으로 인정하는 행동 양식². 문화맥락과 밀접하게 관련된 요소들에는 공동체의 가치, 규준, 신념, 사회적 관습 등이 있음

위와 같이, 표현된 어떤 부분들을 해석하는 데 제약을 줄 뿐만 아니라 상호작용 시 화자의 발화 의도를 해석하는 데에도 제약을 주는 언어 맥락, 대화 참여자들 간 의도를 해석하는 데 관여하는 참여자의 정보뿐만 아니라 물리적 시간이나 장소와 같은 정보인 상황 맥락, 대화 참여자들이 발화한 메시지를 어떻게 이해하고 해석하며, 또한 어떻게 반응하는가에 대해 일반적으로 인정하는 행동양식을 말하는 사회·문화 맥락(김진석, 2013)은 표현과 대상물 간의 관련성을 분석하는 데 열쇠가 된다. 상황 맥락은 장소(옥내, 옥외; 복잡함, 조용함; 공적임, 사적임; 밝음, 어둠 등)나 시간에 따라서 대화의 내용이 달라지고, 사회·문화맥락은 다양한 행사에서 만난 사람들과 상호작용할 때 기대되는 말이나 할 수 있는 말을 대화 참여자들 간 공유하고 있는 것(예, 파티, 결혼식, 회갑연, 장례식 등)을 말하는 것으로 대화 참여자들의 가치, 규준, 신념, 사회적 관습 등이 고려되는 대인 간 상호작용의 규준이기 때문이다.

무엇보다도, 사회·문화맥락은 체득된 공동체의 가치, 규준, 신념, 사회적 관습 등의 참고 틀(frame of reference)을 활용하여 대화 참여자들의 발화를 이해하고 해석(김진석, 2015)하는 데 관여되며, Hall(1976)의 고맥락 문화(high context culture)와 저맥락 문화(low context culture)간 분류를 바탕으로 다음과 같이 세분될 수 있다(김진석 외, 2024).

---

2 Hymes(1974)는 SPEAKING의 8개 요인들 중 하나인 N(norms of interaction and interpretation)을 설정하였다.

- **시간:** ① 복수 시간적(polychronic), ②단수 시간적(monochronic)
- **공간과 속도:** ①고공시적(共時性, high-sync), ②저공시적 (low-sync)
- **논리:** ①종합논리 지향적(comprehensive logic), ②선형논리 지향적 (linear logic)
- **언어 메시지:** ①상황 맥락 중심적(restricted codes), ②언어기호 중심적 (elaborate codes)
- **사회적 역할:** ①체계적 사회 구성(tight social structure), ②느슨한 사회 구성 (loose social structure)
- **대인관계:** ①집단 우선적(group paramount), ②개인 우선적(individual paramount)

화자는 자신이 속한 공동체의 참고 틀을 바탕으로 고맥락에 속하는 ①의 문화 참조 또는 저맥락에 속하는 ②의 문화 참조 중 하나를 선택하여 상호작용하게 된다. 다시 말해서, 화자는 상호작용 시, 위의 참고 틀을 기반으로 순서교대(turn taking)의 방식, 발화 스타일(펑퐁 스타일, 볼링 스타일), 공손성(politeness) 등을 선택하기 때문에 참고 틀은 텍스트에 가치를 부여하고 텍스트의 해석을 제한하는 제도적이고 관념적(김진석 외, 2024)이라 할 수 있다. 고맥락 문화권은 동남아시아, 남유럽, 멕시코, 미국의 시골 지역 등에서 흔히 나타나는데 개인보다는 집단을 중시하기 때문에 사회적 통합과 조화를 중시한다. 반면 맥락의존도가 낮은 저맥락 문화권은 미국, 독일, 스칸디나비아와 같은 지역에서 흔히 볼 수 있는 것으로 집단보다는 개인을 중시하기 때문에 대인관계는 단편적이고 단기적이어서 취약(김진석, 2015)한 특성이 있다.

또한, 어떤 언어 표현의 의미를 이해하기 위해서는 그 언어 표현을 둘러싼 어구나 문장들에 대한 정보인 언어 맥락을 파악해야 한다(김진석, 2013). 언어 맥락은 표현된 텍스트의 어떤 부분들을 해석하는데 제약을 줄 뿐만 아니라 청·화자 간 상호작용 시 화자의 발화 의도를 해석하는 데에도 제약을 주기 때문이다. 특정한 언어 표현의 의미를 제대로 해석하기 위해서는 텍스트의 특정한 자질들이 동일한 텍스트의 다른 부분들과 어떻게 연관되는지를 알아야 한다. 다음 문장들을 살펴보자.

(3) Just cup your hands together and roll close to the outlet.
(4) Evaporation is the most hygienic of the practical methods of hand drying. Just cup your hands together and roll close to the outlet.

(Thornbury, 2005)

텍스트는 특정한 사람들에 의해 특정한 맥락에서 특정한 목적으로 쓰이고, 읽히고, 말해지고, 듣게 되는 경우가 있다(김진석, 2013). (3)에서는 명령문의 형태가 사용되어 명령이나 지시의 의미를 말하고 있음을 알 수 있지만 'the outlet'이 무엇을 가리키는지를 알 수 없다. 따라서, 화자는 언어맥락뿐만 아니라 상황 맥락과 사회·문화맥락을 고려하여 자신의 의도에 적합하게 맥락을 구축하고 발화해야 한다. 여기에 (4)와 같이 언어 맥락이 더해지는 경우에는 화장실의 손 세척기에 붙여져 있는 문구라는 것을 알고 'the outlet'이 무엇을 가리키는지를 알 수 있다.

2. 상호작용의 자질들과 맥락화

우리는 일상생활에서 수많은 사람들과 일련의 상황들을 맞닥뜨리며 살아간다. 이러한 과정에는 항상 대인 간 상호작용이 수반된다. Lewis(1972)는 상호작용 시 청자가 화자의 발화를 정확하게 분석할 수 있도록 좌표(co-ordinate)를 설정하였다(1장 참조). Hymes(1974)는 Lewis(1972)의 좌표를 다음과 같이 SPEAKING의 8개 요인들로 좀 더 세분화하였다(김진석, 2013).

- S(setting): Lewis의 시간 및 장소 좌표에 해당됨
  - 의사소통이 일어나는 시간과 장소를 나타내는 요인
  - 시간은 의사소통이 일어나는 때와 시간적 길이 등에 관한 요인
  - 장소는 의사소통 참여자들이 공유하는 공간으로 참여자들의 움직임, 좌석 위치, 실내 온도 등의 여러 가지 물리적 요인
- P(participants): Lewis의 화자 및 청자 좌표에 해당됨
  - 의사소통에 참여하는 사람들의 특징, 성격과 그들의 역할에 관한 요인
- E(ends):
  - 의사소통 참여자들이 추구하는 목적
  - 단기적으로는 필요한 의사 표현이나 정보의 단순한 주고받음
  - 장기적으로는 어떤 변화나 결과물의 성취를 목표로 할 수도 있음
- A(act sequence):
  - 의사소통 참여자들이 하는 발화의 형태나 내용
  - 참여자들의 일련의 행동 과정
- K(key):
  - 의사소통 참여자가 메시지를 효과적으로 전달하기 위해서 사용하는 방법에 관한 요인으로 진지하게 설명할 것인가, 사실만 전달할 것인가, 농담조로 가볍게 넘길 것인가, 풍자조로 전달할 것인가, 또 언어만 사용할 것인가, 제스처 등 비언어적인 요소도 포함할 것인가, 혹은 경쾌한 어조로 발화할 것인가, 엄격한 목소리로 발화할 것인가 등, 전체적으로 표현의 방식을 가리킴

- I(instrumentalities):
  - 의사소통을 위해 사용하는 다양한 수단에 관한 요인
  - 말로 전달할 것인가, 글로 전달할 것인가, 모국어를 쓸 것인가, 외국어를 쓸 것인가, 아니면 혼용해 쓸 것인가 등에 관한 것을 가리킴
- N(norms of interaction & interpretation):
  - 참여자들이 의사소통을 하면서 상대방이 발화한 메시지를 어떻게 이해하고 해석하며, 또 어떻게 반응하는가에 대한 일반적으로 인정되는 행동 양식에 관련됨
- G(genre):
  - 의사소통 참여자가 하는 말의 장르
  - 말의 경우, 일상적 대화형, 강의형, 토론형 등의 장르
  - 글의 경우, 보고서, 요약문, 일기문, 논설문, 설명문 등의 장르

화자는 위 자질들을 바탕으로 자신의 의도를 형성화하여 언어를 계획한 후, 맥락의 요인들을 선정하고 의도를 맥락화하여 상대방에게 표현한다. 화자가 고려해야 할 맥락에는 상황 맥락과 사회·문화 맥락 등의 세부 요인들이 있다. 이러한 요인들은 화자가 자신의 의도를 형성화하고 맥락화하는 데 좌표가 된다. 1장에서, Lewis(1972), Hymes(1974), Brown과 Yule(1983) 등을 바탕으로 설정한 다음과 같은 INTERACTION의 자질들을 고려하여 대화 참여자의 정체성, 시간과 장소, 의사소통 목적, 매체, 화행, 순서교대, 대화 수정, 대화의 패턴 등을 선정하고 구조화하여 발화할 수 있다.

<표 2> 'INTERACTION' 요소의 고려사항

요소	고려사항
I (정체성)	• 대화 참여자들은 대화에 참석하고 있는가? • 대화 참여자들은 공식적인가, 아니면 비공식적인가? • 대화 참여자들은 실증적으로 아니면 비실증적으로 나타나고 있는가?
N^1 (규준)	• 대화 참여자들은 상대방이 전달한 메시지를 어떤 규준으로 이해하는가? • 대화 참여자들은 어떤 규준으로 순서교대(turn-taking)하고 있는가? • 대화 참여자들은 상대방의 발화에 반응하는 태도의 규준은 무엇인가?
T^1 (시간과 공간)	• 상호작용이 일어나는 시간과 시간적 길이가 어떠한가? • 상호작용하는 대화의 장소(대면 또는 비대면)는 어디인가? • 대화 참여자들이 공유하는 움직임, 좌석 위치, 실내 온도 등의 물리적 요인은 어떠한가?
E (공감)	• 대화 참여자들의 생리적 반응(동작성, 근접성, 촉각성 등)은 어떠한가? • 대화 참여자들 간 갈등 없이 상호작용이 원활하게 일어나고 있는가? • 대화 참여자들 간 동일시가 일어나고 자연스럽게 상호작용이 되고 있는가?
R (관련성)	• 대화 참여자들은 서로 문화적 배경이 동일한가, 아니면 문화적 배경이 다른가? • 대화 참여자들은 서로 우호적인가, 아니면 적대적인가? • 대화 참여자들은 서로 지배적인가, 아니면 순종적인가?
A (주체성/ 활성화)	• 대화 참여자들은 가치, 규준, 신념, 사회적 관습 등에 대한 스키마를 고려하여 자기 주도적으로 상호작용하고 있는가? • 대화 참여자들은 자기 효능감(self-efficacy)을 갖고 상호작용하고 있는가? • 대화 참여자들은 인지적, 정의적, 심동적 영역의 스키마를 활성화하면서 상호작용을 지속하고 있는가?
C (점검)	• 대화 참여자들은 자신이 한 말이 올바르게 전달되고 있는가? • 대화 참여자들은 상대방이 제대로 이해했는가를 점검하고 있는가? • 대화 참여자들은 발화 후에도, 자신의 말이 올바르게 전달되는가에 대해 관심을 가지고 점검하고 있는가?
T^2 (도구)	• 면대면 또는 비대면 시, 대화 참여자들은 어떤 상호작용의 도구(예, 이메일, 전화, 줌, 등)를 사용하고 있는가? • 대화 참여자들은 자신의 의도를 말로 전달할 것인가, 글로 전달할 것인가? • 대화 참여자들은 모국어를 쓸 것인가, 외국어를 쓸 것인가, 아니면 혼용할 것인가?
I^2 (상호 주관성)	• 대화 참여자들이 서로의 주관적 관점을 이해하고 조정하는가? • 대화 참여자들은 상호 이해를 형성하고 공유하고 있는가? • 대화 참여자들은 공동의 의미를 구축하고 새롭게 창출하는가?
O (의견)	• 대화 참여자들은 자신의 의도를 어떻게 계획하고 발화하고 있는가? • 대화 참여자들은 상대방과 의미협상하면서 새롭게 의견을 구축하고 있는가? • 대화 참여자들은 스캐폴딩이나 피드백으로 상대방의 의견을 구축하도록 도움을 주고 있는가?

N2 (연결)	• 대화 참여자들은 개념이나 내용의 의미를 위계적 · 비위계적으로 깊이 있게 연결하여 발화하고 있는가? • 대화 참여자들은 대상, 의견, 감정 등과 상호 연결하여 메시지를 구축하고 발화하고 있는가? • 대화에 참여하는 화자(행위자)들 간 일관성있고 관련성있게 연결이 잘 되고 있는가?

 화자는 위 자질들을 바탕으로 의사소통에서 추구하는 목적이 무엇인지를 충분하게 고려하여 발화해야 한다. 화자는 자신이 의도하는 의사소통의 목적이 도구적(instrumental) 목적인지, 수신자를 지시하거나 통제하는 조정적(regulatory) 목적인지, 수신자와 상호작용하거나 대화하기 위해 사용하는 상호작용적(interactional)인 목적인지, 어떤 것에 대해 마음이나 감정을 표현하기 위해 사용하는 개인적(personal) 목적인지, 정보를 찾거나 요구하기 위해 사용하는 발견적(heuristic) 목적인지, 이야기하거나 역할놀이를 하기 위해 사용하는 상상적(imaginative) 목적인지, 사건이나 사물에 대해 설명을 제공하기 위해 사용하는 정보적(informative) 목적인지를 결정(Pence & Justice, 2008)한 후, 그 목적에 맞게 맥락화해야 한다. 화자가 의도하는 의사소통의 목적에 따라서 표현하는 방식이 다르기 때문이다(김진석, 2013).

 대화 참여자들은 서로의 주관적 관점을 이해하고 조정하는 것을 넘어 상호 이해를 형성하고 공유하며, 서로 간 공동의 의미를 구축하고 새롭게 창출한다. 그래서, 상호작용에는 상호 주관성(inter-subjectivity)이 전제되어 있다(Kramsch, 1986: 367). 대화 참여자들은 공동의 의미를 구축하는 데 어려움이 있거나 오해가 빈번하게 발생할 수 있다. 대화 참여자들은 상호작용 시 상징이나 제스처 등을 사용하여 자신의 의도를 암묵적으로 표현하는 경우가 있기 때문이다. Gillespie와 Cornish(2009)는 상호 주관성의 단계를 자신과 타인으로 나누어 다음과 같이 설정하고 있다.

〈표 3〉 상호 주관성 단계(Gillespie와 Cornish, 2009)

단계	자신(self)	타인(other)
1	직접관점 (direct perspective)	직접관점 (direct perspective)
2	메타관점 (meta perspective)	메타관점 (meta perspective)
3	메타 메타관점 (meta-metaperspective)	메타 메타관점 (meta-metaperspective)

대화 참여자들은 1단계에서 대상에 대한 자신의 관점과 타인의 관점을 갖고, 2단계에서는 대상에 대한 타인의 관점에 대한 자신의 관점과 자신에 대한 타인의 관점을 가지며, 3단계에서는 타인의 메타관점에 대한 자신의 관점과 자신의 메타관점에 대한 타인의 관점을 갖게 된다.

대화 참여자는 상호 주관성을 갖고 발화하기 전에 다양한 맥락의 요인들을 선택(choice)한 후, 대화 참여자 간 상호작용 시 그 요인들을 조합(combination)하여 발화함으로써 맥락을 구축(construction)·수정(revision)·확장(expansion)한다(김진석, 2024). 물론, 맥락을 구축할 때, 화자는 맥락화하는 단서들(contextualization clues)을 선택한다(Rymes, 2009). 화자가 면대면으로 청자에게 발화할 경우, 언어 맥락, 상황 맥락, 사회·문화 맥락 등의 요소들을 맥락화하기 위해 어휘, 몸자세, 억양, 대기시간, 목소리 등의 단서를 사용한다. 이렇게 청·화자는 공유한 언어적 지식 또는 상황이나 사회·문화 요소들을 아우르는 화용적 지식들을 바탕으로 상호작용하는 일련의 과정 속에서 그들이 구축한 맥락들은 지속적으로 수정·확장된다(구체적인 설명은 2장 4절 참조). 이런 측면에서, 지식을 언어 지식과 화용적 지식으로 대별하면서 언어 지식 내에 언어 맥락을 포함하고 화용적 지식 내에 상황 맥락과 사회·문화 맥락을 포함하는 것으로 분류하는 것이 적합하다고 할 수 있다.

발화 단계와 의미협상 단계의 대인 간 층위에서는 대화 참여자들은 상호작용에 관여되는 일련의 원리 및 변수(Principle & Parameter)인 협동원리, 공손성 원리, 아이러니 원리, 고맥락 문화와 저맥락 문화와 같은 문화유형 등을 고려해야 한다. 다음 절에서는 원리 및 변수를 바탕으로 층위별 맥락화하는 과정에 대해 살펴보고자 한다.

3. 거시·미시 계획과 맥락화

화자는 언어 맥락, 상황 맥락, 사회·문화 맥락 등의 요인들을 선택하여 발화한다. 맥락 구축은 개인 내적 층위, 대인 간 층위, 점검 층위별로 다르게 나타난다. 화자는 개인 내적 층위에서 자신이 표현하고자 하는 의도에 적합하게 맥락의 요소들을 선택하고 구조화한다. 또한, 청자에게 효과적이고 적절하게 전달하기 위해 맥락화의 요소들을 선정하여 맥락을 구축한다.

화자는 개인 내적 층위에서 다음과 같이 미시계획을 통해 단일문장 내 언어를 맥락화하고, 거시계획을 통해 문장들 간 언어를 맥락화하면서 자신의 의도를 형성한다.

- 거시계획(macro-planning)
  - 의도(intention) 형성
  - 문장들 간 언어맥락
- 미시계획(micro-planning)
  - 발화 이전의 통사적·음운적 메시지(pre-verbal message)
  - 발화 이전의 비언어 메시지(pre-nonverbal message)

- 단일문장 내 언어 맥락

화자는 개인 내적 계획 단계에서 자신의 의도를 표현하기 위해 맥락의 요인들을 선택하고 맥락을 구축한다. 이 단계에서는 어떤 종류의 사회적 활동이며 어떤 종류의 화제인지, 대화 참여자들이나 그들의 관계는 어떠한지, 아울러 어떤 의사소통의 수단으로 텍스트나 발화를 생성할 것인가를 고려(Thornbury, 2005)해야 한다. 화자는 상황 맥락과 사회·문화 맥락 등을 바탕으로 하는 거시계획(macro-planning)뿐만 아니라 언어 맥락을 바탕으로 하는 미시계획(micro-planning)을 세워야 한다. 이는 영역(field)을 말하는 것으로, 화자가 주어진 상황에서 어떤 내용을 상대방에게 전달할 것인가를 결정하는 것이다. 예를 들어, 화자가 표현과 지시하는 대상물 간의 관련성에 대해 강의한다면 그 화제에 적합한 언어를 사용해야 할 것이고, 작가가 기행문을 쓴다면, 장소, 시간, 목적 등과 관련된 내용을 고려하여 문장을 구성하고 아울러 어휘를 선정할 것이다(김진석, 2013).

또한, 화자는 발화 이전에 화행을 계획해야 한다. 화자는 전달하고자 하는 명제는 동일하지만, 어떤 화행을 선택하느냐에 따라서 발화 수반력(illocutionary force: IF)이 다르기 때문이다. 동일한 명제 내용을 가지고 있지만, 각기 다른 발화수반행위를 나타내는 경우를 들 수 있다. 다음을 살펴보자.

(5) (a) Peter는 습관적으로 담배를 피운다.
     (b) Peter는 습관적으로 담배를 피우나요?

화자가 발화하는 문장들 중 (5a)는 단언을, (5b)는 질문을 나타내는 화행을 계획한 것이다. 화자의 의도, 대화자들의 관계 등에 의해 같은 표현이 특정 맥락에서 다른 발화행위를 나타내기도 하며, 또한 같은 발화행위가 다른 표현을 통해 구성되기도 한다(조성식, 1991).

물론, 화자는 간접화행(indirect speech act)[3]을 계획할 수 있다. 화자는 동일한 IF가 동일한 문장의 형태로 일대일 대응 관계를 갖는 직접화행(direct speech act)을 계획할 수 있지만, 그렇지 않은 간접화행을 계획할 수 있다(장은숙 외, 2012). '꽃을 보내달라'는 의미로 동일한 IF를 나타내고 있지만, 문장의 형태가 다르게 나타나는 경우를 살펴보자(Levelt, 1989).

(6) 직접화행

민수에게 꽃을 보내시오.

(7) 직접화행

(a) 민수에게 꽃을 보내주실래요?

(b) 민수에게 꽃을 보내주는 것이 어떠실까요?

(c) 외람되지만, 민수에게 꽃을 보내주시는 것을 부탁해도 될까요?

(6)에서는 명령문을 사용하여 직접적인 명령의 IF를 표현하는 직접화행이지만, (7)에서는 의문문을 사용하여 간접적으로 매우 예의가 바른 명령의 IF를 표현하고 있다.

---

[3] 문장형태와 IF간에 간접적인 상관성이 나타나는 경우에 해당되는 화행을 간접화행(indirect speech act)이라 한다.

더욱이, 화자는 개인 내적 층위에서 단일문장의 언어 맥락을 계획한다. 등위문장을 발화하는 경우, 화자는 등위 접속요소들 간에 나타날 수 있는 선후 관계, 포함 관계, 설명 관계, 대조 관계들 중 하나를 선택하여 다음과 같이 등위문장을 계획할 수 있다.

(8) 미시적 언어계획

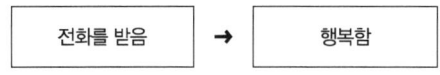

(9) (a) She got a phone call and she is happy.

　(b) She is happy and she got a phone call. (Carsten, 1993: 38)

　화자는 청자로 하여금 '그녀가 행복하다'는 것을 '그녀가 전화를 받았다'는 언어맥락에 의해 추론하도록 언어를 계획하였다. 대인 간 층위에서는 이러한 단일문장 내 언어계획을 (9)와 같이 표현될 수 있다. (9a)는 등위접속 요소 간 인과 관계에 의해 '그녀가 전화를 받았기 때문에 행복하다'는 선후 해석이 가능하다. (9b)는 $C2^4$가 $C1$을 보충 설명하여 주는 설명 관계로 표현된다(김진석, 2005).

　화자는 경제성 원리(economy principle)를 고려하여 언어를 계획한다. 화자가 최소의 노력으로 최대의 효과를 얻고자 하는 경제성 원리는 대화 참여자들 간의 응집성을 높여나간다(김진석, 2013). 대용의 한 형태로 생략되는 경우를 살펴보자.

4　설명의 편의상 등위접속 요소 중 첫 번째 요소를 $C1$로, 두 번째 요소를 $C2$로, n요소를 Cn으로 표기한다.

(10) You know he feels he should be able to provide for this family and he can't [provide for his family]. (Thornbury & Slade, 2006)

앞 절에서 언급한 'provide for this family'를 생략하여 두 절 간의 응집성을 높이고 있다. 이러한 생략은 경제성 원리(economy principle)를 적용한 결과라 할 수 있다.

경제성 원리는 실제 대화 상황에서 생략을 바탕으로 이전 화자의 발화를 지속적으로 활용하여 대화들 간의 응집성을 높여나가기도 한다. 다음을 살펴보자.

(11) Well you know [I don't know many people who have been affected] except for the neighbours. (Thornbury & Slade, 2006)

청자는 화자의 발화를 활용하여 'I don't know many people who have been affected'를 생략하고 'Well you know except for the neighbours'로 간단하게 계획하였다. 경제성 원리를 바탕으로 화자는 이러한 생략의 표현들을 계획한다면 대화 참여자들 간의 유대감이 더욱 강화되는 의사소통이 될 수 있다(김진석, 2013).

또한, 화자는 정보 처리 원리(processibility principle)를 바탕으로 텍스트를 계획한다. 화자는 문장을 구성하는데 있어서 문장 끝 초점(end focus)원칙과 문장 끝 무게(end weight)원칙을 고려한다. 문장 끝 초점 원칙은 이미 알려진 정보나 주제/화제를 어순 상 앞부분에 배치하고, 새로운 정보나 중요한 부분을 뒷부분에 배열하는 원칙이다. 문장 끝 무게 원칙은 길이가 긴 구성요소나 문법구조를 문장의 뒷자리에 배열하는 원칙

(이재희 외, 2011)이다.

화자는 신정보를 문장 끝에 배치하는 문장 끝 초점 원칙을 고려하여 제시된 문장을 이어주는 더 적합한 문장을 계획한다. 이는 화자와 청자 간 공유한 문장 배치로 공감을 높여 준다. 다음을 살펴보자.

(12) Some pyramids are made of more than two million blocks of stone.
   (a) They were dragged into place by teams of workers.
   (b) Teams of workers dragged them into place.

(13) The pyramids were built to house the body of the pharaoh.
   (a) Inside each pyramid is a secret chamber.
   (b) A secret chamber is inside each pyramid.

(14) This is the tomb where the mummy of the pharaoh was laid.
   (a) Robbers have stolen most of these mummies.
   (b) Most of these mummies have been stolen by robbers.

(Thornbury, 2005)

(12)에 이어지는 문장으로 적합한 것은 (a)라고 할 수 있다. 문장 끝 무게의 원리를 받은 평언의 'two million blocks of stone'이 두 번째 문장의 화제가 되기 때문이다. (13)에서는 'a secret chamber'가 신정보이므로 문장의 끝에 배치되어 있는 (a)가 적합하다. (14)에서는 'robbers'가 신정보이므로 (b)가 더 선호된다(김진석, 2013).

4. 맥락 구축 · 수정 · 확대

화자는 자신의 의도를 말하고자 할 때 상황 맥락(예, 명시적 시간부사나 장소부사)을 고려하여 청자에게 표현한다. 화자는 서로 말을 주고받을 때 장소나 시간과 같은 문맥을 참조하여 맥락을 구축하기 때문이다. 그래서 청자는 언어와 물리적 맥락 간을 연결하여 화자의 의도를 이해하고 응답한다. 상황 맥락을 바탕으로 계획된 문장들을 살펴보자(Widdowson, 2007).

(15) (a) The chalk is over there.
　　 (b) Pass me the tape measure.

(15a)에서는 창문 옆 테이블 위에 있는 분필을 표현하고, (15b)에서는 청자가 갖고 있는 줄자를 생각하면서 말하고 있어서 의사소통에 문제가 일어나지 않는다고 할 수 있다(김진석, 2013). 이런 측면에서, 맥락은 가능한 해석의 범위를 제한하기도 하고, 의도하는 해석(intended interpretation)을 입증해 주는 역할(Hymes, 1972)을 하기도 한다.

화자는 청자와 맥락을 심리적으로 새롭게 구축하고 실시간 수정하기도 하고 확장하면서 상호작용한다. 청자는 맥락을 특정한 상황에서 지각(perceive)하는 것이 아니라 서로 간 관련성(relevance)있는 것으로 심리적으로 착상(conceive)하는 것이다(Widdowson, 2007). 맥락은 상황의 개념적 표현(conceptual representation)으로 심리적으로 구축(psychological construct)되기 때문이다. 그래서, 상호작용 시, 화자와 청자 간에는 공동의 정보(common ground)를 설정해야 한다(김진석, 2013). 그렇지 않으면,

의사소통이 제대로 일어나지 않거나 대화 단절이 일어날 수 있다.

　화자는 텍스트 자체에 의해서 맥락을 새롭게 구축하고 수정·확장해 나간다. 코소보 위기 상황을 보도하는 어느 기자의 말에서 맥락이 새롭게 설정된다. 기자는 이전에 말한 대화나 이전에 제시한 내용을 바탕으로 새로운 맥락을 다음과 같이 계획하고 텍스트를 구성한다.

(16) 거시적 언어맥락 계획

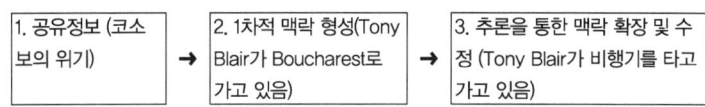

(17) (a) At the height of the Kosovo crisis in May 1999

　　 (b) Tony Blair on his way to *Boucharest*, the Romanian capital.

　　 (c) The Prime Minister' suddenly announcing on *the aeroplane*.

위의 글에서 '코소보의 위기'를 독자와 공유하고, 이 위기 상황을 해결하기 위해 'Tony Blair' 총리가 'Boucharest'로 가고 있는 언어맥락을 수정·확장하고 있다. 일단, 언어맥락이 활성화되면 추론에 의해 더욱 활성화되도록 계획될 수 있다(김진석, 2013). 기자는 'the aeroplane'이라는 내용을 추가하여 'Tony Blair' 총리가 비행기를 타고 가고 있음을 추론할 수 있도록 맥락화하였다.

　개인 내적 층위에서 화자가 텍스트를 구축하고 표현하면, 청자는 그 텍스트에 의해 맥락을 설정하게 된다. 이후, 화자가 추가하는 정보에 의해 처음에 설정한 맥락이 확장되거나 수정되게 된다. 그것을 단계로 표시하면 다음과 같다(김진석, 2024).

· 화자의 텍스트 제시
· 청·화자 간 공유맥락 구축
· 맥락의 수정, 확장

화자는 청자와 공유하는 정보가 어떤 것인지에 대해 판단하면서, 새로운 정보를 중심으로 청자에게 발화한다. 청자는 듣게 된 새로운 정보를 바탕으로 청·화자 간 공유맥락을 새롭게 구축해 나간다. 더욱이 청·화자 간 상호작용하면서 기존에 구축한 맥락을 수정하거나 확장해 나간다.

대인 간 층위에서는 개인 내적 층위에서의 거시계획이 청자의 여러 상황들을 고려하여 구체적으로 표현된다. 맥락이 새롭게 설정되거나 수정·확장되는 다음의 텍스트를 살펴보자.

(18) At the height of the Kosovo crisis in May 1999, Tony Blair was on his way to **Boucharest**, the Romanian capital, to drum up local support for NATO's high risk confrontation with Serbia. The Prime Minister astonished his advisers by suddenly announcing on **the aeroplane** that he was going to promise Romania early membership of the European Union in return for its continued backing.   (Widdowson, 2007)

위의 글에서 기자는 이전에 말한 대화나 이전에 제시한 내용을 바탕으로 새로운 맥락을 계획하고 텍스트를 구성하여 독자에게 표현한다. 개인 내적 층위에서, 기자는 Boucharest의 위치를 독자가 잘 모를 수 있다는 판단에서 그것이 Romania에 있다는 정보를 구조화하였다. 기자는 Tony Blair가 누군지를 독자가 알고 있다고 가정하고 The Prime Minister가

Tony Blair를 지시하고 있다는 것을 추론할 것이라고 판단하면서 The Prime Minister를 표현하였다. 마찬가지로 'the Kosovo crisis, NATO's high risk confrontation with Serbia' 등도 이미 알고 있다고 가정하고 명시적으로 언급하지 않았다(Widdowson, 2007). 여기서, 텍스트는 그 자체가 맥락을 설정하는 것이 아니라 독자가 심리 언어적으로 맥락을 활성화하도록 단서를 주는 역할을 한다(김진석, 2013). 기자는 언어맥락이 추론에 의해 활성화되도록 계획하였다. 독자가 'the aeroplane'을 읽으면 공유된 지식이라는 것을 가정하고 사용된 정관사에 의해 "Tony Blair was on his way to Boucharest by air"라는 것을 추론할 수 있도록 표현하였다. 이와 같이 독자는 공유정보를 바탕으로 기자가 제시한 단서를 통해 맥락을 수정하고 확장하며 재수정한다. 이는 기자와 독자 간 지속적인 상호작용의 과정이라고 할 수 있다(김진석, 2013).

대화 참여자들은 맥락을 구축할 때, 협동원리, 공손성 원리, 아이러니 원리 등과 같은 대화의 원칙들을 고려한다. 먼저, 협동원리 중 양 수칙을 살펴보자. 참여자들 간 맥락정보가 충분한데 너무 많은 양의 정보를 제시하게 되면 말이 너무 장황하거나 초점이 없이 군더더기의 말이 되는 경우가 있고, 반면에 참여자들 간 맥락정보가 부족한데 너무 적은 양의 정보를 말하게 되면 화자의 말이 애매모호한 것으로 이해될 수 있다 (Widdowson, 2007). 수칙을 준수하고 화자가 필요한 정보만 제공하면서 대화를 마무리하는 다음의 대화를 살펴보자(O'Keefee 외, 2011).

(19) A: ...he's a lovely fellow.
B: Oh yeah.
C: And see he would have spent time in Bosnia too as in they do a

　　　　lot of work over there.
　　B: Oh.
　　C: I don't know if he'd actually be there or if he would just do work kind of on behalf of the people there but am so I said it to him in the car down at the church remember the night we+
　　A: Oh yes indeed.
　　C: +and couldn't get into the church that's another story.

사촌의 인성에 대해 말하고 있는 위의 대화에서, 화자 C는 'that's another story'를 말하면서 'couldn't get into the church'에 대한 정보를 제공해 주지 않고 있다(김진석, 2013). 이는 사촌이 'a lovely fellow'라는 것에 대해 말하면서 다른 말을 발화하여 청자를 기분 나쁘게 하거나 당황하게 하는 상황이 일어날 수 있기 때문이다.

　청·화자 간 상호작용이 일어나는 상황일 경우, 화자와 맥락 간 지속적인 협상의 과정 속에서 공손성이 생겨난다(Watts, 2003). 다음과 같은 Leech(2014)의 공손성 원리는 화자가 자신의 의도를 발화할 때 준수해야 할 원칙들 중 하나다.

> **Leech(2014)의 공손성 원리**
>
> (a) 요령 수칙(maxim of tact): 타인에게 부담을 주는 내용은 최소화하고 혜택이 되는 내용은 최대화
> (b) 관용 수칙(maxim of generosity): 자신에게 이로운 표현은 최소화하고 부담이 되는 내용 최대화
> (c) 찬동 수칙(maxim of approbation): 타인에 대한 비방은 최소화하고 칭찬은 극대화
> (d) 겸손 수칙(maxim of modesty): 자신에 대한 칭찬은 줄이고 자신에 대한 비방은 극대화
> (e) 동의 수칙(maxim of agreement): 자신의 의견과 타인의 의견 간 차이점은 최소화하고 일치점은 극대화
> (f) 동정 수칙(maxim of sympathy): 타인과의 반감은 최소화하고 공감은 최대화

Brown & Levinson(1987)은 공손성을 체면위협(face threatening)의 행동을 부드럽게 해주는 복잡한 체계로 정의한다. 화자는 체면위협행위(face-threatening act: FTA)를 피하는 전략으로 간접 화행을 사용한다. FTA에는 다른 사람을 비난하기, 모욕하기, 충고하기, 요청하기, 명령하기, 경고하기 등과 같은 화행이 포함된다. 화자는 FTA를 피하는 전략을 체면손상위험도를 고려하여 다음과 같이 사용할 수 있다(Brown & Levinson, 1987; 이재희 외, 2011). 다음은 화자가 발화를 하기 전에 체면손상위험도를 고려할 수 있는 다섯 가지 전략들이다.

(20) 　　　　　　　　　　　　　　　　　　체면손상위험도
(a) FTA 명시적 수행(on record) 　　　　　　　　　높음
　　① 직접적 ─────── ㉮ Lend me your books.　　↑
　　② 간접적
　　　　ⓐ 적극적 공손성　㉯ How about letting me have a look at your books?
　　　　ⓑ 소극적 공손성　㉰ Could you please lend me your books?
(b) FTA 암시적 수행(off record)　㉱ I didn't take any books for the test. ↓
(c) FTA 미수행 ────　㉲ 비언어적 방법으로 의사를 표시함　낮음

시험이 얼마 남지 않은 학교 자습시간에 시험공부를 하고 있는 친구에게 책을 빌려 달라고 말하고 있는 상황에서, 평서문 ㉮는 명시적이고 직설적이어서 체면위험손상도가 매우 높은 반면에, 명시적이지만 간접적인 FTA 수행은 상대적으로 체면위험손상도가 낮다고 할 수 있다. 특히, 다른 사람이 자신의 의견을 받아 들여 주기를 바라면서 표현하는 ㉯의 적극적 공손성(positive politeness) 보다는 청자에 대해 경외심을 가지고 자신의 의견을 강요하지 않는 ㉰의 소극적 공손성(negative politeness)이 상대적으로 체면위험손상도가 더 낮다.

　소극적 공손성의 전략들 중 헤지(hedge)는 의견의 불일치, 제안, 충고, 비판 등과 같은 체면위협행위를 완화시키기 위해 화자가 흔히 사용하는 전략이다(김진석, 2013). 헤지는 화자가 명제의 내용에 대한 판단을 직접적으로 나타내는 것이 아니라 판단을 유보하거나 완화하는 표현(Clemen, 1997)이기 때문이다. 헤지 표현이 사용된 다음의 발화를 살펴보자.

(21) A: Well, I mean, I have, you know never actually really liked her as a teacher.

(22) A: I have never liked her as a teacher.

(21)와 (22)은 화자가 전하려는 의도는 동일하지만 (21)에서는 헤지를 사용하지 않은 (22)와 달리 'Well, I mean, you know, actually, really'를 사용하여 퉁명스러운 평가를 완화하고 있다(김진석, 2013). 다시 말해서, 화자는 교사의 체면을 구길 수 있는 위협적인 면을 완화하려고 소극적 공손성의 전략을 사용하고 있다.

대인 간 층위에서, 화자는 청자와 상호작용하면서 대인 간 맥락을 구축해 나가는 단계다. 화자는 의사소통의 목적을 달성하기 위해 표출(display)하거나 발화하게 된다. 이는 상대방의 나이, 사회적 지위 및 역할 등을 고려하여 격식적 표현들을 선택하는 대인 간(interpersonal) 기능인 테너(tenor)와 상대방에게 어떤 의사소통의 수단으로 발화를 할 것인지를 결정하는 조직상의(textual) 기능인 모드(mode)에 해당된다. 점검층 위에서, 화자는 발화가 맥락에 적절한지를 점검하면서 맥락을 수정하거나 재구축하고, 아울러 맥락을 더욱 확장한다. 대화참여자가 발화 후, 자신이 한 말이 올바르게 전달되었는가, 혹은 상대방이 제대로 이해했는가를 항상 점검(monitoring)한다(김진석, 2013). 이 과정은 언제나 발화 후에 자연스럽게 나타날 수 있지만, 계획 중에도 항상 자신의 말이 올바르게 전달되는가에 대해 지속적이고 세심하게 점검하고 수정하고 확장한다.

또한, 대화 참여자들은 사회·문화 맥락을 바탕으로 맥락을 구축한다. 사회·문화 맥락이 동일할 경우에는 화자가 말하는 의도를 청자는 쉽게 이해하면서 맥락을 구축하지만, 대화 참여자들 간 사회·문화맥락이 다를 경우에는 심리적으로 맥락을 구축하는 데 어려움을 겪을 수 있다. 먼저, 동일한 사회·문화맥락을 가진 대화 참여자들 간 대화를 살펴보자. 부부가 외출을 준비하고 있는 상황에서 아내가 새로 산 모자를 보면서 남편에게 묻고 있는 대화다(Brown & Yule, 1983).

(23) Wife: How do you like my new hat?
    (a) Husband: Very much.
    (b) Husband: Looks nice.
    (c) Husband: Well, not sure it is quite your colour.
    (d) Husband: It's ten past eight already.

남편이 관련성 수칙을 바탕으로 협조적인 대화를 한다면 (a-c)와 같이 관련성있는 대답을 하게 될 것이다. 만약 (d)와 같이 모자에 대한 이야기를 하지 않고 질문에 답하는 기능을 제대로 하지 못하는 경우에는 문자 그대로의 의미(literal meaning) 이상의 의미를 전달하려는 화자의 함축된 의미(implied meaning)가 담겨져 있다고 할 수 있다(김진석, 2013). 이럴 경우, 맥락적 정보를 고려하는 것 없이, 자신의 의미를 정확하게 전달하지 않으려는 의도가 있다고 할 수 있다.

위의 상황과 달리, 상이한 사회·문화 맥락을 가진 대화 참여자들 간 대화에서는 사회·문화적 경험에서 파생된 참고의 틀(frame of reference)이 대화자들 간 다름에 따라서 대화가 자연스럽지 못한 경우가 있다(Bailey, 2015). 언어 메시지가 상황 중심적인 고맥락 문화의 말레이시아인과 언어 중심의 저맥락 문화의 유럽계 미국인 간의 대화를 살펴보자

(Lustig & Koester, 2006).

(24) 문화적 배경이 다른 사람들 간 대화
Malaysian: Can I ask you a question?
European American: Yes, of course.
Malaysian: Do you know what time it is?
European American: Yes, it's two o'clock.
Malaysian: Might you have a little soup left in the pot?
European American: What? I don't understand.
Malaysian: (becoming more explicit since the colleague is not getting the point):
I will be on campus teaching until nine o'clock tonight, a very long day for any person, let alone a hungry one!
European American: (finally getting the point): Would you like me to drive you to a restaurant off campus so you can have lunch?
Malaysian: What a very good idea you have!

캠퍼스 밖에 있는 식당에서 점심 식사를 하고 싶지만, 차가 없어서 자신을 태워 달라고 부탁하고 있는 위의 대화에서 말레이시아인의 메시지는 명시적이지 않고 함축적으로만 말하고 있다. 말레이시아인은 대화 참여자들 간 조화를 신장하고 유지하려고 하며, 자신의 행동이 상대방의 사회적 위신이나 체면을 위협할 수 있다고 생각하는 고맥락 문화에 속해 있기 때문이다(Lustig & Koester, 2006).

또한, 화자는 Leech(1983)의 아이러니 원리(irony principle: IP)를 고려하여 맥락화하는 경우가 있다. IP는 표면적인 의미와는 반대되는 의미의 말을 쓰는 수사법으로, 화자가 속으로는 비난하면서도 표면적으로는 칭찬의 말을 하는 경우를 들 수 있다. 더욱이, 일상생활에서 화자는 일부러 질 수칙을 위배하면서 IP의 효과를 갖는 표현을 하는 경우도 있다. 예를 들어, "밖에 비가 오고 있다(It is raining outside.)"고 말한다면 청자를 속인다든가 재미삼아 말하는 것이 아니라 지금 비가 내리고 있는 상황을 보면서 말하고 있기 때문에 질 수칙을 준수하고 있다. 그러나 밖에 비가 내리고 있는 것을 참여자들 간 알고 있는 상황에서 "오늘 날씨 멋집니다(Lovely weather today.)"라고 말한다면, 발화하고 있는 것에 중요한 의미를 부여하기 위해 일부러 질 수칙을 위배하면서 말하고 있다고 할 수 있다. 이는 결과적으로 표면적 의미와 반대되는 의미의 말을 쓰는 반어법의 효과(effect of irony)를 가져온다(Widdowson, 2007).

요약하면, 대화 참여자는 자신의 생각이나 느낌을 표현하기 이전에 개인 내적 층위 단계에서 사건구조, 통사구조, 음운구조를 설정한다. 대인 간 층위 단계에서 대화 참여자는 INTERACTION의 자질들을 선택하여 맥락화하고 청·화자 간 효과적이고 적절하게 상호작용한다. 물론, 화자는 개인 내적 층위 단계에서 언어맥락을 고려하여 메시지를 구성하고, 대인 간 층위 단계에서 상황 맥락과 사회·문화 맥락을 고려하여 메시지를 주고받는다. 대화 참여자들은 내적 층위에서 계획한 의도를 상황 맥락과 사회·문화 맥락에 적합하게 화행, 순서교대하기, 대화수정, 범위 등을 선택하여 맥락화한다. 이는 대화 참여자들이 상호 주관성을 갖고 전달하고 공유하고자 하는 의도를 발화하며, 그로 인해 공동의 정보(common ground)를 서로 구축하면서 상호작용해야 하기 때문이다.

주요개념
- emic관점과 etic관점
- Lewis의 좌표
- SPEAKING요인
- 언어맥락
- 공손성 원리
- 체면위협행동
- 아이러니 원리
- INTERACTION자질

제2장　연습문제

1. 사회·문화맥락은 체득된 공동체의 가치, 규준, 신념, 사회적 관습 등의 참고 틀(frame of reference)을 활용하여 대화 참여자들의 발화를 이해하고 해석하는 데 관여된다. 고맥락 문화(high context culture)와 저맥락 문화(low context culture)를 구분하고, 문화의 유형이 대화 참여자들의 맥락화에 미치는 영향을 예를 들어 설명하시오.

2. 대화 참여자들은 내부의 emic적 관점과 외부의 etic적 관점을 고려하여 맥락을 구축한다. 전자에서는 대화 참여자가 개인 내적 층위 단계에서 언어 맥락을 고려하여 자신의 생각이나 느낌을 표현하기 이전에 설정하고 그 개념에 적합한 통사나 음성을 계획하는 것이다. emic적 관점에서 맥락화를 기술하시오.

3. 청·화자 간 상호작용이 일어나는 상황일 경우, 화자와 맥락 간의 협상 속에서 공손성이 생겨난다(Watts, 2003). Leech(1983)의 공손성 원리는 화자가 자신의 의도를 발화할 때 반드시 준수해야 할 원칙이다. 공손성 원리를 체면위협행위(face threatening act)와 연관하여 설명하시오.

4. 화자는 Leech(1983)의 아이러니 원리(irony principle: IP)를 고려하여 맥락화하는 경우가 있다. IP는 표면적인 의미와는 반대되는 의미의 말을 쓰는 수사법으로, 화자가 속으로는 비난하면서도 표면적으로는 칭찬의 말을 하는 경우를 들 수 있다. 또한, 일상생활에서 화자는 일부러 질 수칙을 위배하면서 IP의 효과를 갖는 표현을 하는 경우도 있다. 대화상에 나타나는 IP의 경우를 예를 들어 설명하시오.

제3장

담화구조와 상호작용

관련성있는 발화는 긍정적 인지효과를 부여한다.
- Sperber & Wilson(2006)

생각하기
1. 대화 참여자들 간에는 어떤 담화구조가 있는가?
2. 문화적 배경이 다른 대화 참여자들 간 의사소통 방식은 어떤 차이가 있을까?
3. 대화 참여자들 간 상호작용이 원활하게 일어날 수 있는 요인은 무엇인가?

우리는 여러 시공간에서 다양한 목적으로 사람들과 상호작용하면서 자신의 느낌, 감정, 의견, 경험 등을 표현한다. 대인 간 상호작용에서 우리는 어떤 말로 시작하고, 어떻게 구성하여 어떻게 전달해야 할 것인가를 실시간으로 결정하고 표현한다. 화자는 대화 참여자들 간 관계와 상황에 따라서 의사소통의 목적, 사용역, 의사소통의 스타일이 변화될 필요가 있기 때문이다. 만약, 낯선 사람이 다가 와 다음과 같이 요구한다면 어떨까?

(1) 지금 읽고 있는 책을 잠시 빌려 주세요.

평소 잘 알고 지내는 사람이 아닌데도 강의실에서 읽고 있는 책을 빌려 달라고 말한다면 당황스러울 것이다. 이는 대화 참여자들 간 관계를 고려하여 어떻게 말을 주고받을지에 대한 용인 가능한 담화구조의 틀(frame)을 벗어났기 때문이다. 우리는 일상생활에서 공동체의 구성원들과 어떤 담화의 구조로 대화를 시작하고 어떻게 서로 간 의미협상을 하면서 효과적이고 적절하게 대화를 이어나갈지를 고려하면서 상호작용한다. 이 장에서는 담화구조와 의미협상에 대해 살펴보고자 한다.

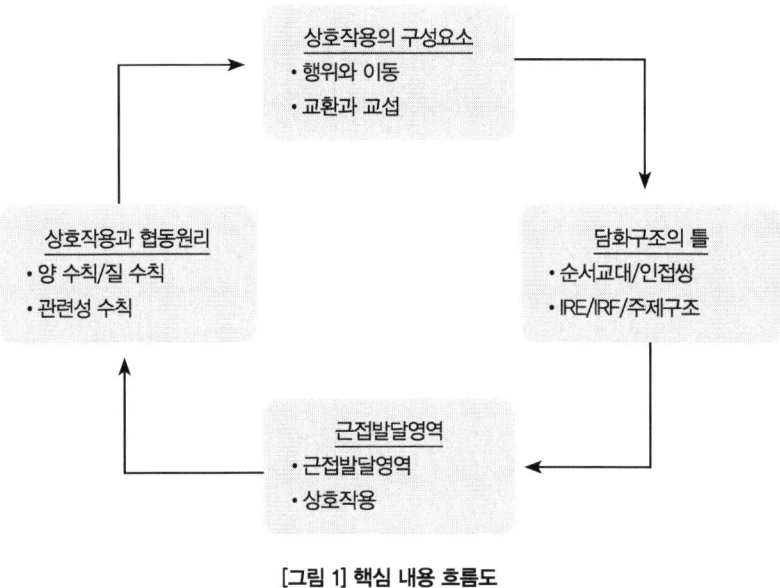

[그림 1] 핵심 내용 흐름도

1. 상호작용: 행위, 이동, 그리고 교환

화자는 자신의 의도를 개념화하고 계획한 후, 상황 맥락과 사회·문화 맥락에 적절하게 발화한다. 참여자들 간 상호작용 시, 상대방에게 언어를 표출하기 전에 상호작용의 단위를 바탕으로 의미를 구조화한다. 상호작용의 단위에는 '행위(act)', '이동(move)' 등이 있다(Levinson, 1983). 대화 참여자들 간 상호작용의 구조를 좀 더 구체적으로 살펴보면, 다음의 구조와 같이, 'now', 'right', 'good', 'okay' 등과 같은 어휘 단계에서 파악되는 '행위(act)'들이 모여 '이동(move)'을 이룬다(Sinclair & Coulthart, 1975).

(2)
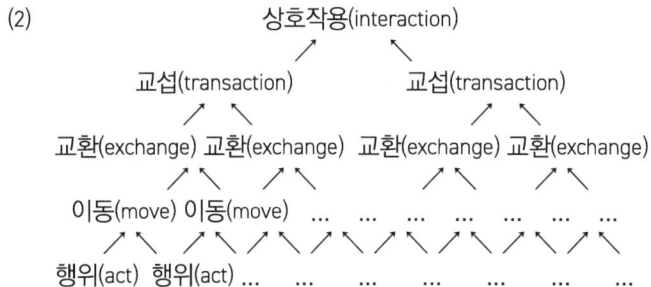

위의 그림에서와 같이, 가장 낮은 단위인 '행위'는 상호작용(interaction)의 최소단위인 '이동(move)'을 만든다. 이동이 모여 기본적 상호작용의 패턴인 '교환(exchange)'을 형성하고(Bolaji & Bolaji, 2022), 교환의 요소들이 모여 대화 참여자들 간 '교섭(transaction)'이 되면서 상호작용이 이루어진다. '교환'은 화자들 간의 순서교대(turn-taking)가 이루어질 수 있도록 하는 단위다.

상호작용의 구조들 중 '행위'는 개인 내적 층위에 의존하는 단위다. 이는 의도를 계획하는 추상적 요소인 관념적 기능을 하는 '영역(field)'에서 나온다. '영역'은 화자가 어떤 내용을 상대방에게 전달할 것인가를 결정하는 것이다. 화자가 대중들 앞에서 자신이 발간한 책을 소개

한다면, 장소, 시간, 목적 등과 관련된 내용을 고려하여 어휘나 문장을 선정하고 구성할 것이다. 이와 같이, 발화하기 이전의 개인 내적 층위에서 형성화된 내용에 의해 대인 간 층위에서의 가장 낮은 단위인 '행위'가 구축된다.

대화 상황에서, 화자는 개인 내적 층위에서 형성화한 사건구조, 통사구조, 음운구조를 바탕으로 구축된 '행위'를 '이동'으로 전환한다. 그래서, 대화 참여자의 '행위'는 형성화된 구조들을 상호작용의 최소단위인 '이동'으로 전환하는 가교역할을 한다고 할 수 있다. 이동을 만드는 대화 참여자의 '행위'는 직접 발화행위와 간접 발화행위로 세분될 수 있다. 전자는 화자의 의사를 언어 표현에 실어 직접적으로 전달하는 행위로, 이를테면, "I want you to accompany her."와 같은 표현이 이에 해당한다. 내가 상대방이 하기를 원하는 바를 언어 표현에 직접 실어 표현함으로써 상대방이 그 의미를 직접적으로 알 수 있도록 한다(이완기, 김진석, 장은숙, 2012). 반면, 후자는 화자의 생각을 간접적인 방법으로 드러내는 것으로, 언어표현 속에 내재된 세 겹의 의미를 이용하는 것이다. 즉, "It's stuffy here."라는 말을 했다면, 그 속에는 의사소통 환경에 따라 적어도 세 겹의 의미가 내재되어 있다(이완기, 김진석, 장은숙, 2012).

- 발화 행위(locutionary act): 언어 표현 자체가 가진 명제적 의미를 가리킨다. "It's stuffy here."란 말은 이곳의 물리적 환경이 환기가 잘 되지 않고 답답하다는 현상을 그대로 나타낸다.
- 발화수반행위(illocutionary act): 화자가 청자에게 뭔가 조치를 취하거나 행동을 하기를 기대하는 함축된 의미가 내재되어 있다. 즉, '(환기가 잘 안되어 답답하니) 창문을 여는 것이 좋겠다.'는 정도의 함축적 의미가 포함되어 있다.
- 발화효과 행위(perlocutionary act): 화자가 발화를 통하여 청자로부터 어떤 결과(예, 실제로 창문을 여는 것)를 얻어내는 의미 실행의 효과도 포함하고 있다.

'행위'들로 구성된 상호작용의 최소단위인 '이동'은 'Eat your vegetables.'과 같은 명령(command), 'I love vegetables.'와 같은 서술(statement), 'Would you like some vegetables.'과 같은 제안(offer), 'What kind of vegetables do you like?'와 같은 질문(question)의 기능들이 있다(Halliday, 1994). '행위', '이동' 등은 대인 간(interpersonal) 기능인 '테너(tenor)'가 고려되어야 한다. '테너'는 전달할 내용을 듣거나 읽는 사람을 고려하여 언어를 격식 있게(formal) 사용할 것인지, 격식 없이(informal) 사용할 것인지를 결정하기 때문이다. 만약, 차를 넣은 포장지에 'ladies and gentlemen…, are kindly requested to…, we would also be pleased if…'와 같은 표현들을 사용한다면 적절하지 않은 표현들이 될 것이다(Thornbury, 2005). 따라서, 화자는 상대방의 나이, 사회적 지위 및 역할 등을 고려하여 격식적 표현들을 선택하는 테너를 고려하여 발화해야 한다. 물론, 화자는 상호작용 시, 조직상의(textual) 기능인 '모드(mode)'를 결정한다. 모드는 상대방에게 어떤 의사소통의 수단(이메일, 면대면 대화, 비대면 대화 등)으로 발화할 것인지를 결정한다.

영역, 테너, 모드 등을 바탕으로 구성되는 '행위', '이동' 등은 1장에서 제시한 적정성 조건(felicity condition)을 충족시켜야 한다. 대화 참여자들은 시간, 장소, 목적, 상대방의 나이, 사회적 지위 및 역할, 의사소통의 수단 등의 상호작용 요소들을 모두 고려하여 발화해야하기 때문이다. 실제, 대화 참여자들 간 상호작용에서 적정성 조건을 충족시키기 위해서는 INTERACTION의 자질인 I(정체성), $N1$(규준), T^1(시간과 공간), E(공감), R(관련성), A(주체성/ 활성화), C(점검), T^2(도구), I^2(상호 주관성), O(의견), N^2(연결) 등을 반영하여 발화해야 한다. 대화 참여자가 '너는 오늘 부로 해고야!'라고 진술(declaration)의 발화수반행위를 했다고 가정하자. 이 진술이 타당한 화행[1]이 되기 위해서는 I(정체성), R(관련성), T^2(도구)의 측면에서 화자가 말할 수 있는 위치(예, 사장이나 결정권자)에 있어야 하고, T^1(시간과 공간), E(공감), O(의견), N^2(연결)의 측면에서 해고될 수밖에 없는 특정한 상황이 있어야 하며, I(정체성), C(점검), A(주체성/ 활성화)의 측면에서 화자의 적절한 의도를 납득하면서 해고되는 행위나 절차를 수긍하는 대상이 있어야 한다.

화자는 대화 참여자들 간 상호작용에 관련한 자질들을 바탕으로 '이동(move)'을 구성하지만, 대화 참여자들이 어떻게 반응을 보일지에 대해 예측하면서 발화한다. 청자의 반응이 어떻게 나오는가에 따라서 그에 대한 대안을 시뮬레이션하면서 '이동'을 구축하고 상호작용한다. 화자는 자신의 발화에 예상되는 반응(expected response)뿐만 아니라 임의의 대안적(discretionary alternative) 응답도 나타날 수 있음을 생각하면서 발화한다(Halliday, 1994). 다음의 예문을 살펴보자.

(3) (a) Do you want to get married?
    (b) Absolutely.
    (c) Certainly not.

화자가 (3a)에서와 같이 제안을 하면서 (3b)와 같이 수락하는 응답이 나올 것으로 기대하지만, (3c)와 같이 거절하는 응답도 표현될 수 있음을 예상한다. 아이러니하게도 임의의 대안적 응답이 예상되는 반응보다 일상적인 대화에서 더 자주 표현되고 있다(Halliday, 1994). 이는 유사함이나 동질성을 확증하는 것뿐만 아니라 차이를 밝혀야 하는 대화의 사회적

---

1   화행(speech act)은 모든 발화(utterance)가 행위를 수반한다는 수행적 측면에 초점을 두었다.

역할 때문이다. 사실 친한 친구 간의 대화를 살펴보면, 유사성을 서로 확인하는 만큼이나 차이를 면밀하게 찾으려고 하는 표현들이 많이 있음을 알 수 있다(Thornbury & Slade, 2006).

대화 참여자들 간 상호작용 시, '교환'은 순서교대(turn-taking)가 이루어질 수 있도록 하는 단위로, 하나의 '이동' 요소가 '교환'이 될 수 있지만, 여러 개의 '이동' 요소들이 '교환'이 될 수도 있다. 병원에 있는 여자 관리인들이 휴식 시간에 나누고 있는 다음의 대화를 살펴보자.

(4) Jessie: Mmm, what's happened about Richard?
    Judy: Ah about Richard.
            Ah nothing [laughs].
            He's been spoken to,
            it'll be a sort of a watch and wait = =^{2} something
            …
    Jessie: = = Yeah, what do you reckon is going to happen?

(Thornbury & Slade, 2006)

위 두 화자 간 교환에서, Judy의 반응을 살펴보면, Jessie의 질문에 응답하는 '이동'은 하나가 아니라 문법적으로 관련된 세 개의 '이동'이 나타났다. 또한, 다른 질문을 하는 Jessie의 발화에 의해 새로운 '교환'이 시작된다. 이러한 이유로 기본적 상호작용의 패턴을 인접쌍(adjacency pair)으로 보는 것이 아니라 '교환'의 개념으로 언급되고 있음을 알 수 있다(김진석, 2013). 이러한 '교환'의 방식이 정형화되어 있는 담화구조의 틀을 다

---

2 전사부호들 중 '..'은 0.5초 이내 잠시 멈춤을, '…'은 0.5초보다는 다소 긴 잠시 멈춤을, '='은 중복을, '//'는 발화 완전 종료를, '/'은 후속 발화가 있을 가능성이 있는 종료를 나타낸다.

음 절에서 살펴보고자 한다.

2. 담화구조의 틀

2.1. 순서교대

순서교대(turn-taking)는 대화 참여자들이 어떻게 다음 화자를 선택하고 언제 순서를 마무리하며, 그들이 언제 다음 순서를 시작할지를 아는 것이다. 그래서, 대화 참여자들 간 원활하고 자연스럽게 상호작용하기 위해서는 화자는 언제 발언권을 가지고 순서교대를 해야 하는지를 제대로 판단하여 발화해야 한다.

하나의 '순서(turn)'는 투사할 수 있는(projectable) 하나 또는 더 많은 '순서들(turns)'로 구성되어있다(Levelt, 1988). 투사한다는 것은 단위의 완료가 그 단위의 유형으로 예측될 수 있다는 것을 의미한다. 이는 대화자로 하여금 어디쯤 발언권을 갖게 될지를 알 수 있도록 한다. 화자가 문장의 단위인 'Could you tell me the way to……'를 선택하여 발화하고 있다면 청자는 장소를 나타내는 명사구인 'Stephan's church' 등에 의해 발화가 완료될 수 있을 것으로 예상한다. 투사할 수 있는 다른 단위들로는 절, 구, 어휘 단위들이 있을 수 있다.

대화 참여자들은 다음과 같은 순서교대 할당규칙(trun-assignment rule)을 적용하면서 상호작용한다(Levelt, 1988).

· 화자가 발언권을 갖고 발화한 경우 발화의 단위가 종료되는 지점에 이르게 되면 '발화하고 있는 최근 화자(current speaker)는 특정 대화 참여자에게 발

언권을 부여할 수 있다'는 규칙을 적용한다.

· 발언권을 받은 화자는 최근 화자가 되어 발화의 단위가 종료되는 지점에 이르게 되면 특정 대화 참여자에게 발언권을 부여한다.

실제, 대화 참여자들 간 상호작용 시, 화자가 순서교대할당규칙을 어기고 잘못 끼어들게 되면 대화가 자연스럽지 못하거나 오해가 생길 수 있고 심하게는 대화의 단절이 일어날 수 있다. 다음의 대화를 살펴보자.

(5) John: I didn't sleep well last night. Did you hear me clumping down the stairs?

Peter: No I didn't.

Jane : I thought there was a burglar in the house. (Levelt, 1989)

위의 대화에서 두 사람이 말을 주고받는 과정에 Jane이 끼어들어 대화를 중단시키고 있다. 예측하지 못한 Jane의 발화는 대화의 흐름을 바꾸어 놓고 있다. 이렇게, 대화 참여자들 간 예측하지 못한 순서교대가 일어나면 Jane의 발화를 반복하기, 동의 또는 동의하지 않음을 표현하기, 상대방의 말을 이해했는지 여부를 보여주기, 다시 말해 달라고 요청하기 등의 전략(Ross와 McGannon, 1993)을 사용하여 대화의 흐름을 수정하거나 새로운 화제로 대화를 다시 시작하게 된다.

무엇보다도, 문화적 배경이 다른 사람들과 상호작용할 때, 순서교대의 방식을 세심하게 관찰하고, 발화하기 전에 무엇이 적절한지 신중하게 계획·모니터링하면서 대화해야 한다(김진석, 2022). 일반적으로, 아시아인들은 상대방의 의견을 귀담아 들은 뒤 자신의 순서가 되었다고 판단할 때 표현을 시도하는 볼링식 스타일인 반면에, 서양인들은 상대방의 말에 즉각적으로 반응을 보이는 핑퐁식 스타일이기 때문이다(김진석, 2022). 실제, 영미 문화권의 화자들 간 대화에서는 대화 도중에도 수시로 질문을 하거나 끼어들어 자신의 의견을 말하는 것이 좋은 관례로 간주되지만, 동양 문화권의 화자들은 일반적으로 자신의 차례를 기다렸다가 말하는데 익숙하다(Carte 외, 2004). 따라서, 문화적 배경이 다른 사람들 간 대화에서는 이러한 문화 차이를 인지하고 순서교대의 방식을 조정하면서 상호작용해야 한다.

2.2. 인접쌍

대화 참여자들은 일상생활에서 접하게 되는 상황들에 적합한 담화구조를 사용해야 한다. 대화를 하는 전형적인 방법으로는 인접쌍(adjacency pair)을 들 수 있다. 인접쌍은 담화분석에서 담화의 기본을 이루는 구조 단위로서 질문—대답, 불평—거부, 제의—수용/거절, 요구—수용/거절, 칭찬—거부, 지시—수용, 인사—인사 등과 같이 상호 의무적으로 연결되어 의미상 한 쌍을 이룬다. 전형적으로 인접쌍은 각각 다른 두 화자가 생성한 두 개의 발화가 서로 인접하게 구성되어 있다는 특성(Thornbury & Slade, 2006)을 갖고 있다. 그 특성은 다음과 같다.

(6) 인접쌍

- **질문—대답**

    A: You don't like the fish?
    B: No, it's not that I don't like it, it's the way it is done.

· 제안―수락

　A: Now who can I make an iced coffee for?

　B: Oh I think you could make one for my fat stomach.

· 요구―수용

　A: Jerry hi, where's our cake?

　B: It's coming, it's coming. [laugh]

· 칭찬―반응

　A: Great haircut.

　B: Do you think? The hair colour burnt my scalp!

· 지시―수용

　A: Hand me the knife from the bench, will you.

　B: Here you go. (Thornbury & Slade, 2006)

위에서와 같이, 첫 번째 발화에 바로 이어져 발화되는 인접쌍 구조에는 선호대응(preferred response)과 비선호 대응(dispreferred response)이 있다. 상호작용에서 청자는 화자의 제안, 요구, 지시 등에 긍정적으로 응답을 하는 선호대응이 있을 수 있지만, 거절, 부인, 비동의 등과 같이 부정적으로 응답하는 비선호 대응을 하는 경우도 있다. 청자가 화자의 초대를 긍정적으로 수용하는 선호대응은 초대를 거절하는 것보다는 체면 위협 행동(face threatening act: FTA)이 덜 위협적이라고 할 수 있다. 다음의 예를 살펴보자.

(7) A: Would you like to try my Armenian dessert George?

　　B: I'll taste it yes, thank you.

화자의 제안에 청자가 흔쾌히 수락함으로써 체면의 위협을 피하고 있는 대화다. 그러나, 일상생활에서 상대방의 제안을 거절하거나 동의하지 않는 경우는 자주 발생한다. 이런 비선호 대응의 경우, 응답자는 부가적 설명이나 이유를 제시하여 화자의 체면 위협 행위를 최소화하는 대화 전략을 사용할 수 있다(김진석, 2013). 다음 대화를 살펴보자.

(8) A: Why don't we go to see it tonight?
   B: No-way! I just want to collapse in front of tele.

(Thornbury & Slade, 2006)

위의 대화에서, 청자는 화자의 초대를 거절하면서 그 이유도 함께 말함으로써 화자가 머쓱해지는 것을 최소화하고 있다. 상대방의 제안에 거절할 경우, 문화적 배경이 다른 사람들 간 표현 방식의 차이가 나타난다. 저맥락 문화의 화자들은 제안을 거절하는 이유에 대해 분명하게 말하면서 상대방을 납득하도록 하는 경향이 있는 반면에 고맥락 문화의 화자들은 문화적 배경이 다른 사람들 간 상호작용 시 거절의 이유를 명시적으로 말하지 않아 저맥락 문화의 화자들이 오해하는 경우가 나타나는 경향이 있다.

대화 참여자들 간 상호작용에서, 두 개의 발화로 이루어진 인접쌍 구조가 선 차례(pre-sequence), 삽입차례(insertion sequence), 후 차례(post-sequence)의 유형들로 좀 더 확장되고 복잡하게 구조화될 수 있다(김진석, 2013). 다음 대화를 살펴보자.

(9) A: What are you doing tonight?

　　B: Nothing.

　　A: Do you want to have a drink?

　　B: Where?

　　A: Down the pub.

　　B: Great.

(10) 인접쌍 구조

순서 교대	확장유형	대화
1	선 차례	A: What are you doing tonight?
2	선 차례	B: Nothing.
3	기본 인접쌍	A: Do you want to have a drink?
4	삽입차례	B: Where?
5	삽입차례	A: Down the pub.
6	기본 인접쌍	B: Great.

(10)의 3번과 6번은 질문과 답을 하는 기본적인 인접쌍(base adjacency pair)이다. 여기에 선 차례와 삽입 차례를 넣어 대화를 구축함으로써 일련의 대화를 좀 더 확장해 가고 있다.

2.3. IRE/IRF

일상생활에서 흔히 볼 수 있는 담화구조는 어느 화자가 청자에게 질문을 한 후, 청자가 그 질문에 응답한 것에 대해 화자가 평가하거나 피드백을 주는 IRE(Initiation, Response, Evaluation), 또는 IRF(Initiation, Response, Feedback)를 들 수 있다. 대화 참여자들 간 상호작용에서, 화자는 어느 청자에게 질문하고 응답하도록 한 후, 그것을 평가하거나 피드백을 주는 IRE나 IRF를 고려할 수 있다. 교실에서 흔히 볼 수 있는 교사와 Prenda 간 대화를 살펴보자.

(11) T: Ur, Prenda, ah, let's see if we find here's your name. Where were you born, Prenda?
Prenda: San Diego.
T: You were born in San Diego, all right. (Cazden, 2001)

(12)

Initiation	Ur, Prenda, ah, let's see if we find here's your name. Where were you born, Prenda?
Response	San Diego.
Evaluation	You were born in San Diego, all right.

IRF/IRE는 (12)와 같이 일상생활에서 흔히 일어나는 세 개의 '교환'으로 구성되어 있다(Sinclair & Coulthard, 1975). IRF/IRE는 다음과 같은 특징이 있다.

· 질문-대답
· 화자에 대한 청자의 응답
· 화자의 정보 제공에 대해 청자의 경청

질문에 답하거나 화자에 대한 청자의 응답에서는 인접쌍과 동일하나 화자가 제공하는 정보를 경청해야 하는 점에서는 구분된다. 화자는 상호주관적 관점에서 청자의 응답을 귀담아 듣고 그 응답에 피드백을 주거나 평가해야 하기 때문이다.

이러한 IRF구조가 동일한 패턴으로 두 번 이상 나타날 수 있다. 화자는 대인 간 층위에서 구축한 IRF를 3개의 부분으로 구성하고 그 패턴을 반복하여 의도(intention)를 서로 교환해 나갈 수 있다. 다음을 살펴보자.

(13) Teacher: So, can you read question two, Junya. I
 Junya: [Reading from book] Where was Sabina when this happened? R
 Teacher: Right, yes, where was Sabina. F
 In Unit 10, where was she? I
 Junya: Er, go out .. R
 Teacher: She went out, yes. F

(Walsh, 2011)

교사와 학생 간 대화에서 담화 표지어인 'So'를 사용하여 교사가 대화를 시작하면 학습자가 응답을 하고, 교사는 그 응답에 대해 'right, yes'와 같이 피드백을 주면서 대화를 진행하고 있다. 피드백은 학습자가 자신의 반응을 수락하는지 안하는 지의 여부를 판단할 수 있도록 하는 역할을 하기 때문에 중요한 특성을 갖고 있다(김진석, 2013). 흔히, 피드백은 'good, right, ok' 등과 같은 일종의 평가 기능을 하기 때문에 IRE구조라고 칭하기도 한다(Walsh, 2011).

IRF가 다소 복잡하고 확장된 구조로, 교사와 학생 간 상호작용이 일어날 수도 있다. 상호작용이 다소 길게 나타나는 다음의 대화를 살펴보자.

(14) Phil Collins

    T: OK, look at the last text on the sheet that Cathy gave you OK?...What's it about?...the last text.

    S1:   The last text?

    T: Who's it about?

    S2:   It's about Phil Collins' life.

    T: Yeah. It's about Phil Collins...erm...what does Phil Collins do?

    S2:   ...singer

    S1:   ...plays drums I think

    T: He's a singer and he...?

    S3:   Plays drums

    T: He's a singer and he plays the drums so he's a ...?

    S4:   Drummer, he's a drummer.

    T: OK. Does he sing well? Does he sing well? Is he a good singer?

    Ss: Yes[laughter]... (Thornbury, 2005)

위의 대화는 IRF의 담화 틀을 바탕으로 대화가 진행되고 있다. 교사는 이전 시간에 이미 다루었던 내용을 질문하도록 함으로써 상호작용이 원활하게 일어나고 있다. 흔히, IRF의 구조와 같이 화자가 청자의 반응에 피드백을 주는 대화의 흐름이 일반적이다. IRF는 상호작용에서 정형화되어 있지만 순서교대가 언제 일어나며, 발화 시 어떤 의도로 텍스트를 구성할 것인가에 대해 일관성있게 대화가 이루어지게 하기 때문이다. 또한, 화자는 서로 간 대화에서 IRF(initiate-respond-follow up)구조로 나타날 수도 있다. 청자의 응답에 대해 피드백으로 그치지 않고 대화를 더욱 강화하는 구조로 상호작용한다. 화자가 동일한 질문을 여러 청자들에게 질문하면, 청자들은 그 질문에 대해 각각 반응을 보이는

'S1-S2-S1-S3-S1-S4-S1-S5-S1-S6'의 담화구조에서와 같이 대화가 지속적으로 일어난다. 또한, 인접쌍과 같이 청·화자 간 정형화된 패턴으로 이어가기도 하지만, 'S1-S2-S1-S2'의 구조와 같이 처음에 대화가 진행되다가 중반 이후에는 'S1-S2-S3-S4-S5-S6'와 같이 다른 대화자들 간 순서교대가 지속적이고 역동적으로 이어질 수 있다.

물론, IRF는 IIRF구조로 확장되는 경우가 있다. 두 개의 I를 교사가 모두 맡아 발화하는 담화구조다. 다음 대화를 살펴보자.

(15) T: We're going to look today at ways to improve your writing.
T: Would you like to tell me one of the mistakes that you made?
S: The type of the verb
T: The verb, it means there's a problem with the verb

위 대화에서 교사가 두 개의 I를 맡아 대화를 시작하면 그에 대해 학습자가 반응을 보이고, 그것에 대해 교사가 피드백을 주는 구조다. 교사는 이미 학습자가 어떤 반응을 보일 것이라는 것을 예측하면서 상호작용을 하고 있다(Senthamarai, 2018). 더욱이, IIRF에서 두 번째의 I를 학습자가 맡을 수도 있다. 다음의 대화를 살펴보자.

(16) T: Ask 'What's your hobby?' to your partner.
S1: What's your hobby?
S2: My hobby is playing the violin.
T: Good.

첫 번째 I는 교사의 발화이지만 두 번째 I는 S1이고, S1의 질문에 대해 S2가 반응을 보이고 있다. 그 반응에 대해 교사가 피드백을 주는 담화구조다.

더욱이, IRF는 IRIRIRF구조로 확장되는 경우도 있다. 화자는 세 번째 순서교대에서 피드백을 주지 않고 청자에게 질문을 하는 구조다. 오랜만에 만난 고향 친구와 나누는 다음의 대화를 살펴보자.

(17) Yujin: Sumi, what's your hobby?
　　　Sumi: My hobby is playing the violin.
　　　Yujin: How often do you play the violin?
　　　Sumi: Three or four times in a week.
　　　Yujin: Where?
　　　Sumi: In my home.
　　　Yujin: Good.

세 번째의 순서교대에서 피드백이나 평가를 하면서 마무리하는 것이 아니라 질문을 하고, 친구가 응답을 하면 또 다른 질문을 하여 대화를 이어 나간다. 위의 대화에서와 같이, 꼬리에 꼬리를 무는 대화를 이어갈 수도 있을 것이다.

교실수업에서 교사는 학습자들이 학습목표를 달성할 수 있도록 수업 활동 중 피드백이나 스캐폴딩한다. IRF는 교사와 학생 간 상호작용에서 교사가 학습자에게 학습에 도움이 되도록 지원하는 담화구조라 할 수 있다(김진석, 2013). 중하 수준에 있는 여덟 명의 성인 학습자가 한 조가 되어 상호작용하는 다음의 대화를 살펴보자.

(18) 1 L3 :　[the good] news is he boughted the new car=
　　　 2 T :　=he bought a new car=

3 L3: =a new car a new car but bad news is (2) he crashed it crashed crashed it his car=

4 T: =he crashed it yes the good news is (writes on board) he bought a new car the bad news is he crashed it=

5 L3: =so if I want to say accident how to say?=

6 T: =he HAD an accident=

7 L3: =he had an accident=

8 T: =he had an accident or he crashed his car he crashed his car=

9 L3: =what what is formal?

10 T: ahh...about the same really he had an accident more formal maybe...

11 L3: he had an accident (Walsh, 2011)

2에서 교사는 상호작용에 방해가 되지 않도록 하기 위해 오류를 빠르게 수정하면서 동시에 올바른 언어형식을 제시하고 있고, 4에서는 L3의 발화를 강화하고 아울러 다른 학습자들이 알 수 있도록 칠판에 판서를 하였다(Walsh, 2011). 6, 8, 10은 정보를 알려주거나 언어적 자료를 입력해 주는 역할을 한다. 여기서 교사는 학습자들이 수업을 제대로 이해하는데 도움을 주고 학습의 기회를 최대화하는 역할을 하고 있다(김진석, 2013). 교실수업에서 일어나는 상호작용과 언어습득 간의 관련성을 고려하여 상호작용의 역할을 살펴보면, 상호작용이 습득을 강하게 결정하는 경우가 있고, 습득을 약하게 촉진하는 경우가 있으며, 상호작용을 학습하는 데 그다지 필요가 없는 경우가 있을 수 있다(Ellis, 1991)[3].

---

3 교실수업에서 IRF나 IRE의 대화 교환구조로 수업을 진행하면 대화자의 지정, 대화의 시작 시점, 대화 지속 기간, 대화의 주제 등을 교사가 결정하는 교사 주도의 수업이기 때문에 교사는 대화를

IRF는 특정한 상황에서 볼 수 있는 담화구조로, 대화 참여자들 간 상호작용의 본질을 제대로 이해하도록 해준다. 화자는 청자보다 더 많은 발화를 하는 이유(화자가 대화를 시작하고 피드백을 주면서 발화를 많이 하는 반면에 청자는 응답만 하는 구조)를 이해하도록 하는 장점(Walsh, 2011)이 있다. 그러나, 대화 참여자들 간 상호작용이 원활하게 일어나지 않는 경우가 있을 수 있다. 아들이 아빠의 의도를 제대로 인지하지 못하여 의사소통의 단절이 일어나고 있는 경우를 살펴보자.

(19) Father: What's the protective outer layer of a tree called, Tom?
Tom: I don't know.
Father: Bark, Tom. Bark!
Tom: Woof, woof!(Thornbury, 2005)

아빠는 답이 정해져 있는 상황에서 아들에게 전시형 질문(display question)을 했지만, Tom이 모른다는 반응을 보이게 되자 아빠가 'bark'라고 응답하였다. 그런데, Tom은 'bark'의 의미를 개가 으르렁거리는 소리로 인식하여 으르렁거리는 소리를 내고 있다. 이럴 경우에는 아빠는 다시 피드백을 주어 'bark'의 의미를 인지하도록 상호작용을 지속할 것이다.
　전시형 질문으로 너무 과도하게 IRF구조를 사용하게 되면 상호 주관성(inter-subjectivity)이 결여된 대화로 이어질 수 있다는 단점도 있다. 이

체계적으로 진행하도록 구조화해야 한다(Walsh, 2011). IRF는 교실 밖에서 일어나는 대화의 모델이기 때문에 대화 연습용의 역할극이나 대화를 구축하는 방법을 제시하는 측면이 있으므로 대본을 구성할 때 상호작용을 최대화하는 방법을 고려해야 한다.

런 측면에서 참조형 질문(referential question)을 하거나 다소 복잡하고 확장된 IRF구조로 대화를 구성한다면 확산적 사고나 창의적 사고를 할 수 있을 것이다.

2.4. 정보구조

화자는 청자에게 자신의 의도를 전달하고자 할 때 청자가 알고 있다고 생각하는 구정보(given information)와 청자가 알고 있지 않다고 생각하는 신정보(new information)를 고려하면서 말하게 된다(Brown & Yule, 1983). 이를 도식화하면 다음과 같다.

(20) The temple / was built / by / Dr. Kang

The temple	was built	by	Dr. Ksng
Subject	Predicator		Adjunct
Theme	Rheme		
Given			New

구정보는 'The temple was built by'이고 신정보는 'Dr. Kang'이다. 이 문장의 주제는 'The temple'이고, 논술은 'was built by Dr. Kang'이다. 화자는 발화하기 전에 구정보와 신정보를 어떻게 구성할 것인가를 계획한다(김진석, 2013). 왜냐하면 화자는 신정보에 악센트를 두면서 발화를 하기 때문이다.

화자는 신정보를 중심으로 문장을 계획한다. 화자 자신의 의도는 청자와 공유하고 있는 구정보에 있는 것이 아니라 신정보에 있기 때문이다(김진석, 2013). 화자는 자신의 의도를 효과적으로 전달하기 위해, 신정보를 잘 전달할 수 있는 통사구조(Brown & Yule, 1988)를 다음과 같이 계획한다(김진석, 2013).

〈표 1〉 구정보와 신정보

문장	구정보와 신정보
(a) It is the BOY who is petting the cat.	구정보: X is petting the cat 신정보: X = the boy
(b) It is the CAT which the boy is petting	구정보: the boy is petting X 신정보: X = the cat
(c) The one who is petting the cat is the BOY	구정보: X is petting the cat 신정보: X = the boy
(d) What the boy is petting is the CAT	구정보: the boy is petting X 신정보: X = the cat
(e) The BOY is petting the cat.	구정보: X is petting the cat 신정보: X = the boy

(Brown & Yule, 1988)

단어나 구에 강세를 두어 말하고 있음을 표시한 대문자는 신정보임을 표시한 것이다. 화자가 'the boy'를 신정보로 생각한다면 (a), (c), (e)와 같은 통사구조로 발화할 것이다(김진석, 2013). 그러나, 'the boy'를 신정보로 판단했음에도 (b)나 (d)와 같은 통사구조를 계획하여 발화하였다면 의도에 적합하지 않은 정보구조가 된다. (b)나 (d)와 같은 구조에서는 신정보인 'the boy'에 강세를 두지 않고 'the cat'에 강세를 두어 발음하기 때문이다. 그래서, 화자는 "What the boy is petting is the CAT"을 계획하여 발화하다가 자기 점검을 통해 "It is the BOY who is petting the cat."와 같이 발화를 수정하게 된다(김진석, 2013).

화제(주제)는 화자(작가)와 청자(독자)가 이미 공유하고 있는 구정보이어서 문장의 앞에 배치하는 반면에 중요한 정보에 해당되는 신정보인 평언(논술)은 문장의 뒤 부분에 배치한다(김진석, 2013). 이러한 정보구조는 1장에서 살펴본 바와 같이 문장 끝 초점(end focus)원칙과 문장 끝 무게 (end weight) 원칙을 준수해야 한다(이재희 외, 2011).

화자는 자신의 의도를 발화하기 전에 화제(주제)와 평언(논술) 간의 관계를 바탕으로 담화를 계획한다(Thornbury, 2005). 다음 예문에서 텍스트를 지속적으로 유지하는 가장 좋은 방법이 (a), (b) 중 어떤 것인지를 살펴보자.

(21) The ancient Egyptians buried their Pharaohs in tombs called pyramids.
    (a) In Giza, near Cairo, are the most famous pyramids.
    (b) The most famous pyramids are in Giza, near Cairo.

(Thornbury, 2005)

(21a)보다는 (21b)가 텍스트를 지속적으로 유지해 주는 좋은 방법이다. 제시된 문장의 평언(논술)은 문장 끝 초점의 원리를 준수하고 있기 때문이다. 즉, 평언(논술)의 'pyramids'가 (21b) 문장의 화제(주제)로 구성되고, 'Giza, near Cairo'는 중요한 정보이어서 평언(논술)의 위치에 배치시켜 문장 끝 초점의 원리를 준수하고 있다.

대화 참여자들 간 자연스럽지 못한 상호작용이 되는 것은 화자가 영역(field), 테너(tenor), 모드(mode)와 같은 맥락적 요인들을 충분하게 고려하여 발화한 것이 아니기 때문이다. 화자는 말하고 있는 화제에 적합한 문장을 구성하고 어휘를 선정해야 하며, 전달할 내용을 듣거나 읽는 사람을 고려하여 언어를 격식 있게(formal) 사용할 것인지 격식 없이(informal) 사용할 것인지를 결정해야 하며, 상대방에게 자신이 의도하는 것을 이메일로 할 것인지, 얼굴을 맞대고 대화를 할 것인지, 방송에 출연하여 말할 것인지 등을 결정한다. 이러한 요인들이 상호작용하여 사용역이 되고, 더욱이 일정하게 반복되어 관습적으로 사용된다면 장르가 된다. 화자는 상호작용 시 자신이 말하고자 하는 의도를 사용역이나 장르에 적합한 담화구조의 틀을 바탕으로 발화해야 한다.

3. 상호작용과 근접발달영역

화자(작가)는 대인 간 층위에서 형성화된 구조들을 상황 맥락과 사회문화맥락을 고려하여 맥락을 구축하여 청자(독자)에게 발화한다. 청자는 화자의 의도를 어려움 없이 바로 이해하는 경우도 있지만, 언어 수행상의 어려움으로 대화가 자연스럽지 못하게 되거나 단절되기도 하는 경우, 대화자 간 의미를 협상하는 일련의 과정이 요구된다(김진석, 2013). 대화 참여자들 간 상호작용의 맥락은 청자와 화자 간 대화의 흐름을 쉽게 예측 가능한 맥락(predictable interactional context), 예측할 수 없는 맥락(unpredictable interactional context), 청자와 화자 간 만들어 나가는 맥락(creating new interactional context) 등으로 나눌 수 있다. 예측 가능한 맥락의 전형적인 예로는 인접쌍(adjacency pair)을 들 수 있다(Rymes, 2009).

화자의 의도가 청자에게 제대로 전달되지 않거나 전달되더라도 청자가 화자의 의도를 오해한다면 상호작용이 지속되지 못한다. 만약 대인 간 층위에서 대화자들 간 상호작용 시 갈등이 일어나거나 의사소통의 단절이 생기는 경우에는 발화를 다시 수정하거나 한 번 더 말하게 되는 일련의 의미협상 과정을 최소화하기 위해, 화자와 청자가 상호 협조하는 태도를 가지고 상호 간의 의도를 해석해 나가는 일련의 협동적 의미협상(cooperative negotiation of meaning) 과정이 필요하다. 이는 다른 사람의 관점을 존중하고 자신의 생각과 감정을 협동원리나 공손성 원리를 준수하면서 표현하는 이유다.

대화 참여자들 간 상호작용은 근접발달영역(zone of proximal development: ZPD)에서 현저하게 나타난다. Vygotsky의 근접발달영역은 사회적 상호작용(social interaction)을 강조한 것으로, 언어 지식의 모든 개념들이 사회적 상호작용의 맥락을 통해 도입된다는 초기단계의 사회적 층위(social plane)에서 시작하여, 시간이 지남에 따라 심리적으로 내면화되는 심리적 층위(psychological plane)를 거친다(김진석, 2018). ZPD는 학습의 독립적인 문제해결 능력에서 나타나는 실질적인 발달수준과 성인이나 또래와의 협력을 통해 문제를 해결하는 능력에서의 수준 간의 간극을 말한다. ZPD는 성숙과정에 있는 학습자들의 능력을 기술함으로써 언어의 발달이 역동적인 특성이 있다는 것을 말해 준다. 결국 학습자는 성인이나 또래와의 사회적 상호작용을 통해 그들의 중개된 도움을 받아 언어의 능력을 신장한다(김진석, 2016a). 중상 수준의 학습자들이 생활을 규제하는 방식에 대해 토론하고 있는 다음의 대화를 살펴보자.

(22) 1 T: =so it's eh...I...from a sceptical point of view what you have is a way of regulating your life=

    2 L1: =yes=

    3 T: =and eh giving you direction=

    4 L1: =yeah=

    5 T: =and goals and meaning [and]

    6 L4: [so] do you think ((6)) ?...

    7 L1: no I think that eh for example that my argument is that if I

          take alcohol I'm culpable I get sick=
8 T: =everybody does=
9 L1:   =but I think for me it's like a sign stop doing this=
10 T: =me too ((3))=
11 L1: =or take take ((2)) for yourself and you won't feel sick you'll be like high?=
12 T: =yes=
13 L1: like yes ((4))...
14 T: so it's good for you as far as being good?=
15 L1: [yes I think so] (Walsh, 2011)

위의 대화에서는 교사와 학습자 간 협동적으로 의미를 만들어 가면서 언어 습득의 기회를 만들어 나가고 있다(Walsh, 2011). 교사는 상호작용을 펼치는 과정에서 학습할 기회를 갖도록 하기 위해 대화를 이끌어 주고 대화를 분명하게 하거나 제대로 된 대화를 할 수 있도록 하는데 중요한 역할을 하고 있다(김진석, 2013). 위 대화 들 중 1, 3, 5에서 교사는 다른 학습자가 대화를 이해하도록 하는 수단으로 L1이 발화한 내용을 환문하거나 요약하고 있다. 대화가 교사와 L1 간에 주로 일어나고 있기 때문에, 교사가 요약하고 점검하고 협상하는 전략은 학습자들 간 토론을 진행하는데 중심적 역할을 한다.

중급 수준의 학습자들이 유창성을 연습하는 활동을 하고 있지만 'toe'라는 단어를 알지 못해 과제를 완료하지 못하고 있는 대화 상황에서 교사가 스캐폴딩하고 있는 다음 대화를 살펴보자.

(23) 1 T: =he dislocated his shoulder I don't think he did I think he

did this come here come here come here I think he did this(teacher stands on student's foot)
2 L1: AEERGH thank you my ((2)) (laughter)
3 T: the bad news is he what did he do? what did he do? he (4) to step on someone's toe...
4 L2: to step on someone's=
5 T: =toe=
6 L2: =toe? this one up toe yes?=
7 T: (writes on board) he asked her to dance the bad news is he stepped on her toes...
8 L2: this one toes=
9 T: =toes like fingers but on your feet=
10 L2:=ah (3) (Walsh, 2011)

위 대화의 1에서는 상황을 제시하고, 3에서는 언어 표현의 방식을 보여주고, 5와 7에서는 'toe'라는 단어를 강화시키며, 9에서는 정의를 하고 있다. 이러한 스캐폴딩의 활동을 통해 단어가 도입되고, 사용되고, 또한, 기억된다.

교실수업에서 교사는 학습자들과 상호작용할 때, 학습자들이 교사의 발화(teacher talk)를 쉽게 이해할 수 있도록 담화구조를 조정하거나 쉬운 어휘나 간결한 구문을 사용해야 한다(김진석, 2013). 학습자가 문맥 속에서 대화의 의도나 의미를 제대로 이해하지 못하게 되면, 학습자들이 그것을 스스로 해결할 수 있도록 스캐폴딩을 함으로써 교사와 학생 간, 또는 학생들 간 의사소통이 원활하게 일어나도록 할 필요가 있다.

ZPD는 교사와 학생 간, 학생들 간 상호작용에 국한된 것이 아니라 일상생활에서 대화자들 간 상호작용에서 흔히 나타날 수 있다. 성인이나 또래와의 사회적 상호작용에서 어떤 개념이나 현상을 말할 때, 상대방이 잘 이해하지 못하면 예를 들거나, 쉬운 말로 환문(paraphrase)하기도 하고, 필요하다면 그림이나 사진을 보여 주면서 이해에 돕는다. 이러한 중개된 도움은 상대방이 이해하기 쉽도록 지원하는 것으로, 원활한 상호작용이 되도록 한다.

대화자들 간 의사소통 시, 함축을 사용하여 정보를 전달하고 상대방이 그것을 알아내기를 기대하면서 발화를 하는 경우, 맥락이 ZPD의 간극을 줄이는 중개된 도움의 역할을 한다. 맥락을 기반으로 하여 간접적으로 자신의 발화 의도를 전달하려고 하는 대화함축의 예들을 활용하여 효과적이고 적절하게 의사소통할 수 있다(김진석, 2018). 다음과 같은 대화를 살펴보자(Hinkel, 2005).

(24) Lee: How do you like my new sweater?
   Sandy: *It's an interesting color.*
(25) Laura: You haven't said a word about my new suit, Brenda. Don't you like it?
   Brenda: I'm sorry. I didn't say anything about it sooner. *It certainly is unique. I don't think I have seen anything like it before.*
(26) George: So, what did you think of the house?
   Sheila: *Well it had a nice mailbox.*
   George: Are there any other houses we can visit?

(Hinkel, 2005)

위 3개의 대화에 나타난 대화함축은 비판적이고 부정적인 의도를 담고 있다. Sandy, Brenda, Sheila는 지금 말하고 있는 것들에 대해 "I don't like that sweater/suit/house"와 같이 직접적으로 비판하는 것이 아니라 상대적으로 사소한 물건의 질을 칭찬하면서 간접적으로 비판하고 있다(Hinkel, 2005). (26)에서도 Sheila는 집을 둘러보다가 집이 어떠한지를 묻는 질문에 '우체통이 참 멋있다'고 말함으로써 George는 집이 그다지 마음에 들지 않는다는 Sheila의 의도를 쉽게 이해하고 있다. 이러한 맥락을 통해 함축을 알 수 있도록 하는데 사소한 물건의 코멘트가 중개된 도움의 역할을 하고 있다.

4. 상호작용과 협동원리

대화 참여자들 간 상호작용 시, 화자는 협동원리, 공손성 원리 등을 준수하여 발화해야 하고, 청자는 그 원리를 바탕으로 화자의 의도를 해석하면서 반응하게 된다. 화자가 거짓을 말하지 않고, 아울러 충분히 근거가 있지 않은 것은 말하지 말라는 질 수칙(quality maxim)은 그다지 말하지 않아도 쉽게 지켜지고 있다고 할 수 있다. 그러나, 협동원리, 공손성 원리 등을 위배할 경우, 대화 참여자들 간 예측하는 흐름이 자연스럽지 못해 대화가 단절될 수 있다. 이럴 경우, 대화 참여자들은 의미협상을 통해 상호 주관적으로 의미를 새롭게 구축하여 공동정보(common ground)를 공유한다.

물론, 질 수칙을 어기게 되면 반어법뿐만 아니라 말한 것을 추가적으로 강조하는 효과를 주는 경우가 있다. 다음을 살펴보자.

(27) (a) This bag weighs a ton.
　　 (b) The drinks cost a fortune.

(c) My brother is a pig.
(d) I'm starving.   (Widdowson, 2007)

"가방의 무게가 1톤이 나간다(This bag weighs a ton.). 나의 형이 돼지이다(My brother is a pig.)"와 같은 표현은 화자가 문자 그대로의 의미를 말하려고 하는 것이 아니라 이런 상황을 강조하기 위해 질 수칙을 위배하고 있다고 말할 수 있다.

또한, 관련성 수칙은 서로 대화할 때 관련성 있는 말을 하도록 하는 수칙으로 화자가 말을 할 때 의사소통의 목적이나 화제에 적합하게 말하도록 하는 것을 의미한다. 이는 화자가 자신이 말했던 이전의 발화와 관련된 발화를 해야 한다는 수칙이다(김진석, 2013). 대학 강의에서 발화한 다음의 예문을 살펴보자(O'Keefee 외, 2011).

(28) A: Now I mentioned yesterday that you should look at both sides of the same coin. You should look at those who argue for audiences as guerrilla readers, you know post-modern theorists will see audiences as being involved in interpretative free for all.

강의 시작 부분에 'I mentioned yesterday'을 말함으로써 지금 강의에서 말하고 있는 내용을 이전에 언급했던 것과 관련을 짓고 있음을 알 수 있다.

유사하게, 실제 대화 상황에서 화자가 후추를 전해 달라고 부탁하는 다음 상황을 살펴보자.

(29) Peter: Can you pass the pepper?

　　　Brown: Apples are red.

위 대화는 관련성 수칙을 위배하고 있다. INTERACTION의 자질로 분석하면, I(정체성)나 N1(규준)의 T¹(시간과 공간)의 측면에서는 대화에 참여하여 질문에 응답하고 있지만, E(공감)과 R(관련성)의 측면에서는 상호작용이 원활하게 일어나지 않고 대화 참여자들 간 서로 우호적이지 않다. 또한, N2(연결)의 측면에서도 관련성있게 연결이 되지 않고 있다. 후추를 전달해 달라는 화자의 말을 듣고 청자가 "사과가 빨간색입니다."라고 말한다면 화자의 의도나 화제에 적합하지 않은 응답을 하고 있으므로 관련성 수칙을 위배하고 있다고 할 수 있다.

　일상대화에서 흔히 관련성 수칙을 위배하지만, 협동원리는 청자와 화자 간 대화의 지침이 되기 때문에, 청자는 관련성수칙과 연관하여 발화에 의미를 부여하게 된다(O'Keefee 외, 2011). 다음 대화를 살펴보자.

(30) A: Where's Bill?
　　　B: There's a yellow VW outside Sue's house.

문자 그대로의 측면에서는 화자 B의 응답이 화자 A의 질문과 관련이 없는 것으로 여겨지지만, 청자가 관련성 수칙을 준수한다고 판단한다면, 발화의 의미를 다음과 같이 추론할 수 있다.

(31) (a) The fact that a yellow VW is outside Sue's house must be relevant to the question that he or she has asked.

(b) Bill might drive a VW.

(c) He might be in Sue's house.

화자 A는 B라는 대답을 들었을 때, 질문과 관련된 대답을 하고 있다고 생각하면서, Bill이 VW를 운전하고 있으며 Bill이 Sue의 집에 머물고 있다는 것을 추론할 수 있다(김진석, 2013).

관련성 수칙을 준수한 담화구조는 대화자들 간 상호작용을 자연스럽고 원활하게 이루어지도록 한다(김진석, 2013). 청자는 화자가 의사소통의 목적이나 화제에 적합하게 발화하고 있는 정보를 제대로 이해하고 응답을 하기 때문이다. 화자가 종이배와 관련하여 자신의 경험과 관련된 '경험 공유하기'의 대화를 살펴보자.

(32) Jerry: Ummmm. [Pause] Two days ago, ummmm, my father and my father's friend were doin' somethin' over the other side and my sister wanted, uhuh, my father's friend to make her a little boat outta paper 'n' the paper was too little. He used his dollar and, umm, my sister un-doed it we, ah, bought my father and mother Christmas presents.

Tom: A man made a boat out of a dollar bill for you?!! Wow! That's pretty expensive paper to use.(Cazden, 2001)

Jerry가 자신의 경험을 Tom에게 말하는 대화에서, Jerry는 자신이 경험한 일들을 흥미롭게 말할 수 있는 기회가 부여되고 자신의 수준에 맞는 어휘나 문장 구조로 자신의 의도를 형성하는 개인화(personalization)의 기회를 갖게 되어, 그 의도를 자연스럽게 표현하고 있다.

그러나, Grice의 관련성 수칙을 다른 수칙과 구분하는 것은 쉽지 않다. 화자와 청자가 대화하는 상황에서, 화자는 청자와 공유하고 있는 정보나 배경지식 등을 바탕으로 자신의 의도를 이전의 발화와 관련지으면서 발화를 하기 때문이다(김진석, 2013). 따라서 관련성 수칙과 연관하여 대화 격률을 살펴보면, 양 수칙은 "관련된 정보의 적절한 양을 제공하라"로, 질 수칙은 "진실성이 있으면서 관련성이 있는 정보를 제공하라"로, 양태 수칙은 "분명하고 명료하면서 관련성이 있는 정보를 제공하라"로 정의할 수 있다(Sperber & Wilson, 1995). 질문에 답을 한다든가, 의심을 해결한다든가, 의심스러움을 확인하기 위해 발화할 때, 대화 참여자의 입장에서는 그 발화가 관련성 있는 정보로 해석되어 가치있는 중요성을 갖기 때문에 그 발화는 적극적 인지효과(positive cognitive effect)를 갖는다(Sperber & Wilson, 2006)고 할 수 있다.

O'Keefee 외(2011)에 의하면, 입력정보(시각, 음, 발화, 기억)와 맥락정보가 결합하여 인지 효과를 만들어 낸다고 주장한다. 다음을 살펴보자.

(33) (a) A: It will rain in Paris tomorrow.
  (b) Previous context: The hearer is going to Paris tomorrow and has thought about bringing a coat just in case.
  (c) Cognitive effect: The utterance is combined with previous knowledge to create the contextual implication that it is necessary to pack the coat. (O'Keefee 외, 2011)

청자가 내일 파리를 갈 때 코트를 가지고 가려고 생각하고 있는데, "It

will rain in Paris tomorrow."라는 말을 듣고 청자는 이전의 지식과 결합하여 코트를 챙기는 것이 필요함을 생각하게 되는 맥락적 함의를 만들어 내게 된다. 청자는 인지적 효과를 얻기 위해서는 화자의 의도를 제대로 해석하기 위해 힘써야 하는 시간인 정보처리의 노력(processing effort)이 요구된다. 정보 처리에는 인식, 기억, 추론 등과 같은 인지 과정이 요구되기 때문에 청자 입장에서는 지나친 노력을 요구하지 않는 것이 효과적인 정보 처리라고 할 수 있다(김진석, 2013). 따라서, 인지 효과가 더 크면 클수록, 발화의 관련성이 더 많아지고, 아울러 정보 처리 노력이 더 적게 들면 들수록, 발화의 관련성이 더 많아진다(Grundy, 2008)고 할 수 있다(O'Keefee 외, 2011에서 재인용).

요약하면, 대화 참여자들 간 상호작용 시, 효과적이고 적절한 대화가 이루어지기 위해서는 의사소통의 목적에 적합한 담화구조를 선택해야 하며, 의사소통이 자연스럽지 못하거나 단절이 일어나는 경우에는 의미 협상을 통해 상호작용이 효과적으로 일어날 수 있도록 해야 할 필요가 있음을 살펴보았다. 또한, 대화 참여자들 간 상호작용에서, 의사소통이 자연스럽지 못한 것은 화자가 영역(field), 테너(tenor), 모드(mode)와 같은 맥락적 요인들을 충분하게 고려하지 않고 발화했기 때문이다. 화자는 말하고 있는 화제에 적합한 문장을 구성하고 어휘를 선정해야 하며, 전달할 내용을 듣거나 읽는 사람을 고려하여 언어를 격식 있게(formal) 사용할 것인지 격식 없이(informal) 사용할 것인지를 결정해야 하며, 상대방에게 자신이 의도하는 것을 이메일로 할 것인지, 얼굴을 맞대고 대화를 할 것인지, 방송에 출연하여 말할 것인지 등을 결정한다. 따라서, 화자는 상호작용 시 자신이 말하고자 하는 의도를 사용역이나 장르에 적합한 담화구조의 틀을 바탕으로 맥락을 구축하고 발화할 필요가 있음을 살펴

보았다.[4]

주요개념
- 영역, 테너, 모드
- 발화수반행위(illocutionary act)
- 적정성 조건
- 순서교대 할당규칙(trun-assignment rule)
- 인접쌍
- IRE(Initiation, Response, Evaluation)/주제구조
- 협력적 의미협상
- 근접발달영역

---

4 상호작용과 협동원리는 김진석(2013)을 상호작용 의미·화용론 측면에서 수정·보완한 것임

제3장 연습문제

1. 화자는 대화 참여자와 상호작용 시, 자신의 의도를 개념화하고 계획하며 맥락에 적절하게 발화한다. Levinson(1983)에 의하면, 대화의 공통적인 속성들 중 하나는 말을 수행할 때 명시적이고 한정적인 '행위(act)', '이동(move)' 등의 단위가 있다. 대화 참여자들 간 상호작용의 구조에 대해 설명하시오.

2. 순서교대(turn-taking)는 대화 참여자들이 어떻게 다음 화자를 선택하고 언제 순서를 마무리하며, 그들이 언제 다음 순서를 시작할지를 아는 것이다. 문화적 배경이 다른 화자들 간 원활하고 자연스럽게 상호작용하기 위해, 화자들이 어떤 적정성 조건을 고려하여 언제 발언권을 가지고 순서교대를 해야 효과적이고 적절한 지를 기술하시오.

3. 대화 참여자들 간 상호작용의 맥락은 청자와 화자 간 대화의 흐름을 쉽게 예측 가능한 맥락(predictable interactional context), 예측할 수 없는 맥락(unpredictable interactional context), 청자와 화자 간 만들어 나가는 맥락(creating new interactional context) 등으로 나눌 수 있다. 예측 가능한 맥락을 제시한 후, 화자가 맥락을 고려하여 효과적으로 발화할 수 있는 전형적인 예를 제시하시오.

4. 대화 참여자들 간 상호작용 시, 화자는 협동원리를 준수하여 발화해야 하고 청자는 그 원리를 바탕으로 화자의 의도를 해석하면서 반응하게 된다. 화자가 거짓을 말하지 않고, 아울러 충분히 근거가 있지 않은 것은 말하지 말라는 질 수칙(quality maxim)은 그다지 말하지 않아도 쉽게 지켜지고 있다고 할 수 있다. 질 수칙을 일부러 어기면서 상호작용을 하는 대화의 상황과 그 효과에 대해 설명하시오.

2부

단일문장의 의미·화용

제4장

사건 간 시간해석

통사구조는 주로 사건구조(even structure)에 의해 결정된다.
— Croft(2012)

생각하기
1. 사건 간 시간 관련성에 영향을 미치는 요소에는 어떤 것들이 있는가?
2. S, E, R로 완료상의 의미를 해석한다면, 어떤 문제가 나타날 수 있는가?
3. 진행상의 미완료 모순(imperfective paradox)을 어떻게 분석할 것인가?

일상적으로 나타나는 대화 상황이나 텍스트에서의 표현이 갖는 의미를 제대로 이해하기 위해서는 주어진 표현과 실제 세계의 대상물들 간 포괄적 관련성(inclusive relationship)을 살펴볼 필요가 있다(Griffiths, 2023). 화자나 작가가 생성한 표현들은 상황 맥락이나 사회·문화 맥락에 의해 역동적으로 해석될 수 있기 때문이다. 텍스트에 나타나는 사건들 간의 시간 관련성을 표현하는 단어, 구, 문장의 의미를 분석하기 위해, 이 장에서는 음성이나 문자로 나타나는 표현들 중 사건들 간 시간 관련성과 관련된 시제, 어휘상, 명시적 부사, 관점상, 맥락 등의 요인들로 사건진전체계를 구축하고, 그 체계를 통해 텍스트에 나타나는 사건 간의 시간 관련성을 해석하며, 완료상과 진행상이 갖는 의미를 분석하고자 한다.

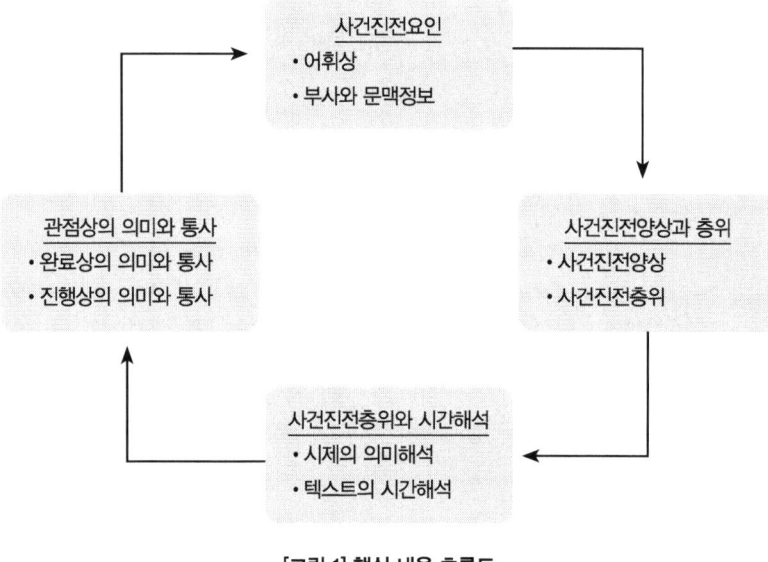

[그림 1] 핵심 내용 흐름도

1. 사건진전 요인: 어휘상

단일문장뿐만 아니라 문장들 간 시간 관련성의 의미해석과 관련된 요소들에는 시제, 통사적 요인, 관점상, 어휘상, 맥락, 명시적 시간부사 등이 있다. 무엇보다도 시제와 어휘상은 문장들 간 시간 관련성을 결정하는데 지대한 영향을 미친다. 어휘상은 '어떤 상황의 내적시간구성(internal temporal constituency)을 투시하는 범주'로 '어떤 상황의 외적 시간 범주'인 관점상(aspect)[1]과 구분되기 때문이다(Comrie, 1976:3).

---

[1] 관점상은 완료상(perfective aspect)과 미완료상(imperfective aspect)으로 대별되고, 미완료상은 반복상(habitual aspect), 지속상(continuous aspect)으로 세분되며, 다시 지속상은 진행상(progressive aspect)과 비진행상(non-progressive aspect)으로 세분된다. 여기서 완료상은 하나의 상황을 전체로 보는 반면에 미완료상은 상황을 구성하는 내적 단계(internal phase)로 본다.

대화 참여자들 간 상호작용 시, 사건들 간 시간 관련성을 해석하기 위해서는 언어적 지식, 언어맥락, 상황 맥락, 사회·문화맥락 등을 고려하여 포괄적(inclusive)으로 살펴볼 필요가 있다. 사건들 간 시간을 포괄적 관련성으로 해석하는 데 고려할 필요가 있는 요인들은 1장에서 제시한 바와 같이 개인 내적 층위, 대인 간 층위, 점검층위로 세분할 수 있다. 층위별 요인들은 다음과 같다.

[개인 내적 층위]
· 거시계획(macro-planning)
  - 개념층위의 의도(intention) 형성
  - 문장들 간 언어맥락
· 미시계획(micro-planning)
  - 발화 이전의 통사적·음운적 메시지(pre-verbal message)
  - 발화 이전의 비언어 메시지(pre-nonverbal message)
  - 단일문장 내 언어맥락

[대인 간 층위]
· 상황 맥락
· 사회·문화맥락

[점검 층위]
· I(정체성)   · N^1(규준)   · T^1(시간과 공간)
· E(공감)   · R(관련성)   · A(주체성/ 활성화)
· C(점검)   · T^2(도구)   · I^2(상호 주관성)
· O(의견)   · N^2(연결)

개인 내적 층위에서는 언어적 지식, 언어맥락 등을 고려하여 언어를 거시·미시계획하며, 대인 간 층위에서는 주어진 일차적 시간(given primary time: GPT), 주어진 일차적 공간(given primary space: GPS) 등의 상황 맥락, 세상에 대한 지식 등의 사회·문화맥락을 바탕으로 맥락화하여 표현한다. 이런 요소들을 고려하여 청자나 독자는 화자나 작가가 표현한 사건들 간의 의미를 제대로 해석해야 한다. 그렇지 않으면, 의사소통이 원활하게 일어나지 않고, 심지어 의사소통의 단절이 일어날 수도 있다(Deppermann, 2011). 물론, 대화 참여자들 간 상호작용하고 있는 상황에서도 상호작용의 자질들을 바탕으로 자신의 발화나 상대방의 발화를 상호 주관적(inter-subjectivity)으로 점검하면서 수정하기도 하고 확장하기도 한다.

먼저, 화자는 개인 내적 층위에서 어휘상을 바탕으로 사건들 간 관련성을 계획해야 한다. Schopf(1984:236-8)에 따르면, 내적 단계에는 최초(initial)단계, 과정(process)단계, 최종(final)단계가 있다. 이 단계는 화자가 상황의 어떤 부분을 투시하는 가에 따라서 다르게 나타난다. 동일한 사건도 화자의 투시하는 관점에 따라서 다음과 같이 다르게 나타난다.

(1) (a) Peter was cutting the log.
    (b) Peter cut the log.

(1a)에서는 화자가 사건 내부의 한 부분만을 보기 때문에 그 상황이 종결점까지를 포함되는 완전한 것인가에 대해서는 중립적이므로 미완료상이다. 반면에, (1b)는 화자가 사건 전체를 한 눈에 보는 것을 나타내고 사건의 최초 단계와 최종 단계가 나타나는 완료상이다.

또한, 화자는 자신의 관점에 따라서 동일한 사건을 다르게 계획하고 표현할 수 있다. 자신의 의도에 비추어 어휘상을 달리하고 그에 따른 통사구조를 다르게 구성할 수 있다. 다음의 예를 살펴보자.

(2) John broke the window.
(3) The window was broken.

화자가 사건의 최초 단계와 최종 단계를 한 눈에 보는 (2)의 상황과 달리, (3)에서는 화자가 사건의 최종 단계에만 초점을 두고 있다. 여기에서 두 문장은 모두 완료상이므로 관점상은 동일하지만 어휘상이 다르다.

Vendler(1967:97-121), Verkuhl(1991) 등은 동사의 어휘상을 상태(state)와 비상태(non-state)로 나누고, 다시 비상태를 성취(achievement)와 완수(accomplishment)로 세분한다. 이러한 어휘상은 지속성(duration), 종결성(telicity), 변화성(change)으로 세분된다. 다시 말해서, 완수는 종결점과 지속성을 갖는 반면에 활동은 지속성을 갖지만 종결성이 없다. 성취는 종결성이 있지만 지속성이 없으며, 상태는 지속성이 있지만 완수, 성취, 활동과 달리 변화성을 갖지 못한다. 따라서, 관점상은 동사의 활용의미나 문법적 표지로서 화자의 관점을 나타내는 주관적이지만, 어휘상은 동사의 파생어형 또는 어휘적 의미로 표시되며 주어진 상황 자체에 관한 것이므로 객관적이며 동사가 나타내는 상황에 내재하는 본질적인 것으로 정의될 수 있다. 그러나, 어휘상을 좀 더 정확하게 분류하기 위해서는 지속성, 종결성, 변화성 뿐만 아니라 다른 의미자질들도 고려할 필요가 있다.

Partee(1984), Hinrichs(1986) 등은 상태, 활동, 완수, 성취를 동질성

(homogeneity), 종결성(telicity), 변화성 등으로 구분하였다. 예를 들어, 다음의 문장들은 동질성, 종결성, 변화성 자질로 어휘상의 유형이 구분될 수 있다.

    (4) (a) Peter was tall.
        (b) Peter pushed the cart.
        (c) Peter died.
        (d) Peter drew a circle.

(4a)에서는 시발점과 종결점이 없고 동질적(homogeneous)이며 변화가 없는 비동적(non-dynamic) 특성을 갖는 상태문장이다. (4b)에서는 상태문장과 같이 시발점과 종결점이 없지만 동적인 특징을 갖는 활동문장이다. (4c)에서는 동적이고 시발점과 종결점이 있지만 지속성은 없고 오직 종결점만 부각되기 때문에 완수문장이 된다. (4d)는 성취문장으로 시발점과 종결점이 있다는 점에서는 활동문장과 다르지만, 동적인 점에서는 활동문장과 유사하다.

    Anderson(1991)은 순간성(punctuality), 종결성, 역동성과 같은 의미자질들로 어휘상을 다음과 같이 분류하였다.

〈표 1〉 어휘상의 의미자질

	어휘상 범주			
	상태	활동	완수	성취
순간성	−	−	+	−
종결성	−	−	+	+
역동성	−	+	+	+

동사가 순간성, 종결성, 역동성의 의미자질을 모두 가지면 완수동사가 되고, 종결성, 역동성의 의미자질을 가지면 성취동사가 되며, 역동성만 가지면 활동동사가 되고, 순간성, 종결성, 역동성의 의미자질을 모두 갖지 못하다면 상태동사가 된다.

그러나, 어휘상의 분류에는 순간성, 종결성, 역동성의 의미자질 외에도 다양한 의미 자질들이 고려될 필요가 있다. 어휘상을 정확하게 세분하기 위해서는 '변화성, 종결성, 지속성(duration), 인과성(causality), 통제성(control)' 등이 고려될 수 있을 것이다. 각각의 매개변수들 중 먼저 변화(change)를 살펴보자. 변화[2]에는 내적인 변화와 외적인 변화가 있다. 내적인 변화는 상황이 발생하는 시간적 영역 내에서 변화되는 속성이 이질적인 것으로 성취나 완수가 여기에 속한다. 반면에 외적인 변화는 상황이 발생하는 시간적 영역 내에서 변화하는 속성이 동질적인 것이므로 변화는 그 영역 밖의 어떤 지점에서 일어나는 것이다. 여기에 속하는 것으로 활동 동사가 있다.

지속성은 상황의 영역 내에서 시간적 폭이 있는 것인가에 대한 기준으로 한 지점(point)과 간격(interval)간의 차이나 단일 지점(한 요소만 갖는 간격)과 간격 간을 구별하는 개념이다. 즉, 성취는 지속성이 없이 순간적으로 일어나는 것인 반면에 완수는 지속성이 있다. 이러한 지속성과 변화성으로 어휘상을 분류하면 다음과 같다.

---

[2] Ravin(1990:79)은 변화를 위치, 범주속성, 소유 등으로 분류한다.

    (1) He ran from the house to the beach.
    (2) He changed from a coach to a pumpkin.
    (3) He sold the book to John.

(1)에서는 위치의 변화를, (2)에서는 범주속성의 변화를, (3)에서는 소유의 변화를 나타낸다.

〈표 2〉 지속성과 변화성에 의한 어휘상 분류

	상태	활동	완수	성취
변화성	−	+	+	+
지속성	+	+	−	+

어휘상이 변화성과 지속성의 의미자질을 가지게 되면 성취와 활동이 되고, 변화성만 가지면 완수가 되며, 지속성만 가지면 상태가 된다.

둘째, 종결성은 어떤 상황이 영역 내에서 종결점에 도착한 것인지의 여부에 대한 기준이다. Verkuyl(1991), Parsons(1990)에 따르면, 완수 동사와 성취 동사가 종결성을 갖는 반면에 활동이나 상태 동사는 종결성을 갖지 못한다. 이러한 종결성은 논항의 단/복수, 방향부사, 문법표지 등에 의해 변화되기도 한다. 예로써 종결성을 가진 문장의 내적 논항이 복수로 바뀌게 되면 그 문장은 비종결성이 된다.

(5) (a) Peter wrote a letter.

   (b) Peter wrote letters.

(5a)에서는 내적 논항이 단수이기 때문에 종결성을 갖게 되어 성취 문장이 되지만, (5b)에서는 내적 논항이 복수가 됨에 따라서 비종결성을 갖게 되어 활동 문장이 된다.

또한, 방향부사와 진행형에 의해 종결성이 변화되기도 한다.

(6) (a) Peter walked.

   (b) Peter walked to the station.

   (c) Peter was walking to the station.

(6a)는 비종결성을 갖는 활동 문장이다. (6a)에 (6b)와 같이 방향부사 'to the station'이 부가되면 종결성을 갖게 되어 성취 문장이 되고, 다시 (6c)와 같이 진행형이 됨에 따라서 비종결성을 갖는 상태 문장이 된다.

셋째, '인과성'자질은 성취문장에서 고려될 자질이다. 인과성이 되기 위해서는 사건을 일으키는 유발자가 되는 개체가 있고 그 개체에 의해 유발되는 사건이 있어야 한다[3]. 다음과 같은 예문에서 'John'은 유발자가 되며 'John'에 의해 사건이 야기되므로 인과성을 갖는 문장이 되는 것이다.

(7) John broke the window.

---

[3] 인과성에 대한 주장으로 Jackendoff(1990), Talmy(1976), Frawley(1992) 등이 있다. Jackendoff(1990)는 인과성을 개체와 사건 간의 두 논항을 취하는 의미기능으로 개체가 사건을 야기시키는 것으로 정의한다. 유사하게 Talmy(1976:141)는 인과성을 인과의 유형과 사건의 관련성의 정도를 고려하여 분류하였는데 인과유형을 다음과 같이 구별한다(김진석, 2005a,b).

   (1) (a)물리적 인과(Physical causation)
      (b) 의지적 인과(Volitional causation)
      (c) 정서적 인과(Affective causation)
      (d) 추론적 인과(Inductive causation)

이 분류는 사건에 대해 행위를 가하는 특성이 신체적 또는 정신적인 요소에 의해 구분되므로 두 개체 중 어떤 개체의 특성이 다른 개체의 특성에 어떠한 영향을 주는가에 따라서 인과유형이 다르게 분류된다.
또한, Jackendoff(1990)가 주장한 유발자와 유발된 사건을 자질로 다음과 같이 세분한다(김진석, 2005a,b).

   (2) (a) 유발자 + / 유발된 사건 +
      (b) 유발자 − / 유발된 사건 −
      (c) 유발자 + / 유발된 사건 −
      (d) 유발자 − / 유발된 사건 +

(2)에서 사건을 야기시키고 사건의 영향을 받는 자질이 모두 '+'이면 사건에 대해 높은 관련성을 갖는다. 반면에 유발자와 유발된 사건이 모두 '−'이면 사건에 대해 낮은 관련성을 갖는다.

(7)에서 창문을 깬 사건은 'John'에 의해 발생된 것이므로 개체인 'John'과 사건은 인과성을 형성한다. 따라서 문장 (6)이 인과성을 갖게 되므로 성취 문장이 된다.

넷째, 통제성으로 성취 문장과 완수 문장을 구분할 수 있다. 통제성은 어떤 개체가 그 사건에 실질적인 참여를 하고 있는가에 대한 기준이 된다. 통제성을 결정하는 하위 자질로는 인간성(human)이 있다. 인간성을 갖게 된다면 일반적으로 어떤 사건을 통제하는 특성을 갖는다. 만약 인간성을 갖더라도 사건의 참여자가 의도성이 없다면 그것은 통제성을 갖지 못할 것이다. 따라서 참가자의 통제성은 인간성과 의도성에 의해 결정되어야 할 것이다. 예를 들어, 인간성과 의도성 자질로 다음 문장의 통제성을 결정할 수 있다.

(8) (a) John walked a mile.
　　(b) John died.

(8a)는 성취 문장이고, (8b)는 완수 문장이다. 여기서, 'John'은 (8a)에서는 인간성 자질은 있지만 의도성 자질은 없다. 따라서 'John'은 사건에 대해 (8a)에서는 통제성을 갖지만, (8b)에서는 통제성을 갖지 못하는 개체가 된다.

통제성의 유무에 대한 진단의 방법으로 'deliberately, on purpose'와 같은 부사가 있다. 다음과 같은 예문에서 통제성이 없는 사건의 유발자가 부사 'on purpose'와 같이 쓰이게 되면 비문이 된다.

(9) (a) John walked a mile on purpose.
   (b) *John died on purpose.

(9a)에서는 'John'이 통제성을 갖고 있기 때문에 'on purpose'와 같이 쓰일 수 있지만, (9b)에서는 통제성을 갖고 있지 않기 때문에 'on purpose'와 같이 쓰이게 되면 비문이 된다.

따라서, 화자는 개인 내적 층위에서 어휘상을 결정하는 요인을 고려하여 자신의 의도를 계획해야 한다. 화자가 어휘상을 결정하는데 영향을 미치는 의미자질들이 상호 관련성을 가지기 때문이다. 다시 말해서, 인과성, 변화성, 통제성, 종결성과 같은 의미자질들은 완전히 독립된 자질이 아니라 상호 관련성을 가진다. 이런 측면에서, 화자는 어떤 논항이 인과성을 갖는다는 것은 통제성과 변화성을 함의하고 있으며 어떤 사건이 종결성을 갖는다는 것은 변화성과 인과성을 함의하고 있다는 것을 고려하여 언어를 계획해야 한다.

2. 사건 진전 요인: 부사와 문맥정보

앞 절에서 살펴 본 변화성, 종결성, 지속성, 인과성, 통제성과 같은 의미자질들에 의해 결정된 어휘상의 유형은 명시적 시간부사, 문맥정보 등에 의해 유형이 이동될 수 있다. 화자는 언어를 계획할 때, 상태나 활동을 완수나 성취의 유형으로 이동시킬 수 있고, 완수나 성취를 상태나 활동의 유형으로 이동시킬 수도 있다. 이 장에서는 유형을 이동시키는 경우를 부사와 문맥정보로 나누어 살펴보고자 한다.

2.1. 부사

화자는 개인 내적 충위에서 부사를 선정하여 어휘상의 유형을 이동시키는 경우가 있다. 특히, 담화나 텍스트에서의 명시적 시간부사에 의해서 어휘상의 유형을 전환시킨다. 이는 사건의 흐름을 전개시키는데 있어서 사건들 간의 시간관계를 결정하는데 중요한 역할을 한다.

첫째, 상태 문장이지만 부사에 의해 완수 문장으로 계층이 이동되는 경우가 있다. 다음 (10)에서와 같이 부사 'suddenly'에 의해 완수 문장으로 계층이 이동되는 경우가 있다.

(10) John sat in his chair going over the day's perplexity events again in his mind. Suddenly, he was asleep. (Dowty, 1986)

(10)에서 'he was asleep'은 변화성, 종결성, 지속성, 인과성이 없는 문장이기 때문에 상태 문장이지만, 부사 'suddenly'에 의해 기동적 해석이 되기 때문에 완수 문장으로 유형이 이동되었다.

둘째, 명시적 시간부사인 'then'도 상태 문장을 완수 문장과 같은 역할을 하도록 한다. 그러나, 'then'이 가미된 문장이라고 해서 모든 문장의 어휘상이 전환되는 것은 아니다.

(11) (a) I had a fever and then I had a chill.
(b) I had a fever and I had a chill then.

(11a)에서는 'then'에 의해 둘째 사건의 상태가 완수로 유형이 이동된다.

그러나, 명시적 부사 'then'이 있다고 해서 상태 문장이 완수 문장으로 유형이 이동되는 것은 아니다. (11b)에서와 같이 둘째 사건에 'then'이 있음에도 상태성이 그대로 유지되고 있다. 오히려 문두의 'then'과 달리 문미의 'then'은 완수와 성취를 상태와 활동으로 유형을 이동시키는 경우가 있다.

(12) Peter went shopping this morning. He went to the bank then.

둘째 문장은 어휘상이 성취임에도 불구하고 'then'에 의해 활동 동사가 되어 첫 번째 사건과 동시에 일어나는 해석이 되게 한다.
　유사하게, 설화텍스트에 나타난 'then'도 어휘상을 전환시키는 역할을 한다. 예로서, 활동 문장인데도 'then'에 의해 성취 문장으로 어휘상의 유형이 전환된다.

(13) Johnsey was sleeping when they went upstairs. Sue pulled the shade down to the window sill, and motioned Behrman into the other room. There they peered fearfully out the window at the ivy vine. Then they looked at each other for a moment without speaking.

'they looked at each other'의 어휘상이 활동 문장이지만 부사 'then'에 의해 한정성을 갖게 되어 기동적 해석이 됨에 따라서 성취 문장으로 유형이 이동된다.
　셋째, 설화 텍스트에 나타난 문장이 상태 문장이지만 'now'에 의해 완수 문장으로 유형이 이동되는 경우가 있다.

(14) The stars were bright now and he saw the dolphin clearly and he pushed the blade of his knife into his head and he drew him out from under the sun.

'The stars were bright'는 변화성, 종결성, 지속성, 인과성이 없는 문장이기 때문에 상태 문장이지만 'now'에 의해 기동적 해석[4]이 된다. 다시 말해서, 별들이 반짝이기 때문에 돌고래를 똑똑히 볼 수 있다는 해석이 되기 때문에 상태가 완수로 유형이 이동되게 된다.

2.2. 문맥정보

명시적·비명시적 시간부사와 같이 문맥정보도 동사의 유형을 이동시킨다. 화자가 개인 내적 층위에서 문장을 구축할 때 활동 동사를 문맥정보를 바탕으로 성취의 유형으로 이동시키는 경우가 있다. 다음의 예문을 살펴보자.

(15) She dipped her cupped palms in the little waves and washed her bruised face with the stinging salt water, and then she went creeping up the beach after Kino.

---

4   Dowty(1986)의 분류에 따르면, 'see'와 같은 지각 동사는 상태 동사에 포함되지만 어떤 상황에서는 기동적 해석이 되어 완수 동사가 되는 경우가 있다고 주장한다.

'washed her bruised face with the stinging salt water'는 활동 동사이지만 '그녀가 손바닥을 물에 담근 후 얼굴을 씻고 Kino의 뒤를 따라 해변을 올라갔다'는 해석이 되기 때문에 성취 동사가 된다.

둘째, 문맥정보에 의해 상태나 활동과 같은 어휘상이 기동적 해석(inchoative reading)이 됨에 따라서 완수나 성취와 같은 어휘상으로 전환이 되는 경우가 있다. 예를 들어, 다음의 예에서와 같이 활동 문장이 문맥에 의해 좌측 한정성(left boundedness)을 갖게 되어 완수 문장과 유사한 역할을 하게 된다.

(16) She nodded at last, turned slowly and walked back to her little desk in the corner. From behind the lamp she stared at me. I crossed my ankles and yawned. Her silver nails went out to the cradle phone on the desk, didn't touch it, dropped and began to tap on the desk.

(Couper & Kuhlen, 1987)

여기서 'from behind the lamp'에 의해 상태성을 갖는 'she stared at me'의 상황이 좌측 한정성을 갖게 됨에 따라서 앞에 있는 상황과 동시에 일어나게 되는 상태 문장을 이후에 일어나는 완수 문장으로 어휘상을 전환시킨다.

셋째, 활동과 마찬가지로 상태 동사도 다음의 예문에서와 같이 문맥정보에 의해 성취 동사로 유형이 이동된다.

(17) He could feel the steady hard pull of the line and his left hand was cramped. It drew up tight on the heavy cord and he looked at it in

disgust. We were born lucky, he thought. Then he was sorry for the great fish that had nothing to eat and his determination to kill him never relaxed in his sorrow for him.

여기서 활동 동사 'look'은 문맥정보에 의해 사건이 진전된다. 즉, 줄을 쥐고 있던 왼손이 쥐가 나서 오그려들자 노인이 불쾌한 표정으로 그 손을 응시하는 상황이 계속되므로 성취로 어휘상의 유형이 이동된다[5].

3. 사건진전양상과 사건진전층위

화자는 개인 내적 층위에서 대화 참여자들이 사건 간 시간관계를 제대로 해석할 수 있도록 미시적·거시적 계획을 하게 된다. 화자는 사건진전에 관련된 시제, 어휘상, 관점상, 부사, 문맥정보 등의 요인들을 고려하여 사건들 간의 시간관계를 계획하여 발화한다. 화자는 이러한 시간진전 양상에 의해 구축된 사건진전층위를 고려하여 사건 간 시간관계를 계획한다. 먼저, 사건진전 양상에 대해 살펴보자.

3.1. 사건진전 양상

사건에 대한 정의는 학자마다 다르게 정의된다. Vendler(1967)는 상황상을 상태와 비상태로 대별한다. 전자는 사건자질을 갖지 못하지만 후자는 활동, 성취, 완수를 포함하는 것으로 사건자질을 갖는다. 한

---

[5] 1, 2절의 사건진전요인(어휘상, 부사, 문맥)은 김진석(2005a,b, 2008a,b)을 상호작용 의미·화용론 측면에서 수정·보완한 것임

편, Comrie(1976:51)는 성취와 완수가 사건에 속하는 것으로, 활동은 과정에 속하는 것으로 분류한다. 이전의 분류와 달리 Bach(1986)는 상태(state), 활동(activity), 성취(accomplishment), 완수(achievement)를 다 포함하는 개념으로 사건성(eventuality)을 사용한다. 유사하게, Croft(2012)는 상태나 과정을 포함하고 모든 상적 유형(aspectual type)을 포함하는 범주로 사건을 정의한다. 이 장에는 사건을 Bach(1986)의 사건성 개념이나 Croft(2012)의 사건과 동일한 것으로 정의한다.

Partee(1984), Dowty(1986), Hinrichs(1986) 등은 문장 간의 시간관계를 어휘상으로 설명하려고 하였다. 어휘상은 상태 동사(state), 활동 동사(activity), 완수 동사(achievement), 성취 동사(accomplishment)로 세분된다. Partee(1984)와 Dowty(1986)에 따르면, 상태 동사나 활동 동사는 비종결(atelic)동사이므로 첫째 문장과 둘째 문장 간의 시간관계가 선후(sequence)해석이 되지 못하지만, 성취 동사와 완수 동사는 종결(telic)동사이므로 둘째 문장이 첫째 문장 이후에 일어나는 해석이 된다고 주장한다. 다음 문장 (18)에서 두 번째 문장의 동사가 종결동사이면 첫 번째 문장은 두 번째 문장 이전에 일어난 사건이 되지만, 두 번째 문장의 동사가 비종결동사이면 첫 번째 문장과 두 번째 문장 간의 시간관계는 선후해석이 될 수 없다.

(18) (a) Fred walked into the room. Susan got up from her chair.
    (b) Fred walked into the room. Susan sat in her chair.

(18a)의 두 번째 나오는 동사 'got up'은 성취 동사이기 때문에 첫 번째 문장의 사건 다음에 두 번째 문장의 사건이 일어나도록 한다. 반면에,

(18b)의 두 번째 문장에 나오는 동사 'sat'은 활동 동사이기 때문에 앞 문장의 사건과 겹치는 해석이 되기 때문에 선후해석이 되지 못한다. 다시 말해서, Fred가 방에 들어간 후에 Susan이 앉아 있었다는 해석보다는 Fred가 들어갈 때 Susan이 앉아 있었다는 해석이 더 선호된다.

그러나, Partee(1984), Hinrichs(1986), Dowty(1986) 등은 두 번째 문장의 동사가 상태인데도 첫 번째 문장의 사건보다 이후에 일어나는 선후해석이 되는 경우를 제대로 설명하지 못한다.

(19) (a) James switched off the light. (b) It was pitch dark around him, (c) because the Venetian blinds were closed. (Hinrichs, 1981:66)

Partee(1984) 등에 의하면, (19b)에 나타난 동사가 상태이기 때문에 (19a)와 (19b)간 시간 관계는 동시해석이 되어야 한다. 그러나 두 번째 문장은 불이 소등된 첫 번째 문장의 사건 뒤에 어두운 상황이 일어났다는 것을 나타내 주고 있다. 따라서, 문장 간의 시간관계를 적절하게 해석하기 위해서는 텍스트의 구성지식이나 문맥 등도 고려되어야 한다.

Lascarides & Oberlander(1993), Blakemore(2004)에 의하면, 문장 간의 시간관계는 세계에 대한 지식과 언어적 지식에 의해 결정된다고 주장한다. 전자는 사건과 상태 간의 인과관계를 설명하는 것이다. 무엇보다도, 인과관계는 사건 간의 시간관계를 해석하는 데 지대한 영향을 준다. Lascarides & Asher(1993:22)는 인과관계를 (20)과 같이 정의했다.

(20) A의 사건에 의해 B의 사건이나 상태가 야기될 때, B는 A의 결과가 된다
(the event described in A causes the event or state described in B).

인과성으로 다음 (21)의 시간관계를 (22)와 같이 해석할 수 있다.

(21) (a) The number 16 bus was half an hour late.

(b) I missed most of the syntax lecture.

(22) (a) [The number 16 bus was half an hour late]i.

(b) As a result of thati, I missed most of the syntax lecture.

(Blakemore, 2004)

(22a)의 사건에 의해 (22b)의 사건이 발생하게 된 상황이므로 두 사건 간에는 인과관계가 된다. 따라서, '버스가 30분 늦게 왔기 때문에 통사강의를 거의 듣지 못했다'는 해석이 되어 사건 간 시간관계는 선후해석이 된다.

또한, 언어적 지식도 문장 간의 시간관계에 영향을 미친다. 순서성 수칙을 예로 들 수 있다. 물론, 언어적 지식에는 순서성 수칙뿐만 아니라 부사, 상, 언어상의 맥락 등도 고려되어야 한다. 맥락적 지식은 정보를 듣거나 읽을 때, 특정한 상황에 대한 전체적인 인식(overall perception)이라 할 수 있다. 즉, 청자는 참여자가 누구이고, 배경은 무엇이며, 화제와 목적은 무엇인지를 관찰하며, 독자는 텍스트가 일어나는 장소, 텍스트를 쓴 저자, 텍스트를 쓴 목적 등을 고려한다. 또한, 청자는 이미 들은 정보를 기억하면서 앞으로 들게 될 정보를 기대하고 있는 반면에, 독자는 텍스트와 하위 텍스트(subtext)의 타이틀, 텍스트의 더 큰 단위의 틀(framework) 등을 고려한다(Olshtain & Celce-Murcia, 2004). 따라서, 다음 절에서는 인과관계나 상황의 맥락과 같은 세계에 대한 지식뿐만 아니라 순서성 수칙, 시제, 언어상의 맥락, 관점상, 상황상 등과 같은 언어적 지식을 고려하여 사건진전체계를 제안하고자 한다.

3.2. 사건진전양상과 층위

앞 절에서 살펴 본 바와 같이, 다양한 언어적 요인들에 의해 사건 간의 진전이 결정될 수 있다. 관점상 중 미완료상의 대표적인 범주인 진행상은 비한정성을 갖는 상태 동사와 유사한 역할을 하기 때문에 사건을 진전시키는 역할이 부족하다. 그러나, 어휘상은 사건을 진전시키는데 결정적인 영향을 미친다. 어휘상을 결정하는 영역이 동사에 국한될 것이 아니라 문장으로 확대될 필요가 있다(Jackendoff, 1990). 또한, 문장으로 확대될 경우, 논항 등의 명시적 양(Specified Quantity of A: SQA)은 동사구의 종결성(telicity: T)[6]을 결정하는데 결정적인 영향을 준다(Verkyul, 1993:3-32)[7]. 이런 관점을 바탕으로 SQA와 종결성으로 문장의 한정성 기준을 다음과 같이 제안할 수 있다.

(23) 어떤 문장이 한정성을 가지려면 (a) 문장내의 명사구나 전치사구가 [+SQA]이고, (b) 그 문장 내에 있는 동사구가 [+T]의 특성을 가져야 한다.

위의 한정성 기준에 의하면, 다음의 문장들은 비한정성을 갖는 문장이 된다.

---

[6] 종결성은 시작점과 끝점이 설정된 것으로 완수동사와 성취동사가 있다. 만약 동사가 종결성을 갖는 경우라면 [+T]로, 종결성을 갖지 못하는 경우라면 [-T]로 표기된다. SQA는 명시적 양을 나타내는 것으로 'Susan, piano'와 같은 것은 [+SQA]가 되고 'sandwiches'와 같은 명사는 [-SQA]가 된다.

[7] 상황상을 결정하는 영역을 문장으로 확대할 필요성뿐만 아니라 논항 등의 명시적 양에 의해 동사의 종결성이 결정되는 점에 대한 논의는 김진석(1997) 참조.

(24) (a) John played the piano.
　(b) John drew circles.

(24a)에서는 두 개의 논항이 [+SQA]이지만 동사구가 [-T]이므로 비한정성이고, (24b)에서는 주어가 [+SQA], 목적어가 [-SQA]이고 동사구가 [-T]이므로 비한정성을 갖는 문장이 된다.

　한정성은 등위접속 요소들 간의 시간관계를 사고 틀(mental script)로 설명한 Carston(1993)의 분석을 설명할 수 있다. Carston(1993)은 사고 틀을 바탕으로 '열쇠를 꺼낸' 사건이 '문을 연' 사건 보다 먼저 일어났다는 사고 틀로 다음의 (25a)를 설명한다. 이러한 설명을 한정성으로 간단하게 설명할 수 있다.

(25) (a) John took out his key and opened the door.
　(b) John opened the door and shot the girl.

(25a,b)의 등위접속 요소들에서 명사구가 [+SQA]이고, 동사가 [+T]의 특성을 가지고 있으므로 모두 한정성을 갖는다. 따라서, 두 번째 등위접속 요소가 첫 번째 등위접속 요소 이후에 일어나는 선후관계로 해석이 된다.

　그러나, 문장 간 시간관계를 적절하게 해석하기 위해서는 어휘상 뿐만 아니라 화용적 정보도 필요하다. 예를 들어, (26)에 나타난 문장 간의 시간관계를 결정하기 위해서는 (27)과 같은 배경정보가 제시될 경우 가능하다.

(26) He fell. John pushed him.

(27) (a) Max had a horrible accident yesterday. He fell. John pushed him

  (b) John and Max were at the edge of the cliff. Max felt a sharp blow to the back of his neck. He fell. John pushed him. Max rolled over the edge of the cliff.

(27a)의 'he fell'은 'John pushed him'이후에 일어난 상황이다. John이 Max를 밀어서 Max가 넘어졌다는 것을 알 수 있기 때문이다. 그러나 (27b)에서는 'he fell'이 'John pushed him'이전에 일어난 상황이다. 왜냐하면 John과 Max가 절벽에 있는 상황에서 John이 Max를 때려서 John이 넘어지니까 Max가 John을 절벽으로 떨어뜨렸다는 해석이 되기 때문이다.

이러한 사건진전에 영향을 미치는 요인들을 바탕으로 사건의 유형을 사건진전유형과 사건비진전유형으로 세분한다. 다시 말해서, 두 개의 문장이 나타나는 경우에 두 번째 문장의 사건이 명시적 시간부사, 순서성 수칙, 관점상, 어휘상, 문맥정보 등에 의해 첫 번째 문장의 사건을 진전시킨다면 사건진전유형이 되지만, 그렇지 않다면 사건비진전유형이 된다. 이러한 두 개의 유형을 바탕으로 다음과 같은 사건진전층위[8]가 설정된다.

---

8 Jones & Jones(1979:3-27), Chong(1987), Longacre(1989) 등은 정보들 간의 층위를 설정하여 전경(foreground)을 정의하려 하였다. 본 연구에서는 사건 간의 시간적 공간적 관계를 결정하는 언어적 지식과 세계에 대한 지식을 고려한 층위가 필요하다고 판단하여 사건 간의 관련성을 바탕으로 사건진전층위를 설정한다. 이 층위의 설명력에 대한 구체적인 논의는 김진석(1997) 참조.

(28) 사건진전층위(Event Progression Rank Scheme)

　　(a) 강진전(strong progression)(Rank 1)

　　(b) 약진전(weak progression)(Rank 2)

　　(c) 비진전(non-progression) (Rank 3)

　　(d) 사건종속(subordination) (Rank 4)

사건의 진전 양상에 의해 사건이 진전되면서 주절에 나타난다면 사건의 강진전이 되고, 사건의 진전 양상에 의해 사건이 진전되지만 부사절 등의 종속절에 나타나면 사건약진전이 된다. 그리고, 관점상과 어휘상에 의해 사건이 진전되지 못하는 경우는 사건비진전이 된다. 또한 어휘상에 의해 일반적으로 사건진전 층위가 결정되지만 성취나 완수인데도 인과관계나 문맥정보에 의해 사건종속이 되는 경우가 있다. 사건종속에는 화용적 종속과 관계절, 보문절, 부사절 등에 의한 통사적 종속이 있다. Fleischman(1985:853-4)은 설화 텍스트에서 사건들이 선행배열(linear sequence)되는 것이 아니며, 모든 사건들이 동일하게 만들어지는 것이 아니라 짜임새(texture)와 초점(focus)을 갖고 있다고 한다. 따라서, 설화 텍스트에는 이야기의 내용단위 즉 사건의 조직을 언급하는 설화 텍스트 종속(narrative subordination)이 있다. 아울러 Spejewski & Carlson(1993:481)은 어떤 상황이 다른 상황에 종속되는 것을 'E1 is subordinate to E2'로 설명한다. 또한, Declerk(1991:157)은 종속절이 됨으로써 주절에 병합되는 현상을 시제종속으로 정의했는데 이 정의는 통사적 종속과 유사하다.

사건진전층위와 일차적으로 주어진 시간(Given Primary Time: GPT)[9]을

9　LoCascio(1986:194-5)는 화자(또는 작가)와 청자(또는 독자)에게 알려진 것으로 간주되는 시

바탕으로 설정한 분석의 틀은 다음과 같다(김진석, 1997; 2005a,b; 2013).

(29)

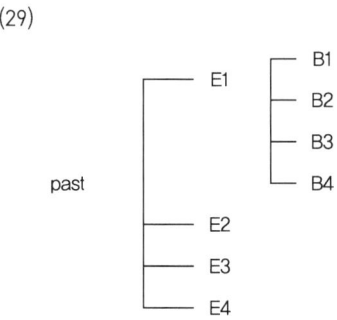

(29)는 GPT가 과거라는 가정 하에서 만들어진 틀이다. 여기서 E1은 사건강진전, E2는 사건약진전, E3는 사건비진전, E4는 사건종속을 나타낸다. B1과 B2가 각각 상태, 활동이지만 부사나 문맥정보 등에 의해 사건강진전이 되는 것을 나타내며, B3과 B4는 각각 완수, 성취로서 사건강진전이 된다는 것을 말한다.

어휘상의 유형과 어휘상의 유형이동은 중요한 정보와 덜 중요한 정보를 구분하게 해 주는 중요한 요인이라 할 수 있다. 일반적으로 중요한 정보는 전경(foreground)으로, 덜 중요한 정보는 배경(background)으로 분류한다. 전경은 담화나 텍스트에서 중요한 사건이며 설명상의 중심적 요소가 된다.

Partee(1984), Hinrichs(1986), Dowty(1986) 등은 문장 간의 시간관계를 상태 동사나 활동 동사는 비종결(atelic)동사이므로 첫째 문장과 둘째 문장 간의 시간관계가 선후해석이 되지 못하므로 전경이 될 수 없는 반면에, 성취 동사와 완수 동사는 종결(telic)동사이므로 둘째 문장이 첫째

간 연산자로 GPT를 설정한다. 이것은 텍스트의 모든 시간을 관할하는 근원적 시간 연산자이다.

문장 이후에 일어나는 선후해석이 되어 전경이 될 수 있다고 주장한다. 물론 앞에서 말한 바와 같이 상태 동사나 활동 동사가 명시적 시간 부사, 문맥 등에 의해 성취 동사나 완수 동사로 유형이 이동된다면 전경이 될 수도 있다.

명시적 시간부사, 문맥, 어휘상 등은 담화의 정보가 전경정보가 될 수 있도록 한다.

(30) (a) See, every five miles they had a little stone.
 (b) Say on one side was Mexico and the other side was the United States. Y'know?
 (c) And then, and uh, you rode twenty miles one way
 (d) and then uh there was an old deserted ranch house there.
 (e) and that's where I—we used to meet the other fellow comin' from the other direction.

담화의 연쇄에서 'then'은 화자의 관점을 시작점으로 부각시켜 사건간 진전해석이 되는 경우가 있다. 즉, 'then'에 의해 활동 문장이 성취 문장으로 유형이 이동되어 전경정보가 될 수 있으므로 (c)는 전경정보가 된다. 아울러 (d)는 상태이지만 then에 의해 화자의 관점이 시작점으로 되는 완수가 되기 때문에 전경정보가 된다. 여기서 (d)의 동사는 'noticed'나 'realized'의 의미를 갖는다. 따라서 사건 (a, b)는 배경정보이지만 (c, d)는 전경정보가 된다.

사건을 강진전시키는 한정성과 비한정성으로 엮어진 (31)과 같은 경우를 살펴보자.

(31) (a) She put Coyotito back in his hanging box and then she combed her black hair and braided it two braids and tied the ends with thin green ribbon. (b) When Kino had finished, Juanna came back to the fire and ate her breakfast. They had spoken once, but, ...

(31a)에서 비한정성에 의해 'Coyotito를 눕힌 상황'이 '그녀의 머리카락을 빗는 상황'과 동시적 상황이 되어야 하지만, 부사 'then'이 둘째 절을 첫째 절 이후에 일어나게 하므로 부사에 의해 성취 문장으로 유형이 이동되어 전경정보가 된다. 유사하게 (31b)에서도 Kino가 식사를 마친 후에 Juanna가 불가로 와서 식사를 하는 상황이 연속적으로 전개되므로 'she ate her breakfast'가 활동이지만 문맥정보에 의해 성취로 유형이 이동되어 전경정보가 된다.

사건진전체계를 통해 분석된 전경정보의 기준은 텍스트의 중심 줄거리를 간략하게 요약할 수 있도록 한다.

(32) (a) Then the fish came alive, with his death in him, and (b) rose high out of the water showing all his great length and width and all his power and his beauty. (c) He seemed to hang in the air above the old man in the skiff. (d) Then he fell into the water with a crash (e) that sent spray over the old man and over all of the skiff. (f)The old man felt faint and sick. (g) But he cleared the harpoon line and (h) let it run slowly through his raw hands and (i) he saw (j) the fish was on his back with his silver belly up. (k) The shaft of the harpoon was projecting at an angle from the fish's shoulder and (l)the sea was

discolouring with the red of the blood from his heart. First (m) it was dark as a shoal in the blue water (n) that was more than a mile deep. (o) Then it spread like a cloud. (p) The fish was silvery.

사건진전체계는 이야기의 중심 줄거리가 될 수 있는 완수 문장과 성취 문장이 (a), (b), (d), (g), (h), (o)임을 설명한다. 이러한 문장들을 토대로 다음과 같이 글의 요지를 만들 수 있다.

(33) (a) Then the fish came alive, with his death in him, and (b) rose high out of the water showing all his great length and width and all his power and his beauty. (d) Then he fell into the water with a crash. (g) But he cleared the harpoon line and (h) let it run slowly through his raw hands. (o) Then it spread like a cloud.

사건진전체계는 이야기의 중심 줄거리가 될 수 있는 전경과 이야기의 사건을 진전시키지 못하는 배경을 구분할 수 있는 기준을 제시한다. 이는 글을 읽고 요지와 관련 있는 정보와 그렇지 않은 정보를 식별할 수 있도록 한다[10].

4. 담화의 시간 체계와 시제 및 관점상의 의미해석

화자는 사건들 간의 시간관계를 결정하여 사건구조를 구축한 후, 그 관련성을 통사구조로 형성화한다. 또한, 화자는 상황 맥락과 사회·문화

---

10 이 절은 김진석(2005a,b)을 상호작용 의미·화용론 측면에서 수정·보완한 것임

맥락을 고려하여 자신의 의도를 맥락화한다. 먼저, 화자가 고려하는 텍스트의 시제구조에 대해 살펴보자[11].

4.1. 담화의 시간체계와 시제의 의미

담화의 시간체계를 제안한 Brannen(1979)은 담화에 나타나는 모든 사건의 시제를 관할하는 시간 연산자인 사용역(register)[12]을 도입하여 과거, 현재, 미래, 완료 등을 구분한다.

(34)
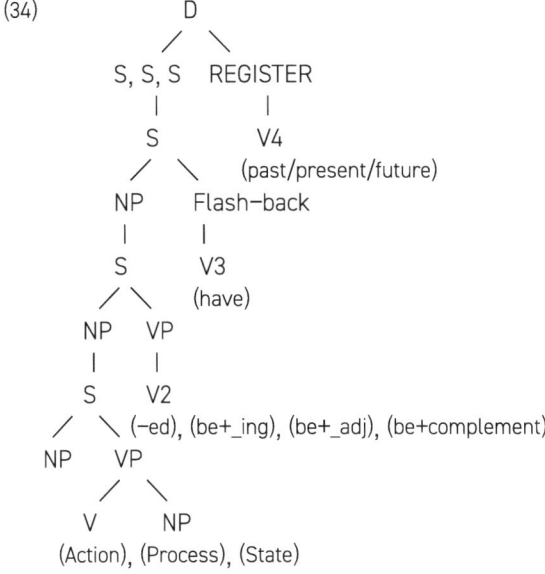

---

11 이 절은 김진석(2000, 2001a,b, 2005a,b)을 상호작용 의미·화용론 측면에서 수정·보완한 것임

12 Spejewsky and Carlson(1993)도 Brannen(1979)의 사용역과 유사하게 전체의 담화와 연관을 맺는 기준시 Ro를 설정하여 사건간의 시간관계를 설명하려고 하였다.

V4는 과거, 현재, 미래의 사용역으로 모든 시제를 관할하는 시간 연산자의 역할을 하고, V3는 사용역에 의해 결정되는 완료시제로서 사건을 회상하는 역할을 하며, V2는 활동동사, 과정동사, 상태동사를 과거시제나 진행형 등으로 실현되도록 하는 장치이다.

Brannen(1979)과 유사하게 Lo Cascio(1986)도 설화 텍스트의 모든 사건이 갖는 시간을 관할하는 시간의 간격이 먼저 설정되어야 하고 그것이 담화에 명시적으로 나타나야 한다고 주장하면서 '주어진 일차적 시간(Given Primary Time: GPT)'을 설정한다. 이 GPT는 화자(또는 작가)와 청자(또는 독자)에게 알려진 것으로 간주되는 시간 연산자로 담화의 모든 시간을 관할하는 근원적인 시간 연산자다[13]. 담화의 모든 시제들은 GPT에 의해 관할되어 사건으로 실현된다.

이러한 담화의 근원적인 시간 연산자인 GPT를 도입하여 담화의 구조를 (35)와 같이 간단하게 나타낼 수 있다[14].

(35)　　　GPT
　　　　／／｜＼＼
　　　　S1 S2 S3 S4 S5

각 문장들의 시제는 시간 연산자인 GPT에 관할되어 실현된다. 즉, GPT가 과거이면 각 문장들은 과거시제로, GPT가 현재이면 각 문장들은 현

13　Lo Cascio(1986)는 GPT가 발화 시간간격, 해독 시간간격, 연대기적 체계, 중립 시간간격 등에 의해 설정되며, 대부분의 설화 담화에는 GPT가 과거이지만 공상과학 등에서는 GPT가 현재시제나 미래시제가 될 수 있다고 한다. 따라서, 이야기가 과거시제로 서술된다면 GPT는 과거이고, 현재시제로 서술된다면 GPT는 현재가 되며, 미래시제로 서술된다면 GPT는 미래가 된다.
14　Lo Cascio(1986)는 거시 통사구조(macro syntactic structure)의 관점에서 사건들을 시간 결속하는 수형 구조를 구조화했지만 본 연구에서는 시간 연산자 GPT로 사건간 시간관계를 간단하게 도식한 것이다.

재시제로, GPT가 미래이면 각 문장들은 미래시제로 실현된다. 예로서, 다음과 같은 담화의 텍스트 시간 구조를 GPT로 설명할 수 있다.

(36) (a) John had a very good memory, (b) which he had always thought of as great advantage. (c) He stored up the things (d) his friends said to him and (e) if he did not understand them, (f) he went back them for clarification (g) after he had finished them over in his mind.
(Declerk, 1990)

(37)　　　　GPT(past)
　　　　／／／｜＼＼＼
　　　　a b c d e f g

발화 시간간격에 의해 GPT가 과거로 설정되고, 이 GPT에 의해 모든 문장들의 시제가 결속을 받아 과거시제나 과거완료시제로 실현된다.

또한, 담화의 시간구조를 설명하기 위해서는 GPT뿐만 아니라 시간범위[15], 순서성 자질[16]을 도입해야 한다. 이는 시간범위가 R, S간의 관계에 의해 결정되기 때문이다. R이 S이전이면 과거시간범위, 동시이면 현재시간범위, 이후이면 미래시간범위가 된다. 시제는 시간범위와 사건시 간

15　Declerk(1990:163-7)은 과거, 현재, 미래시제의 설정이 필요하다는 것을 인정하면서도 언어 보편성을 들어 시간범위를 과거와 현재로 양분한다. 그러나 과거, 현재, 미래가 각각 다른 시간범위를 갖는다는 Charleston(1955:265), Vasuldeva(1971:164)의 주장에 따라서 시간범위를 미래에도 설정한다.

16　Reichenbach(1947:289-290)는 발화시, 기준시 간의 관계로 과거, 현재, 미래를 구분하고, 발화시, 사건시 간의 관련성 즉 전방성(anteriority), 동시성(simultaneity), 후방성(posteriority)에 의해 각각의 시제로 실현된다. 다시 말해서, E가 R에 대해 전, 동시, 후에 따라서 각각 전방성, 동시성, 후방성이 된다.

의 관계를 결정하는 순서성 자질에 의해 실현된다. 순서성 자질은 전방성의 [ANT]자질, 후방성의 [POS]자질, 동시성의 [SIM]자질이 있다. 전방성은 사건시가 기준시 이전에 일어난 것으로 과거완료, 현재완료, 미래완료가 있다. 후방성은 사건시가 기준시 이후에 일어난 것으로 미래의 미래, 현재의 미래, 과거의 미래가 있다. 동시성은 사건시가 기준시와 동시에 일어난 것으로 과거시제, 현재시제, 미래시제가 있다. GPT가 과거인 경우에 어떤 상황이 과거시간범위이고 전방성 자질을 갖게 되면 과거완료시제가 된다.

4.2. 관점상의 의미와 통사: 완료상과 진행상

관점상(aspect)은 '어떤 상황의 외적시간구성을 투시하는 범주'로 한 상황이 다른 상황에 대해 갖는 시간적 선후관계를 표시하는 문법범주인 시제와 구분된다(Comrie, 1976:3). 이러한 관점상에는 완료상, 반복상, 지속상 등이 있다. Reichenbach(1947)은 완료상이 갖는 의미를 해석하기 위해 발화시(speech time: S), 사건시(event time: E), 기준시(reference time: R)를 사용하여 시제와 완료상 간의 차이를 설명하려하였다.

(38) (a) The turtle hopped across the road.
    (b) The turtle has hopped across the road.

과거시제가 실현된 (38a)와 현재완료가 실현된 (38b)의 사건들은 동일한 사건임에도 시제의 선택을 달리함으로써 해석상의 차이를 보이는데, 이러한 차이를 설명하기 위해서 Reichenbach(1947)는 기준시를 도입한다.

(38a)와 (38b)는 사건이 발생한 이후에 발화가 일어났다는 점에서 동일한 시간구조이기 때문에 사건시와 발화시만으로는 의미의 구별이 되지 않는다. 따라서, 기준시를 도입하여 설명하면, (38a)에서는 발화시 이전에 사건시와 기준시가 일치되어 나타나는 'E, R 〈 S'구조인 반면에 (38b)에서는 일치되어 일어나는 발화시와 기 준시 이전에 사건시가 일어나는 'E 〈 R, S'구조로 분석된다.

이 절에서는 Chomsky & Lasnik(1991:34), Ouhalla(1990), Baltin(1991), Thompson(2001), Croft(2012) 등의 주장을 바탕으로 화자가 개인 내적 층위에서 통사구조를 어떻게 구축하고, 어휘상의 자질들과 진행상 간의 자질점검을 통하여 진행상의 문법성과 미완료 모순을 어떻게 파악하여 통사구조를 형성화하는 지를 살펴보고자 한다.

가. 완료상과 진행상: 의미해석의 문제들

완료의 의미를 기존의 S, E, R로 분석하는 데 몇가지 문제점이 있다. 첫째, 현재완료가 갖는 의미를 분석하는 문제점들 중 하나는 기준시 만으로는 과거시제와 현재완료간의 차이를 설명하지 못한다는 것이다. 현재완료가 갖는 의미 중에서 '결과의 상태가 현재까지 유지된다.'는 결과의 해석을 기준시는 충분하게 반영하지 못하는 경우다.

둘째, 결과의 해석에 작용하는 어휘상의 제약을 기준시 만으로는 설명할 수 없다. 다시 말해서, 기준시 만으로는 어떤 사건은 결과의 의미를 갖는 것으로써 용인 가능한 사건이지만(John has reached the top.) 어떤 사건은 그렇지 않다는 것(?John has run in the park.)을 적절하게 설명할 수 없다는 것이다.

셋째, 현재완료가 'yesterday'와 같은 시간부사와 함께 사용될 수 없는 제약을 설명할 수 없다. Reichenbach(1947)의 문제점으로 제기된 현재완료와 과거 간을 구분하기 위해, Comrie(1976)는 현재 관련성(current relevance)이란 개념을 도입한다. 현재 관련성은 이전의 상황이 현재까지 지속되는 개념으로 사건이 과거시제나 현재완료로 설명되고 있는 것과 상관없이 특정한 사건에 적용되는 것이다(Nauman, 1998).

(39) (a) Why is John so happy? Well, he won a million in the lottery.
    (b) Unfortunately, he bought oil shares with all his money. He lost every money, he is now as poor. as before.

(39a)에서는 복권에 당첨된 것과 현재 John이 행복하게 된 것 간에는 밀접한 관련성이 있음에도 불구하고 현재완료가 아니라 과거시제가 사용되었고, (39b)에서도 예전에 주식을 잘못 사게 된 것과 현재 가난하게 된 것 간에는 관련성이 있음에도 현재완료가 아니라 과거시제가 사용되었다. 따라서, Comrie(1985)의 최근 관련성으로는 현재완료와 과거시제 간을 구별할 수 없다.

  Comrie(1976)의 현재 관련성으로 적절하게 분석할 수 없는 현재완료의 의미를 Dowty(1979)는 다음의 그림에서와 같이 '과거에서 시작하여 현재순간까지 영향을 주는 시간의 길이 내에서 사건이 일어난 것으로 분석한다.

(40) ------------- Ψ
    ------------- ‖ ------------------------- ‖
                              I

I는 XN(extended now)¹⁷간격이고 Ψ는 I의 하위 간격에 나타나는 사건에 대한 명제를 표현한다. 그러나, XN분석으로는 예문 (41)의 비문법성을 설명하지 못한다.

(41) * He has won the race all day.

Dowty(1979)의 설명에 따르면, XN부사인 'all day'는 과거와 현재완료간의 차이를 설명해 줄 수는 있지만, (41)의 비문법성을 적절하게 설명할 수는 없다. 다시 말해서, 'all day'와 같은 XN부사는 'has won the race'와 같은 현재완료와 함께 사용되면 비문이 된다는 것을 설명하지 못하고 있다.

더욱이, 과거완료로 실현된 사건이 과거시제로 실현된 사건과 연쇄가 될 때, 다음 (42)와 같이 배열된다면 용인 가능성(acceptability)이 떨어지게 된다.

(42) ?Max poured a cup of coffee. He had entered the room.

(42)에서 'pouring a cup of coffee'의 사건과 'entering the room'의 사건들 간에는 상황을 설명해 주는 문맥적 정보가 추가되지 않는 한 관련성

17　XN부사는 확장된 현재(extended now)로서 발화시까지 지속되는 시간을 명시하는 시간부사로 'for ten years'와 같은 시간부사가 있다.

을 찾을 수 없다. 이와 같은 사건 간 연쇄의 용인 가능성을 적절하게 설명하기 위해서는 구체적인 논의가 필요하다.

또한, 진행상에 나타난 문제점으로는 미완료 모순(imperfective paradox)을 들 수 있다. 진행상에 대한 연구로는 진행상의 제약 및 의미(Leech, 1971; Parsons, 1990; Landman, 1992; Croft, 2012), 진행상의 화용적 분석(Parsons, 1990; Langacker, 1991; Givon, 1993; Zegara, 1993; Griffiths, 2023), 진행상의 지도방법(Al-Buananin, 1992; Bardovi-Hardig, 1992; Robinson, 1990) 등에 대한 연구가 있었다.

Leech(1971), Dowty(1979), Parsons(1990) 등은 미완료 모순을 분석하였다. 그럼에도, 여전히 미완료 모순을 제대로 분석하지 못했다. 미완료 모순은 진행상으로 실현된 문장들 간 함의관계가 모두 동일하게 나타나지 않는다는 것을 말한다. 다음의 진행상을 살펴보자.

(43) (a) Peter was pushing a cart.
    (b) Peter pushed a cart.
(44) (a) Peter was drawing a circle.
    (b) Peter drew a circle.

(43a)는 단순시제인 (43b)를 함의하는 반면에 (44a)는 (44b)를 함의하지 않는다. (43a)에서는 Peter가 수레를 밀고 있다는 것은 수레를 밀었다는 (43b)를 함의한다. 그러나, (44a)에는 Peter가 원을 그리는 행위에 참여했다는 것을 함의하지만, Peter가 원을 그려서 결과적으로 원이 만들어졌다는 (44b)를 함의하지는 않는다.

나. 완료상의 형성화와 맥락화

    Reichenbach(1947), Dowty(1979), Comrie(1985) 등의 연구에서 문제점으로 제기된 완료상의 의미와 문법성을 적절하게 설명하기 위해서 제약들과 사건시의 내적 구조 등을 제안하고, 그들의 타당성을 현재완료와 과거완료에 국한된 자료를 통해 검증하고자한다. 또한, 사건구조와 통사구조로 진행상의 문법성과 미완료 모순을 분석하고자 한다.
    담화에서 실현된 완료상의 의미를 적절하게 분석하기 위해 본 절에서는 담화에 완료상으로 실현된 사건이 완료가 아닌 시제로 실현된 사건 간 관련성 속에서 어떤 의미와 기능을 하는 가에 초점을 두고 완료상의 의미를 살펴보고자 한다. 먼저, 과거완료가 실현되는 사건에서 'have'는 과거분사에 (45)와 같이 '이전의 시간 (earlier time)'을 할당해 준다(Baker, 1988).

(45)   HAVE

    (45)를 과거완료 사건인 (46a)에 적용하면 (46b)와 같은 시간구조를 갖게 된다.

(46) (a) Peter had won the election.

(b)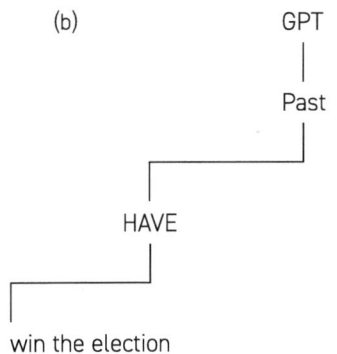

이러한 시간구조를 갖는 과거완료는 전방성을 갖게 되어 이야기 시점이 되지 못한다. 여기서, GPT는 모든 시제를 관할하며 실현된 시제 표지들의 의미해석에 관련된다.

(47) (said whern planning someone's murder) The police will think that he was killed when he came home after he had attained the meeting at his club. They will believe that he was murdered by the syndicate because he had said he would soon leave America. (Declerk, 1991)

GPT가 과거일 때 실현되는 시제가 과거시제이면 이야기의 중심 줄거리가 될 수 있는 반면에 과거완료이면 전방성을 나타내게 되어 중심 줄거리를 보충 설명해 주게 된다.

이와 같이 중심 줄거리를 보충 설명해 주는 완료시제는 과거시제와 달리 어떤 상황을 이전의 상황과 관련시킨다는 점에서 회상(flashback)의 역할을 한다(Comrie, 1976, Baker, 1989, Givon, 1993). 다시 말해서, 담화

내에 나타나는 과거완료는 과거시간범위에서 전방성의 의미를 갖는 것으로 보다 더 이전에 일어난 사건을 나타내므로 어떤 사건을 회상하는 역할을 한다.

(48) (a) Berhrman was a failure in art, (b) He had been always about to paint a masterpiece, (c) but had never yet begun it. (d) For several years he had painted very little at all. (e) He earned a little by serving as a model to those young artists in the colony who could not pay the price of a professional.

과거인 GPT하에서 과거시제인 (48a), (48e)와 달리 전방성 자질을 갖게 되는 과거완료인 (48b), (48c), (48d)는 이야기의 흐름에서 벗어난 사건이 된다. 이것은 담화에서 실현된 과거완료가 회상을 하는 장치로 이야기의 흐름을 단절시키기 때문이다. 따라서, 과거완료는 이야기의 시간순서를 진전시키는데 영향을 미치지 못하므로 이야기의 중심 줄거리가 될 수 없다.

유사하게, 과거완료로 실현된 사건들이 선행하는 사건을 설명하는 여러 개의 하위 사건들로 구성되어 있는 (49)와 같은 담화는 (50)과 같은 사건 간 시간구조를 갖게 된다.

(49) (a) Alexis was a really good girl by the time she went to bed yesterday.
 (b) She had done her homework.
 (c) She had helped her Mom with housework.

(d) She had played piano.

(e) We all felt good about it.

(50) (a) ──────────── (e)
　　　　　╱ │ ╲
　　　　(b) (c) (d)

(49)에 나타난 사건들의 시간구조를 제시한 (50)에서 (49)의 (b-d)는 (50a)를 설명해 주는 하위사건으로 사건을 보충 설명해 주는 배경정보[18]에 속한다.

이제, 현재완료의 의미를 해석에 대해 살펴보자. Reichenbach(1947), Dowty(1979), Comrie(1985) 등의 문제점을 해결하기 위해 어휘상을 고려한 사건시의 내적 구조를 다음과 같이 설정할 수 있다.

(51)
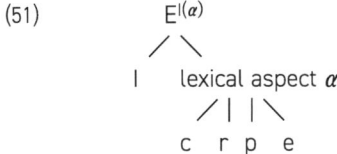

c는 완료(completive), r은 결과(resultive), p는 계속(persistent), e는 경험(experiential)의 의미를 갖는 경우를 표시한 것이다. 여기서, 사건시의 내적구조는 먼저 사건에 사용된 어휘상의 유형에 의해 'lexical α'가 결정된다. 예로서, 어휘상의 유형이 결과의 의미를 갖는 'r'이라면 'lexical r'이 될 것이고 경험의 의미를 갖는 'e'라면 'lexical e'가 될 것이다. 이와 같이

---

18 단순시제와 달리 완료상은 이야기를 보충 설명해 주는 역할을 하므로 이야기의 중심 거리가 되지 못한다. 이런 측면에서, 완료상은 담화에 나타나는 사건의 전경과 배경을 구분해 주는 기준이 되기도 한다.

결정된 'lexical α'는 사건시로 투사되는 과정에서 시간간격 I와 상호작용하여 'E$^{I(α)}$'가 결정된다. 결국, 본유적으로 갖는 어휘상의 의미가 시간간격 I와 상호작용하여 그 속성을 사건시로 투사시키기 때문에 어휘상은 사건시의 속성을 결정하는데 중요한 역할을 한다고 볼 수 있다.

이와 같이, 어휘상의 유형에 의해 사건시의 해석이 다양하게 나타나기 때문에 어휘상과 현재완료의 해석 간 관계를 설정할 필요가 있다. 본 장에서는 Matthews(1987:131-135)의 분류에 준하여 현재완료의 다양한 의미를 (52)와 같이 구분할 수 있다.

(52) (a) perfect of persistent situation: state(perceptual)-hurt(of feet), state(locative manner)-lie on the floor, simple process (actional) -dance, initiated processes-walk, quantified process-smile, punctual-event knock on the door, bang(of door)

(b) experiential perfect: state(relation)-consist of alcohol, own a car, possess a fire arm, state(emotional)-love the play, hate her, state(potential)-rule England, raise cattle, grow potatoes

(c) perfect of completion: simple processes(process)-rain, initiated processes-walk

(d) perfect of result: punctual change-switch off the light, look away, begin to rain, incremental process-grow older, accomplishment-draw a circle, wash the car, achievement-win a race, quantified incremental process-dry(of hay)

(52)에 제시한 구분들은 많은 어휘상들 중 일부분에 불과하고 아울러 유

형 간의 구분도 절대적인 것이 아니며, 또한 동일한 동사라고 할지라도 'walk'와 같이 지속의 의미를 가질 수도 있고 완료의 의미를 가질 수도 있다.

더하여, 현재완료의 사건시는 'have'가 갖는 이행성(transitivity)에 의해 발화시와 기준시 간에 관련을 맺게 된다. Zagona(1988)에 따르면 INFL은 다음과 같이 R의 역할을 갖는 간접목적어를 취한다.

(53) INFL: argument(S) argument(R)
                              |
                            ⟨VP⟩

그러나, INFL과 달리 'have'는 이행성을 갖는 것으로 (53)과 같이 Event VP를 하위범주화 한다.

(54) have: argument(R) argument(E)
                              |
                            ⟨VP⟩

이러한 관점에서 R^{α}과 $E^{I(\alpha)}$간의 관계가 결정되고, 아울러 S와 R^{α}간의 관계가 결정되면 이행성에의해 S와 $E^{I(\alpha)}$간의 관계가 결정된다. 여기서 사건시의 특성인 α는 S, $E^{I(\alpha)}$, R^{α}의 관계가 결정될 때까지 투사되어야 한다. 더욱이, I는 사건시가 발화시까지 영향을 주는 시간 틀이기 때문에 현재완료의 의미를 분석하는데 중요한 역할을 한다.

어휘상을 바탕으로 한 현재완료의 분석은 Reichenbach(1947), Comrie(1985), Dowty(1979) 등의 문제점을 해결할 수 있다. 첫째, 시간 폭을 설정함으로써 과거시제와 현재완료 간의 차이를 설명할 수 있다. 현재완료가 갖는 의미 중에서 '결과의 상태가 현재까지 유지된다.'는 결과 해석을 시간간격과 어휘상 간의 관계를 나타내는 $R^α$, $E^{I(α)}$로 설명이 가능하다. 다시 말해서, 시간 틀 내에서 발생한 결과의 사건이 기준시 $R^α$과 상호작용하여 현재까지 영향을 미치게 된다. 둘째, 어떤 사건은 결과의 의미를 갖는 것으로써 용인 가능한 사건이지만(John has reached the top.), 어떤 사건은 그렇지 않다는 것(?John has run in the park)을 '$R^α$, $E^{I(α)}$'로 설명할 수 있다. 사건시의 유형들이 투사되어 기준시와 상호 작용하는 '$R^α$, $E^{I(α)}$'의 시간구조를 가진 경우에만 결과의 의미가 가능하다. 셋째, 현재완료가 'yesterday'와 같은 시간부사와 함께 사용될 수 없는 제약을 $E^{I(α)}$로 설명할 수 있다. 'yesterday'와 같은 시간부사는 시간간격을 갖는 I와 상호작용을 하지 못하기 때문에 적절한 사건이 될 수 없다.

이제, 담화에 실현된 현재완료와 과거시제를 사건의 내적 구조와 담화의 시간구조로 구분해 보자. 사건시의 내적 구조와 담화의 시간구조는 Comrie(1985)의 현재 관련성으로 분석할 수 없는 문제점을 적절하게 설명할 수 있다.

(55) (a) I know what Tom is like. I (*have) spent my holidays with him two years ago. (Declerk, 1986:311)

(b) The bright rays of the sun have disappeared forever. (안동환 1984:59)

(55a)의 사건을 Comrie(1985:78)의 현재 관련성으로 설명하면, Tom과 휴일을 보냈기 때문에 Tom이 어떻게 생겼는지 알고 있는 상황이다. 이와 같이, 현재와 관련성이 있기 때문에 현재완료를 쓸 수 있음에도 불구하고 과거시제는 가능하지만 현재완료는 불가능하다. (55b)의 사건은 반

복성이 없는 일회성 사건이기 때문에 이미 사건이 일어난 뒤에 다시 사건이 일어날 가능성이 없는데 현재완료가 쓰이고 있다. 사건시의 내적구조와 담화의 시간구조로 설명하면, 현재완료는 현재시간범위 내에서 전방성을 갖는 시제로 과거시간범위 내에서 동시성을 갖는 과거시제와 엄연하게 구분된다. 다시 말해서, (55a)에서는 휴일을 보낸 상황이 현재인 GPT이전에 일어난 사건이므로 과거시제만 가능하고, (55b)에서는 어휘상이 완수이므로 결과의 의미를 갖기 때문에 사건시의 내적 구조는 $E^{I(r)}$이 되고 기준시 간의 관계에 의해 R^r, $E^{I(r)}$와 같은 현재완료의 시간구조가 된다.

유사하게, 담화에서의 현재완료로 실현된 사건 간의 연쇄를 담화시간구조로 분석하면, 현재완료는 사건의 중심 줄거리를 보충 설명해 주는 배경의 역할을 하게 된다.

(56) One of these smaller whales is the killer whale. The killer whale always has been thought of as a cruel and dangerous animal the terror of the sea. It eats seals, sea lions, penguins, and even other whales. All fish fear it. Killer whales travel in packs like wolves.

(The Old Man and the Sea)

고래에 대해 이야기하고 있는 (56)의 GPT는 현재이므로 현재시제는 이야기의 중심 줄거리가 되지만 현재완료는 이야기의 중심 흐름을 설명하기 위해 기술된 배경정보가 된다.

요약하면, 담화에 실현된 완료시제의 사용상 제약과 의미의 해석을 적절하게 분석하기 위해, Reichenbach(1947), Dowty(1979), Comrie(1985)

등의 문제점을 제기하고, 그 문제점을 해결하기 위해 제약들과 사건시의 내적 구조를 제안한 후, 그 제안들의 타당성을 과거완료와 현재완료에 국한된 자료를 통해 살펴보았다. 구체적으로 살펴보면, 과거완료의 용인 가능성에 대한 제약으로 신정보 제약과 인접성 제약을 제안했는데 인접성 제약은 과거완료가 사건 간 배열에 나타날 때 적용되는 제약인 반면에 신정보 제약은 시제로 실현되는 모든 사건에 적용되는 제약으로 과거완료의 용인 가능성을 설명하기 위해 제시한 것이다. 아울러, 현재완료에 대한 제약으로 살펴 본 어휘상 제약과 XN-부사는 모든 사건의 용인 가능 성을 설명하는데 필요한 것이지만, 특히 현재완료의 용인성이나 과거시제와 현재완료 간의 차이 등을 설명하는데 반드시 고려되어야 할 제약이다.

또한, 신정보 제약, 인접성 제약, 사건시의 내적 구조 등을 다음과 같이 제안하였고, 그들의 타당성을 예문을 통해 입증했다.

(57) The New Information Constraint:

　　Each new main clause in a discourse must contain new relationships among events under a common topic.

(58) The Adjacency Constraint:

　　The relationships between two events entered as adjacent under a common topic cannot be broken through the later insertion of an event.

(59) The Internal Structure of Event Time

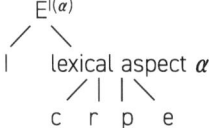

담화에 실현되는 모든 시제는 담화의 시간구조로 설명할 수 있으며, 특히 모든 시제를 관할하는 근원적인 시간 연산자인 GPT의 역할이 중요함을 강조했다. 또한, 과거완료는 신정보 제약과 인접성 제약을 준수하여 담화구조에 실현되어야만 용인 가능한 연쇄가 된다는 것을 살펴보았고, 아울러 현재완료의 용인 가능성과 의미해석을 적절하게 분석하기 위해서는 어휘상을 바탕으로 한 사건시의 내적 구조를 통해 분석되어야 한다는 것을 논의하였다.

다. 진행상의 형성화와 맥락화

1) 어휘상과 진행상

진행상은 어떤 상황에 대해 표현하고자 하는 화자의 판단에 의해 결정된다고 할 수 있다. 화자는 원을 그리는 상황을 다음과 같이 표현할 수 있다.

(60) (a) John drew a circle.
　　 (b) John was drawing a circle.

화자가 좁은 시간의 폭으로 상황을 본다면 과거시제인 (60a)의 문장으로 표현하지만, 화자가 넓은 시간의 폭으로 상황을 본다면 진행상인 (60b)의 문장으로 표현하게 된다.
　그러나, 화자가 상황을 보는 관점이 넓다고 할지라도 모든 문장이 진행상이 될 수 있는 것이 아니다. 진행상 'be'의 보충어는 상태 동사가 아닌 활동 동사나 과정 동사일 수 있는 경우가 있다.

(61) (a) Peter knew the fact.

(b) *Peter was knowing the fact.

(c) Peter read the book.

(d) Peter was reading the book.

위의 예문 (61c)는 비상태 동사이므로 (61d)와 같이 진행상이 될 수 있는 반면에, (61a)는 상태 동사이기 때문에 진행상을 취할 수 없으므로 (61b)와 같이 진행상이 되면 비문이 된다. 일반적으로, (61d)와 같이 진행상이 될 경우에는 'when I came into the room, she was reading the book'과 같이 명시적 기준시점(explicit point of view)이 제시될 필요가 있다.

이와 같이, 진행상을 취할 수 없는 상태 동사가 다음의 예문 (62)와 같이 진행상을 취하는 경우가 있고, 아울러 동일한 상태 동사인데도 예문 (63)과 같이 언급되는 상황에 의해 진행상이 될 수도 있고 그렇지 않을 수도 있다.

(62) (a) You amaze me – you're always knowing things that I would expect only an expert to know.

(b) Whenever I see you, you're always just having returned from a vacation. (McCawley, 1988:223)

(63) (a) I am understanding the problem less and less the more I think about it.

(b) *Alice is understanding the problem.

위의 예문 (62)에서와 같이 상태 동사이지만 반복을 의미하는 경우에는 진행상을 사용할 수 있다. 다시 말해서, 진행상이 'always, constantly, perpetually'등과 같은 부사와 함께 사용되면 어떤 행동의 반복을 의미할 수 있다. 예문 (63a)에서는 문제를 점점 이해하기가 힘든 경우이므로 과정동사가 되어 문법적인 문장이 되지만, (63b)에서는 문제를 이해하는 것이 상태에 속하므로 진행상이 되면 비문법적인 문장이 된다.

또한, 모든 문장이 진행상을 취할 수 없을 뿐만 아니라 진행상으로 실현되었다고 할지라도 그 문장의 의미가 모두 동일하게 나타나는 것은 아니다. 다음과 같은 문장을 살펴보자.

(64) (a) The dog was attacking the mailman.
　　 (b) He was nodding.

위의 예문 (64a)에서는 'attacking'하는 상황이 계속되는 활동을 나타내는 반면에, (64b)에서는 'nodding'하는 상황이 한 번만 일어나는 것이 아니라 여러 번 반복하여 일어나는 것을 의미한다.

더욱이, 진행상은 제한된 과정, 비제한적 과정, 제한된 계속성, 비종결된 사건, 화자의 단호한 결심, 예상되는 미래의 사건 등의 다양한 의미가 있다. 이러한 진행상의 다양한 해석과 밀접한 관계가 있는 범주 중 하나는 어휘상이다. 어휘상은 동사의 활용의미나 문법적인 표지로서 화자의 관점을 주관적으로 나타내는 관점상과 달리 동사의 파생 어형 또는 어휘적 의미로 표시되며 주어진 상황 자체에 관한 것으로 객관적이며 동사가 나타내는 상황에 내재하는 본질적인 것이다. 따라서 이러한 어휘상의 자질들을 바탕으로 진행상의 문법성을 분석할 필요가 있다.

2) 진행상의 통사구조

관점상의 대표적인 범주인 진행상(progressive aspect)은 한 상황의 중간 부분을 지시하는 것이다(Comrie, 1976:24). 다음 예문에 제시된 두 문장은 동일한 시제이지만, 시점의 폭(camera angle)에는 차이가 있다.

(65) (a) Selly was cutting the log.
　　 (b) Selly cut the log.

위의 예문 (65a)에서는 상황을 투시하는 시점의 폭이 넓지만(wide camera angle), (65b)에서는 과거의 상황만을 한정하는 좁은 시점의 폭(narrow camera angle)을 갖고 있다[19].

Chomsky & Lasnik(1991:34)은 굴절소 분리가설(INFL split hypothesis)[20]을 바탕으로 통사구조를 다음과 같이 설정하였다.

19　유사하게 Givon(1993:153-4)도 진행상을 넓은 시점 투시(wide angle perspective)로, 시제를 좁은 시점 투시(narrow angle perspective)로 구분하고 있다.
20　핵이동(head movement)이 제안되면서 구체적인 설명력을 갖기 위해 INFL을 분리하여 TP(Tense Phrase), Agr-P 등을 분리하여 통사구조를 설정하고 있다.

(66)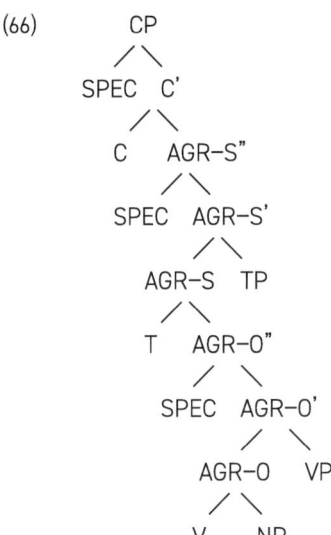

이 통사구조에서 VP 내적 주어 가설(VP Internal Subject Hypothesis)을 가정할 때, 주어는 VP내(VP의 Spec)에서 생성되어 TP의 Spec자리로 이동된다(Zagonna, 1982; Koopman & Sportiche, 1988). 또한, 논항의 격은 핵 상승 이동에 의해 부여된다. 다시 말해서, T가 Agr-S로 상승 이동 될 경우, T가 한정성(finiteness)을 갖게 된다면 [Agr-S - T]의 결합으로 Agr-S의 SPEC자리에 주격을 인허한다. 아울러 동사가 Agr-O로 상승 이동이 될 경우, [Agr-O - V]의 결합은 Agr-O의 SPEC자리에 대격을 인허한다.

한편, Ouhalla(1990)는 조동사가 있는 경우에는 조동사가 나타날 수 있는 통사구조를 설정할 필요가 있다고 주장하였다. 'can, must, should, may'등의 조동사를 실현시키기 위해 통사구조 (67)에 Aux-P 를 설정하였다. 더욱이, Ouhalla(1990)는 상(aspect)을 실현시킬 수 있는

Asp-P를 설정하였다. 이 장에서는 Ouhalla(1990)의 주장을 받아들여 Chomsky & Lasnik(1991:34)이 설정한 통사 구조에 Aux-P와 Asp-P를 다음과 같이 설정하였다.

(67)
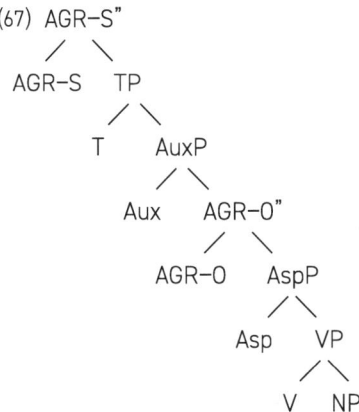

위와 같은 통사구조는 다음 (68a)의 문장을 (68b)와 같이 도식할 수 있다.

(68) (a) We were making a model airplane.

(b)
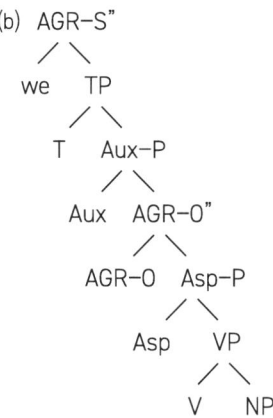

위의 통사구조에서 should 등은 Aux-P의 핵으로, be ... ing과 같은 진행형이나 have ... en과 같은 완료시제는 Asp-P의 핵으로 실현된다. 여기서 주어 we는 VP의 SPEC자리에서 생성하여 TP의 SPEC자리로 이동하게 된다.

또한, Thompson(2001)에 따르면, 시제구조에서 시간 표현들이 연결되기 위해서는 그 요소들은 LF의 동일 점검 영역 내에 위치해야 한다는 시간 연결 조건(Condition on Time Linking)을 다음과 같이 제안하였다.

(69) (a) Condition on Time Linking

In order for time α to link to time β, α and β must be within the same checking domain at LF.

(b)
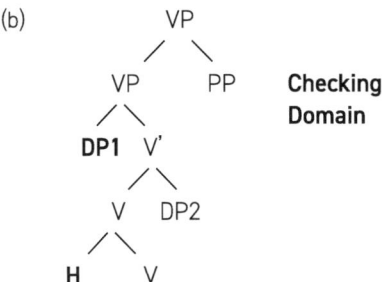

위 (69)의 시제구조에서 V의 점검 영역(checking domain)은 DP1과 H를 포함하고 있다(Chomsky, 1995: 325).

여기서는 Thompson(2001)의 구조와 유사하게 다음 (70a)와 같이 시간을 나타내는 서법(modality), 조동사(auxiliary), 상(aspect), V는 LF에서 점검 받아야 한다는 것을 제안한다.

(70) (a) Condition on Time Linking

In order for time α to link to time β, features of α and β must be matched at LF.

(b) TP

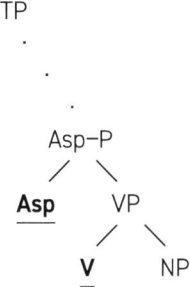

(70)에서 시간과 관련된 요소들은 자질들은 일치해야 한다. 즉, V가 Asp-P로 상승 이동되면서 [V - Asp]의 결합으로 Asp-P의 SPEC자리에 있는 NP에 주격을 인허한다. 여기서 V의 자질과 Asp의 자질 간에는 일치해야 한다. 또한, (70b)의 구조에서 Asp-P의 핵인 Asp와 VP의 핵인 V는 LF에서 자질 점검을 통해 자질들 간에 일치해야 한다. 만약 일치하지 않으면 비문법적인 문장이 생성된다.

이와 같은 통사구조에서 반드시 점검되어야할 자질은 어휘상의 자질과 Asp의 자질이다. 진행상의 문장의 경우, Asp의 자질은 역동성의 [+dyn]자질과 지속성의 [-inst]자질이다. 이는 진행상에서 일어나는 상황은 변화가 있는 역동성을 보이고 있고, 어떤 상황이 시간선상에서 계속 일어나는 지속성을 갖고 있기 때문이다.

3) 진행상 분석

앞에서 제안한 통사구조에서 자질 점검은 Asp-P의 핵인 Asp의 자질과 VP의 핵인 V간에 일어난다. 다시 말해서, V가 Asp로 핵이동되어 [V-Asp]가 결합되면서 두 핵 간에 자질 점검이 일어난다. 예를 들어, 상태동사[21]가 있는 다음 문장 (71b)의 비문법성을 자질 점검으로 설명할 수 있다.

(71) (a) *I was seeing someone through the window.

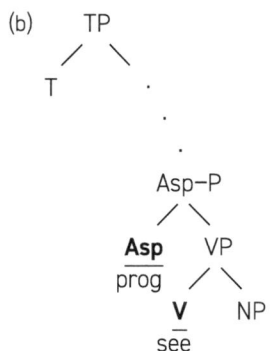

(b)

---

21 Bardovi - Harlig and Reynolds(1995)는 상태동사를 다음과 같이 분류하였다.

    (a) 심리동사: love, hate, fear, dislike, regret,......
    (b) 지각동사: see, hear, smell, taste, feel, perceive,...
    (c) 감각동사: ache, feel, hurt, itch,...
    (d) 소유/존재동사: be, belong to, contain, consist of, cost, depend on deserve, have, matter, own, resemble
    (e) 인지동사: believe, forget, hope, imagine, think, understand,...

위에서 제시된 심리, 지각, 감각, 소유/존재, 인지동사 등은 동사들이 갖는 속성에 단절이 없으므로 하위 간격이 없다. 다시 말해서, 상황이 연속적으로 일어나고 동질적인 요소들로 구성되어 있으므로 한 상황이 각 부분들로 나누어질 이유가 없다. 그러나, 변화가 있는 이질적인 속성들로 구성된 문장은 변화되기 이전과 변화된 후의 속성이 다르기 때문에 하위 간격들로 나누어진다.

V가 Asp-P로 상승 이동되면서 [V - Asp]로 결합하게 된다. 여기서 Asp-P의 핵인 Asp는 [+dyn], [-inst]이지만 VP의 핵인 V는 [-dyn], [-inst]자질을 갖게 됨으로써 LF에서 자질들이 일치하지 않아서 비문법적인 문장이 된다. 다시 말해서, (71a)에 나타난 'see'는 감지자[22]가 어떤 사물을 향해 능동적으로 시선을 돌리는 'look at'과 달리 수동적인 특성으로 인해 역동성 자질을 가지고 있지 않기 때문에 비문이 된다.

또한, 완수 동사도 시간의 폭이 없는 순간성을 갖기 때문에 다음의 예문에서와 같이 진행상을 취할 수 없다.

---

22 그러나, 모든 상태동사가 진행상이 될 수 없는 것은 아니다. 즉, 상태동사 중에서 지각동사는 수동적인 인식(inert perception)뿐만 아니라 능동적인 인식(active perception)을 나타내는데 사용될 수 있다(Leech, 1971:23). 만약, 지각동사가 능동적인 인지로 사용된다면 그 동사는 상태동사가 아니라 활동동사로 범주가 변화된 것이므로 진행상의 사용이 가능하게 된다. 예를 들어, 다음과 같은 예문을 살펴보자.

    (a) INERT
        I smell the perfume.
        I feel the ground.
        I taste salt in my porridge.
    (b) ACTIVE
        I'm smelling the perfume.
        I'm feeling the ground with my foot.
        I'm tasting the porridge, to see if it contains enough salt.

(a)에서는 나에게 'smelling, feeling, tasting'의 감각이 우연하게 일어나지만 (b)에서는 어떤 사물에 대한 관심을 능동적으로 집중하면서 느끼는 감각이라 할 수 있다. 그래서, (b)의 각 문장들은 'what are you doing?'이라는 질문에 대해 도구를 나타내는 'with my feet'나 목적의 부사류 'to see if it contains enough salt'가 첨가되는 응답을 할 수 있다.

(72) (a) *He was recognizing the top.

(b)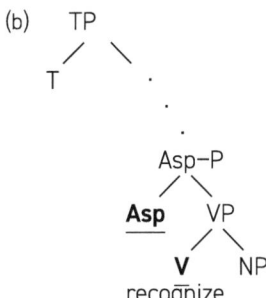

상태 동사와 같이 V가 Asp-P로 상승 이동되면서 [V – Asp]로 결합하게 된다. 이 때, Asp-P의 핵인 Asp는 역동적 자질인 [+dyn]과 순간성 자질인 [−inst]를 갖지만, VP의 핵인 V는 [+dyn]과 [−inst]를 갖게 되어 자질 간 충돌이 생김으로써 비문법적인 문장이 된다.

물론, 상태 동사나 완수 동사가 아닌 활동 동사나 성취 동사의 경우에는 진행상이 갖는 자질과 동사의 핵이 갖는 자질이 일치하게 되어 문법적인 문장이 된다.

(73) (a) They are drawing a circle.

(b)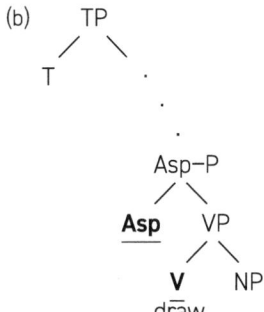

동사 'draw'는 [+dyn], [-inst]자질을 갖고 Asp도 [+dyn], [-inst]자질을 가지므로 자질 간 충돌이 일어나지 않아 문법적인 문장이 된다. 다시 말해서, V가 Asp-P로 상승 이동되면서 Asp-P의 핵인 Asp와 VP의 핵인 V가 동일한 자질들을 갖게 되어 자질이 일치함으로써 문법적인 문장이 된다.

요약하면, 진행상의 통사구조에서 V의 핵인 V가 Asp-P의 핵인 Asp로 핵 이동하여 [V-Asp]로 결합되면서 V의 자질인 [dyn], [inst]와 Asp의 자질인 [dyn], [inst]간에 자질 점검이 이루어진다. 구체적으로 살펴보면, 상태 동사가 진행상이 될 경우, V의 자질([-dyn], [-inst])과 Asp의 자질([+dyn], [-inst])간에 자질이 일치하지 않아 비문법적인 문장이 된다. 완수 동사가 진행상이 될 경우, V의 자질([+dyn], [+inst])과 Asp의 자질([+dyn], [-inst])간에 자질이 일치하지 않아 비문법적인 문장이 된다. 반면에 활동 동사와 성취 동사가 진행상이 될 경우, V의 자질([+dyn], [-inst])과 Asp의 자질([+dyn], [-inst])간에 자질이 일치하게 되어 문법적인 문장이 된다.

4) 진행상의 미완료 모순

미완료 모순을 적절하게 분석하기 위해 Leech(1971:18-27)는 동사를 상태 동사와 사건동사로 대별하고, 다시 사건동사를 순간 동사(momentary verb), 사건 변화 동사(temporal event verb), 활동 동사 등으로 세분한 후, 순간 동사가 'Someone fired a gun at me; Someone was firing a gun at me'와 같이 진행상이 되면 사건이 반복적으로 일어나는 것을 나타내고, 사건 변화 동사가 'The old man was dying'과 같이 진행상이 되면 변화 자체가 아니라 변화를 향해 접근하고 있다는 것을 나타낸다. 또한, 활동 동사가 'They're still eating their dinner'와 같이 진행상이 되면 계속되는 활동을 나타내는 것으로 분석된다. 그러나 상태 동사는 진행상을 취할 수 없고, 만약 상태 동사가 'I'm feeling the ground with my feet'와 같이 진행상이 되면 예외적인 것으로 처리하는 분석은 재고될 필요가 있다.

Dowty(1979:133-187)는 진행상의 분석에 있어서 일직선적인 시간구조 대신에 분기적인 가능세계(branching possible world)를 사용하였다. 다시 말해서, 시간을 분기하는 것으로 보며 시간에 주어진 어떤 점에 대하여 오직 하나의 미래세계 만이 있는 것이 아니라 다음의 진행상의 정의와 같이 여러 개의 가능한 미래세계가 있다고 본다.

(74) [PROG φ] is true at ⟨I, w⟩ if for some interval I' such that I⊂ I' and I is not a final subinterval for I' and for all w' such that w' ∈ Int(⟨I, w⟩), is true at ⟨I', w'⟩.

(74)에서와 같이 [PROG φ]가 시구간과 가능세계의 ⟨I, W⟩에서 참이 되기 위해서는 시 구간 I가 I'에 포함되고 I는 I'의 최종 하위 시 구간이 아니며, 아울러 가능세계 w가 시 구간 I와 가능세계 w의 관성세계(inertia world)에 포함되는 모든 W'에 대해 φ가 ⟨I', W'⟩에서 참이 되어야 한다. φ가 참이 되는 I를 포함하는 시 구간(interval) I'가 있는 경우에는 위의 조건을 만족하므로 참이 된다.

또한, Dowty(1979)는 진행형을 적절하게 분석하기 위해, [BECOME φ], 시 구간 I'를 다음과 같이 설정한다.

(75) [BECOME φ1 is true at I iff (1) there is an interval J containing the initial bound of I such that⌐ φ is true at J, (2) there is an interval K containing the final bound of I such that φ is true at K, and (3) there is no non-empty interval I' such that I⊂I' and conditions (1) and (2) hold for I' as well as I.

(76) An interval I is a subset of T such that (1) I is a proper subset of some history h in T, and (2) for all tl, t2, t3 h, if t3 I and tl 〈 t2 〈 t3, then 12 ∈ 1.

위의 정의를 시간이 분기한다는 가정 하에서 [PROG [δ CAUSE²³ [BECOME φ]]가 참일 조건은 [δ CAUSE [BECOME φ]]의 진리조건과 [PROG φ]의 진리 조건이 결합되는 것으로 다음과 같은 논리형태로 나타날 수 있다.

(77) (a) [δ CAUSE [BECOME φ]]
    (b) [PROG [δ CAUSE [BECOME φ]]]

(77)의 (a)에서 CAUSE는 2항 연결사이고 BECOME은 1항 시제 연산자이다. 여기서, [BECOME φ]이 참이 되는 조건은 φ이 t에서 참이 되고, t 바로 앞에 있는 시점에서 거짓일 경우에만 시간 t에서 참이 된다는 것이다. 따라서, (b)는 φ를 추론할 수 있지만, [BECOME φ]는 추론할 수 없다. 반면에 (b)와는 달리 (a)에서는 φ와 [BECOME φ] 모두 추론할 수

---

23 CAUSE OPERATOR는 설명의 편의상 설정한 것이므로 실제 직관과는 맞지 않는 것 같다. 아울러 진리치 할당의 여부도 해결할 과제로 남아 있다.

있다. 이러한 분석의 방법으로 다음과 같은 문장을 분석해보자.

(78) (a) Peter was pushing a cart.
　　(b) Peter pushed a cart.
　　(c) Peter was drawing a circle.
　　(d) Peter drew a circle.

(48)에서 원을 그리는 활동이 실제로 일어났고, 원이 존재하는 것이 가능했지만 원을 그리는 활동의 결과로써 원이 존재한다고는 할 수 없다. 다시 말해서, 활동 동사인 (a)는 단순시제인 (b)를 함의하지만 성취 동사인 (c)는 단순시제인 (d)를 함의하지 않는다. Dowty(1979)의 분석을 살펴보면, (a)와 (c)가 PROG를 갖는다는 것은 공통적이지만 (c)가 BECOME이란 연산자를 갖는 반면에 (a)는 그렇지 않다. 그래서, (a)는 [PROG φ]의 구조를 갖는 반면에 (c)는 [PROG [BECOME φ]]의 구조를 갖는다. 따라서, (a)는 진리치가 변하는 연산자인 BECOME을 갖지 않으므로 언제나 어떤 행위가 동질적이어서 (b)를 함의하게 되는 반면에 (c) BECOME 연산자를 가지기 때문에 (d)를 함의할 수 없다. 그러나, 이러한 가능세계에 대한 분석은 연산자 BECOME, CAUSE 등을 사용해야 하고, 아울러 함의관계를 설명하는 방법이 매우 복잡하며, 인간의 심리적 실재(psychological reality)와는 거리가 멀다고 할 수 있다.

　Dowty(1979)의 가능세계 분석의 복잡성을 간단하게 설명하기 위해 Benett(1981)는 미완료 모순을 개구간(open interval)과 폐구간(closed interval)으로 구분하여 분석하고자 하였다. 동사를 개구간을 갖는 활동(activity)과 폐구간을 갖는 수행(performance)으로 세분하였다. 개구간을 갖는 동사가 진행상이 된다면, 그 진행상은 단순시제를 함의하지만, 폐구간을 갖는 동사가 진행상이 된다면, 그 진행상은 단순시제를 함의할 수 없다고 주장한다. 그러나, 개구간과 폐구간에 대한 정의가 분명하지 못하고, 활동과 수행이라는 동사의 분류도 명확하지 못하다. 또한, Dowty의 진행상에 대한 접근 방법은 현재의 활동이 방해받지 않고 계속된다는 것을 전제한 분석이다. 그러나, 실제 어떤 사건의 활동이 중간에 방해를 받아 중단되는 경우가 있을 수 있다. 'John is crossing the street'의 경우에 John은 거리를 건너가다가 어떤 사고의 중간쯤에서 멈출 수 있다.

이러한 점을 고려하여 Parsons(1990:170-171)는 진행상의 의미를 다음과 같이 정의하고 있다.

(79) If 'A' is an event verb, then 'be A-ing' is to treated semantically as a state verb; otherwise, 'be-ing' is to be treated the same as 'A'.

(79)에서 진행상은 의미적으로 사건동사를 상태 동사로 만들어 버리는 속성으로 인해 정점(culmination)을 갖는 사건동사가 홀드(hold)를 갖는 상태 동사로 변하게 된다. 따라서, Parsons는 진행상을 'Cul'로 비진행상을 'Hold'로 각각 구분하여 다음과 같이 분석한다.

(80) (a) Agatha crossed the street.
  (b) (∃t) [t⟨now & (∃e)[crossing(e) & Subject(e, Agatha) & Object(e, the street) & Cul(e, t)]].
(81) (a) Agatha was crossing the street.
  (b) (∃t) [t⟨now & (∃e) [crossing(e) & Subject(e, Agatha) & Object (e, the

street) & Hold (e, t)]].

(80)과 (81)의 사건은 과거시제인 't<now'의 상황에서 Agatha가 거리를 지나는 사건구조가 동일하게 제시되지만, Cult과 Hold가 사건의 구조에 어떻게 구현되느냐에 따라서 (80)의 비진행상과 (81)의 진행상으로 구분된다. 그러나, 'Hold'와 'Cul'만으로 진행상이 갖는 제한적 과정, 비제한적 과정, 제한된 계속성, 비종결된 사건, 화자의 단호한 결심, 예상되는 미래의 사건 등의 다양한 의미를 적절하게 분석할 수 없다. 또한, 미완료 모순(imperfective paradox)으로 분석한 Dowty(1979), Benett(1977), Parsons(1990) 등의 분석도 충분한 해결방법을 제시하지 못했다.

앞에서 제안한 통사구조로 Dowty(1979:151-4)와 Benett(1981)의 문제점을 해결할 수 있다. 먼저, 성취 동사가 진행상이 되면 종결성 자질을 가진 문장을 함의할 수 없는 경우를 살펴보자.

(82) (a) Peter was drawing a circle.

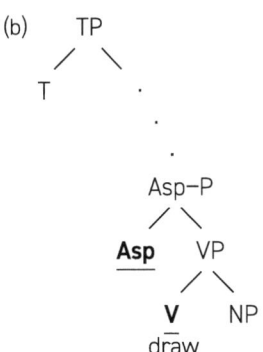

동사 'draw'는 [+dyn], [-inst]자질을 갖고 Asp도 [+dyn], [-inst]자질을

가지므로 자질 간 충돌이 일어나지 않아 문법적인 문장이 된다. 다시 말해서, V가 Asp-P로 상승 이동되면서 Asp-P의 핵인 Asp와 VP의 핵인 V가 [+dyn], [-inst]자질을 갖게 됨으로써 자질들이 일치하게 되어 문법적인 문장이 된다. VP의 핵 V가 Asp-P의 Asp로 이동되어 [V-Asp]로 결합된다. 이때, V와 Asp의 자질들이 일치하게 되어 문법적인 문장이 된다. 여기서 [V-Asp]는 [telic]자질을 함의하지 못한다. 왜냐하면 Asp는 [+dyn], [-inst]자질만 갖고 있어서 VP내에 있는 [telic]자질을 점검할 수 없기 때문이다.

반면에, 성취 동사와 달리 활동 동사가 진행상이 되면 단순시제를 함의할 수 있다.

(83) (a) Peter was pushing a cart.

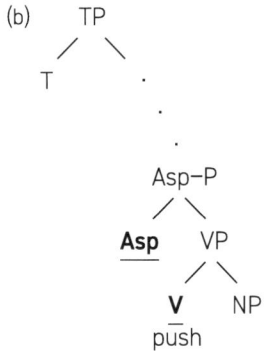

(b)

동사 'push'는 [+dyn], [-inst]자질을 갖고 Asp도 [+dyn], [-inst] 자질을 가지므로 자질 간 충돌이 일어나지 않아 문법적인 문장이 된다. 여기서는 V의 핵인 push의 [+dyn], [-inst]자질이 그대로 상승 이동하였으므로 Asp-P는 V의 속성을 함의하게 된다.

요약하면, 성취 동사가 진행상이 되는 경우, V가 Asp로 핵 이동되어 결합된 [V-Asp]의 자질이 [+dyn], [-inst]이지만 [telic]자질을 갖고 있지 않아서 VP 내에 있는 [telic]자질을 점검할 수 없다. 따라서 성취 동사의 진행상은 단순시제를 함의할 수 없다. 반면에 상태 동사가 진행상이 되는 경우, V가 Asp로 핵 이동되어 결합된 [V-Asp]의 [+dyn], [-inst]은 V가 갖고 있는 자질을 모두 가지고 있어서 V의 자질을 점검할 수 있으므로 V의 [+dyn], [-inst]를 함의할 수 있다.

또한, Chomsky & Lasnik(1991:34), Ouhalla(1990), Baltin(1991) 등의 주장을 바탕으로 통사구조를 설정하고, 어휘상의 자질들과 진행상 간의 자질점검을 통하여 진행상의 문법성을 분석하였다. 구체적으로 살펴보면, 어휘상을 구분하는데 있어서 종결성 자질인 [telic]과 역동성 자질인 [dyn]자질을 설정하였다. 동질성 자질과 순간성 자질은 상보적 관계에 있고, 아울러 어떤 상황이 동질성을 갖는다면 역동성 자질을 가질 수 없고, 반대로 역동성 자질이 있으면 동질성 자질을 가질 수 없다. 이런 측면에서, 순간성 자질과 역동성 자질로 동질성 자질을 설명할 수 있어서 어휘상의 자질에는 종결성 자질인 [telic], 역동성 자질인 [dyn], 순간성의 자질인 [inst]들을 사용하여 진행상의 문법성을 설명하였다.

주요개념
- 어휘상의 의미자질
- 사건진전양상
- 사건진전체계
- 사건진전층위
- 담화의 시간구조
- 주어진 일차적 시간과 주어진 일차적 공간
- 미완료 모순
- 굴절소 분리가설
- 시간연결조건

제4장 연습문제

1. 화자는 변화성, 종결성, 지속성, 인과성, 통제성과 같은 의미자질들에 의해 결정된 어휘상의 유형을 명시적 시간부사, 문맥정보 등으로 유형을 이동시킬 수 있다. 화자가 상태나 활동을 완수나 성취의 유형으로 이동시킬 수 있고, 완수나 성취를 상태나 활동의 유형으로 이동시킬 수도 있다. 유형을 이동시키는 부사와 문맥정보에 대해 예를 들어 설명하시오.

2. 화자는 개인 내적 층위에서 대화 참여자들이 사건 간 시간 관계를 제대로 해석할 수 있도록 미시적·거시적 계획을 하게 된다. 화자는 사건진전에 관련된 시제, 어휘상, 관점상, 부사, 문맥정보 등의 요인들을 고려하여 사건들 간의 시간 관계를 계획하여 발화한다. 개인 내적 층위와 대인 간 층위에서 이러한 일련의 과정이 어떻게 형성화되고 맥락화되는지를 설명하시오.

3. 기존의 S, E, R로 현재완료가 갖는 의미를 분석하는 것은 한계가 있다. 기준시만으로는 과거시제와 현재완료 간의 차이를 설명하지 못하기 때문이다. 예를 들어, 현재완료가 갖는 의미 중에서 '결과의 상태가 현재까지 유지된다.'는 결과의 해석을 기준시는 충분하게 반영하지 못한다. 이를 설명할 수 있는 방법이 무엇인지 기술하시오.

4. 과거 진행상의 'Peter was pushing a cart.'는 과거시제의 'Peter pushed a cart.'를 함의하는 반면에 'Peter was drawing a circle.'는 'Peter drew a circle.'를 함의하지 않는다. 이러한 미완료 모순은 진행상으로 실현된 문장들 간 함의 관계가 모두 동일하게 나타나지 않는다는 것을 말한다. 미완료 모순을 Dowty(1979)의 형식 의미론적 접근과 Parsons(1990)의 관점으로 나누어 설명하고, 각 분석의 문제점을 해결하는 방안을 설명하시오.

제5장

보문절의 의미해석

시제는 시간상 사건의 위치를 지정한다.
— Griffiths(2023)

생각하기
1. 보문소는 어떤 특성을 갖고 있는가?
2. 보문절의 의미해석에 있어서 보문소는 어떤 역할을 하는가?
3. 보문절의 의미해석에 관계되는 동사로는 어떤 것이 있는가?

화자는 개인 내적 층위에서 모문절과 보문절 간의 시간해석이 회상해석이나 동시해석이 될 수 있도록 보문소와 시제 간의 관련성을 고려하여 통사 구조를 형성화해야 한다(Deppermann, 2011). 개인 내적 층위에서, 화자는 모문과 보문 간의 시간 관계를 설명하기 위해, 보문소의 역할, 모문과 보문의 발화시(speech time: S)나 사건시(event time: E) 등의 관계를 제대로 연관시켜 계획하고 발화해야 한다. 본 장에서는 보문소의 종류와 통사적 위치를 제시하고, 보문소와 시제는 보문절의 의미해석에 있어서 중요한 역할을 하고, 동사의 특성으로 시제일치규칙에서 예외로 처리하는 현상을 설명할 수 있으며, 부사, 시제, 문맥 등에 의해 보문절의 다양한 해석들을 분명하게 해석할 수 있음을 살펴보고자 한다.[1]

---
1 이 장은 김진석(2005a,b,c; 2007)을 상호작용 의미·화용론의 관점에서 수정·보완하였음

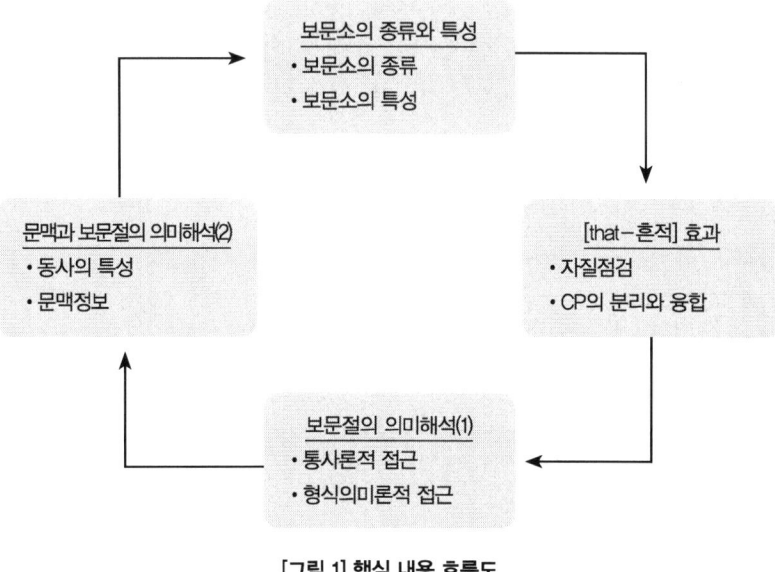

[그림 1] 핵심 내용 흐름도

1. 보문절의 시간해석 및 분석의 문제

보문절의 시제표지(tense marker)는 시제일치규칙(Sequence of Tense: SOT)으로 설명되었다. SOT에 의하면, 모문절의 시제표지가 과거일 경우 보문절의 시제표지는 의무적으로 후행이동(back shift)된다. Comrie(1986: 290-292)에 의하면, 직접화법에서 보문절의 과거시제는 모문절의 시제에 의해 변화되지 않으며(where the verb in the original utterance is in a preterite already, it remains unchanged verb in the preterite in direct speech), 또한 과거의 어떤 사건이 이미 설정된 기준점보다 이전에 일어났다면 과거시제는 과거완료로 대치된다(In English, any event in the past can be referred by the past. If that event is located prior to some contextually established reference point in the past, then the past may be replaced by the pluperfect).

   그러나, SOT는 모문절의 시제표지가 과거일 때, 보문절의 시제표지가 현재인 경우를 비문법적인 문장으로 처리하고 있다. SOT에 의하면, 다음 (1a)는 문법적인 문장이지만 (1b)는 비문법적인 문장으로 처리된다.

  (1) (a) Harry heard that Selly was pregnant.
      (b) Harry heard that Selly is pregnant.

SOT에 의하면, 모문절의 시제표지가 과거이므로 보문절의 시제표지도 과거시제가 되어야 한다. 따라서, SOT는 (1b)의 문장이 문법적인 문장인데도 비문법적인 문장으로 처리하는 문제점이 있다.
   또한, 모문절의 사건과 보문절의 사건 간 시간관계는 다양하게 해석된다. 다음 (2)의 문장에서는 보문절의 사건이 모문절의 사건 이전에 일어나는 회상해석(backward shifted reading)이 된다.

  (2) Susan reported that John made a model airplane on Friday.

문장 (2)의 모문절과 보문절 간 의미는 John이 금요일에 모형 비행기를 만든 사건이 Susan이 보도한 사건 이전에 일어났다는 회상해석이 된다. 그러나, 회상해석만 되는 것이 아니라 동시해석(simultaneous reading)도 가능하다. 즉, John이 금요일에 모형 비행기를 만든 사건과 Susan이 금요일에 보도한 사건이 동시에 일어나는 해석(Susan reported on Friday that John made a model airplane on Friday)도 가능하다.

Enc(1985), Stowell(1992) 등은 보문소와 시제간의 관계로 모문절과 보문절 간의 시간해석이 회상해석이나 동시해석이 될 수 있음을 설명하였다. 그러나, 모문과 보문 간의 시간 관계를 설명하기 위해서는 보문소의 역할, 모문과 보문의 발화시(speech time: S)나 사건시(event time: E) 등의 관계를 제대로 연관시킬 필요가 있다. 다음 절에서 보문소의 종류와 특성에 대해 살펴보고자 한다.

2. 보문소의 종류와 특성

Rosenbaum(1967)은 보문소삽입변형(complementizer insertion transformation)으로 보문소를 구 구조에 도입했다. Chomsky(1977)에 의하면, 보문소는 문장을 유도하는 요소 또는 S의 지정어(specifier)로써 구 구조 규칙(phrase structure rule)에 다음과 같이 COMP를 설정했다.

(3) S' -〉 COMP S
(4) (a) COMP -〉 {±WH, for, ∅}
　　(b) -WH -〉 that
　　(c) +WH -〉 whether (Radford, 1981:284)

어떤 문장이 COMP[+WH]자질을 갖게 되면 의문문이 된다. 여기서 보문소는 WH-이동을 유도하는 부가 착륙지(adjunction landing site)의 역할을 하게 된다.

Chomsky(1986)에서는 종전의 S'범주를 COMP의 최대투사범주로 범주화하여 다음과 같은 통사구조를 설정한다.

(5)
```
        CP
       /  \
          C'
         /  \
        C    IP
            /  \
               I'
              /  \
             I    VP
```

(5)의 구조에서 (6)과 같은 문장을 생성하려면 I^0–to–C^0와 같은 핵 이동 (head movement)이 되어야 한다. 이는 시제와 보문소 간 상호 밀접한 연관성이 있음을 말해 준다.

(6) (a) Did John see it?
    (b) Who did you see?

시제와 보문소 간의 관련성을 Radford(1988: 301)는 자질을 설정하여 (7)과 같이 설명한다.

(7) (a) 매입절: [+COMP] [+embedding]
           [−COMP] [+embedding]
   (b) 주 절: [+COMP] [−embedding] [+inverted AUX]
           [−COMP] [−embedding] [−inverted AUX]

보문소 자리에는 명시적 보문소, 도치된 AUX, 비워있게 되는 보문소 C의 구성요소가 삽입될 수 있다. 또한, Radford(1988: 303)는 보문소를

WH자질과 한정성(finiteness)자질로 다음과 같이 분류한다.

(8) (a) that = [-wh, +finite]
　(b) for　= [-wh, -finite]
　(c) whether = [+wh, ±finite]²
(9) C -〉[±wh, ±finite]

위의 보문소들 중 'whether'와 'that'은 시제를 가질 수 있다. 그러나, 다음과 같은 예문에서 'for'가 시제를 가지게 되면 비문이 된다.

(10) (a) I think that you may be /* to be right.
　(b) I doubt if you can help/* to help me. (Haegeman, 1990:106)
　(c) I'm anxious for you to/* should receive the best treatment possible. (Radford, 2004: 44)
　(d) Jane wonders whether Poilot abandoned the investigation.

(10a,b)에서는 보문소 'that, if'에 의해 시제를 가져야 정문인데 비하여 (10c)에서는 보문소 'for'에 의해 시제를 가지게 되면 비문이 된다. 아울러 (10d)의 'whether'는 [+wh, ±finite]의 자질을 가진 절의 어떤 유형이든 모두 취한다는 것을 알 수 있다. 여기서 보문소는 보문절의 INFL이

2　if와 whether는 분포상의 차이가 있다. 다시 말해서, if는 whether와 달리 아래의 (1a)와 같이 문장 앞에서 주어가 되는 명사절을 유도할 수 없을 뿐만 아니라 보어가 되는 명사절도 유도할 수 없다.
　(1) (a) * If he is ill is questionable.
　　(b)　Whether he is ill is questionable.
　(2) (a) * The problem is if we should go.
　　(b)　The problem is whether we should go.

시제를 가질 수 있는지를 결정하는 중요한 역할을 한다.

　이제, 보문소의 특성에 대해 살펴보자. 보충어(complement)를 도입하는 역할을 하는 보문소 'that, for-to, poss-ing' 등은 특정한 의미를 갖기 때문에 접속사와 구분된다. 보문소의 특성으로는 첫째, 보문소는 굴절요소와 달리 동사의 자질을 가지고 있지 않으며, 의미적 내용(semantic content)도 결여되어 있다(Chomsky & Lasnik, 1991: 55). 따라서, 보문소의 CP는 L-표시(L-marking)되지 않는다. 다시 말해서, 구(phrase)가 N,V,A,P,I,C와 같은 핵(head)에 의해 의미역(thematic role)이나 격(case)을 받게 될 경우, 구는 핵 표시된다고 할 수 있다. 만약 핵이 어휘 핵이면 구는 어휘 핵 표시가 된다. 그러나 C는 어휘 핵이 아니기 때문에 CP는 L-표시되지 않는다. 따라서, 보문소는 비논항자리(non-argument position)[3]에 위치하게 된다.

　둘째, 보문소는 고유지배자가 아니기 때문에 고유지배자인 N,V,A,P와 달리 핵 이동이나 핵 지배할 수 없으며, 아울러 보문소의 뒤에 남은 흔적을 인허(license)할 수도 없다.

(11) (a) [VP Admit that he was wrong], John never will tVP]

　　 (b) [The claim tCP] was made [CP that John was wrong]

　　 (c)*[IP Bill will visit tomorrow], I think [that tVP]

(Chomsky & Lasnik, 1991)

---

[3]　목적어는 의미역을 받을 수 있는 자리인 반면에 주어는 의미역을 받을 수 있고 그렇지 않을 수 있다. 다시 말해서, 주어는 D-구조에서 논항 또는 허사(expletive)에 의해 채워질 수도 있으므로 [SPEC, IP]는 잠정적으로 의미역을 받을 수 있는 자리가 된다. 명시적 또는 잠정적으로 의미역을 받을 수 있는 자리를 논항 자리라 하고 그 밖의 자리를 비논항 자리라 한다. 따라서 보충어나 주어의 자리는 논항자리이며 [SPEC, CP]나 부가어 자리는 비논항자리이다.

(11a)와 (11b)에서는 VP와 CP를 포함하는 XP가 자유로이 문두나 문미로 이동해도 정문이 될 수 있지만, (11c)에서는 'that'이 IP의 흔적을 인허할 수 없기 때문에 비문이 된다.

셋째, N,V,A,P와 달리 보문소는 시제와 밀접한 관계가 있다. 이러한 특성으로 인해, 시제요소인 T와 일치소 AGR을 갖게 되는 굴절소(INFL)가 보문소로 핵 이동된다면 다음과 같은 의문문이 생성될 수 있다는 것을 설명할 수 있다.

(12) (a) What did you see?
    (b) Did Peter see it?

(12a)와 (12b)의 'did'는 T와 AGR을 갖는 굴절소로서 주어 뒤의 위치에서 주어 앞의 위치인 보문소 자리로 이동된 것이다.

넷째, 최소이론(minimalist theory)에서 C는 기능범주(functional category)로 의문사구 이동이나 I의 C로의 인상(I^0-to-C^0 Raising) 등과 같은 통사적 논증에 의해 정당화된다. 예를 들어, 의문자질을 갖는 의문자질([±Q], [±WH])은 다음과 같이 자질이 점검한다.

(13)
```
        CP
       /  \
     who   C'
    [+wh] /  \
         C    IP
        [+wh]
```

어휘선택의 집합에서 C가 선택된 후, C의 [+wh]라는 형식자질이 [+wh]자질을 갖고 있는 'who'를 유인하여 C의 지정어 자리로 이동하게 되면, C와 지정어 간에 자질점검이 일어나게 된다. 여기서 C의 [+wh] 자질은 해석되지 않는 자질이므로 점검 후 제거된다. 이와 같이 유인자의 비해석성 자질들은 이동자의 자질을 유인하여 자질점검(feature checking)을 통해 그들 스스로 제거됨으로써 그들의 필요성이 충족되는 것이다. 이러한 유인자의 형식자질들을 자살적 이기성(suicidal greed)이라고 한다[4].

다섯째, 보문소 C가 절의 유형을 결정하는 유형자질 [force]와 법을 나타내는 자질 [mood]를 가진다(C is basically an indicator of force or mood: declarative, interrogative, and so on)고 한다(Chomsky, 1995: 240, 1998: 15). 다시 말해서, 보문소는 발화 수반력(Illocutionary Force)의 운용자(operator) 기능을 한다고 할 수 있다. 발화 수반력은 대체로 일정한 문장형식으로 실현된다. 예를 들어, 의문문은 질문, 명령문은 명령, 서술문은 진술의 발화 수반력을 가질 수 있다. 보문소가 'that'이라면 서술문이 될 것이다.

여섯째, 보문소 'that'은 범주자질 [D]를 가지고 있다. 보문소 'that'이 나타나는 절은 완전한 CP로서 보문소가 가진 범주의 특성대로 DP의 역할을 할 수 있고, 보문소 'that'이 나타나지 않는 절은 불완전 CP이므로 DP의 역할을 하지 못한다(Raposo & Uriagereka, 2000: 12). 이러한 'that'의 범주자질 [D]는 등위접속문의 문법성을 설명할 수 있다.

---

[4] 유인자의 형식자질들은 어떤 요소를 유인하여 자질들을 점검한 후 제거된다. 이는 유인자의 형식자질들이 비해석성자질이기 때문이다. 유인자의 형식자질이 해석성 자질이라면 그 자질은 점검 후에도 제거되지 않고 불필요한 유인을 계속할 것이다. 따라서 유인자의 형식자질들을 모두 비해석성자질로 간주함으로써 불필요한 도출을 막고 아울러 필요한 점검만 이루어지게 하는 것이다.

(14) (a) I believe [[you] and [that you're washing your time]].
(b)*I believe [[you] and [you're washing your time]].

(14a)에서는 'that you're washing your time'이 완전한 CP이므로 범주자질인 [D]를 갖기 때문에 DP인 'you'와 등위접속될 수 있다. 반면에 (14b)에서는 'you're washing your time'이 불완전한 CP이므로 범주자질인 [D]를 갖지 못하기 때문에 DP인 'you'와 등위 접속될 수 없는데도 등위 접속이 되어 비문법적인 문장이 된다.

3. [that-t]효과

화자는 개인 내적 층위에서 보문소의 특성과 자질점검을 이해하고, 자신의 의도를 [that-흔적]의 효과를 고려하여 통사구조로 형성화해야 한다. 화자는 자신의 의도를 청자가 제대로 이해하도록 하기 위해, 사건구조를 통사구조로 전환하여 대화 참여자들 간 상호작용이 원활하게 일어나도록 해야 하기 때문이다. 먼저 보문소의 특성과 자질점검에 대해 살펴보자.

가. 보문소의 특성과 자질점검

Rosenbaum(1967)은 보문소가 보문소 자리에 들어갈 수 있도록 하기 위해 보문소 삽입변형(complementizer insertion transformation)을 설정하여 보문소를 구 구조에 도입했다. Chomsky(1977)는 이러한 보문소에 wh-어를 첨가하여 보문소를 S의 지정어로, Chomsky(1986)의 X'이론에서는 보문소와 S로 구성된 S'를 COMP의 최대투사범주인 CP로 구조화하였다.

보문소와 관련하여 Chomsky & Lasnik(1977)은 PF부문(PF component)에서 적용되는 표면여과(surface filter)들 중의 하나로 [that-t]여과(filter)를 설정하였다. 이 여과는 'that'이나 'whether' 등과 같은 보문자(complementizer)들이 영 주어(null subject)와 공존할 수 없다는 것을 말하는 것이다. 다음의 문장에서 (15)는 문법적인 문장이지만 (16)는 [that-t]여과에 의해 비문법적인 문장이 된다.

(15) Who do you think loves John ?
(16) *Who do you think that loves John ?

(15)와 달리 (16)은 보문소 that과 공주어가 공존하여 [that-t]여과를 위배했기 때문에 비문이 된다.

그러나, [that-t]효과를 설명하는데 있어서 학자들 간에 다양한 연구가 계속되고 있다. 먼저, 지배결속이론(Government and Binding Theory: GB)에서는 고유지배, 장벽, 공범주 원리(Empty Category Principle: ECP) 등으로 [that-t]효과를 설명하였다. (16)의 "Who$_i$ do you think [CP t'$_i$ that [IP t$_i$ loves John]]?"는 공범주 원리를 위배하여 비문이 된다. 다시 말해서, (16)에서는 IP를 지배하는 C의 투사 C'가 자신에 대한 장벽이 되어 t'가 t에 대한 선행사 지배를 막는 역할을 하게 된다. 따라서, t가 고유지배되지 못하는 흔적이 되어 공범주 원리를 위배하게 된다.

일반화 구 구조문법(Generalized Phrase Structure Grammar: GPSG)은

[that-t]효과를 어휘 머리 제약(Lexical Head Constraint : LHC)[5]으로 설명하고 있다. LHC제약에 따르면, (15b)의 'saw'앞에 주어가 제거될 수 없는데도 불구하고 주어가 제거되었기 때문에 비문법적인 문장이 되는 것으로 설명하고 있다. 여기서 비어휘규칙에 의해 도입되는 'that, for, whether, if-절'에서는 주어가 없는 문장은 영어에서 허용되지 않는 구문이다.

최근, Rizzi(1997)는 보문소를 분리하는 보문소 분리 가설(CP-Split Hypothesis)을 바탕으로 [that-흔적] 현상을 설명하였다. Sobin(2002)은 Rizzi(1997)와 달리 CP를 분리할 것이 아니라 융합(fuse)하여 보문소를 분석할 필요가 있다고 주장하였다. 여기에서는 CP-분리와 CP-융합의 문제점 및 설명력을 살펴보고, CP-분리가설을 바탕으로 제안한 Rizzi(1997)의 문자화 규칙의 설명력 및 문제점을 살펴본 후, 이를 수정 보완한 문자화 규칙을 제안하고자 한다.

보문소는 굴절요소와 달리 동사의 자질이 아니기 때문에 보문소의 지정어인 CP는 L-표시(L-marking)[6]되지 않아서 보문소는 비논항자리(non-argument position)[7]에 위치하게 된다. 또한, 보문소는 고유지배자가 아니기 때문에 고유지배자인 N,V,A,P와 달리 핵 이동이나 핵 지배를 할 수 없고, 보문소의 뒤에 남은 흔적을 인허할 수도 없다.

---

5 상위규칙은 어휘 ID규칙으로부터 어휘 ID규칙으로 사상한다(Metarules map from lexical ID-rules to lexical ID-rules).
6 구(phrase)가 N,V,A,P,I,C와 같은 핵(phrase)에 의해 의미역(thematic role)이나 격(case)을 받는 관계를 핵표시(head marking)라고 할 때, 핵이 어휘적이면 어휘핵 표시라 할 수 있다.
7 목적어는 의미역을 받을 수 있는 자리인 반면에 주어는 의미역을 받을 수도 있고 그렇지 않을 수도 있다. 다시 말해서 주어는 D-구조에서 논항 또는 허사(expletive)에 의해 채워질 수도 있으므로 [SPEC, IP]는 잠정적으로 의미역을 받을 수 있는 자리가 된다. 명시적 또는 잠정적으로 의미역을 받을 수 있는 자리를 논항자리라 하고 그 밖의 자리를 비논항자리라고 한다. 따라서 보충어나 주어의 자리는 논항자리이며 [SPEC, CP]나 부가어의 자리는 비논항자리이다.

(17) (a) [VP Admit that he was wrong], John never will tVP]

(b) [The claim tCP] was made [CP that John was wrong]

(c)*[IP Bill will visit tomorrow], I think [that tIP]

(Chomsky & Lasnik, 1991)

(17a)와 (17b)에서는 VP와 CP를 포함하는 XP가 자유로이 문두나 문미로 이동해도 정문이 될 수 있지만, (17c)에서는 that이 IP의 흔적을 인허할 수 없기 때문에 비문이 된다.

한편, 앞 절에서 살펴본 자질 점검으로 [that-t]효과를 설명하기 위해, 유인자 C를 형식자질 [wh]와 [T]로 다음과 같이 세분할 필요가 있다.

〈표 1〉 유인자 C의 형식자질

유인자	that	for	whether	if
형식자질	[−wh][+T] [+subject]	[−wh][−T] [+subject]	[+wh][±T] [±subject]	[+wh][+T] [+subject]

여기서 that과 같은 유인자는 비해석성 자질인 [−wh], [+T], [+subject]를 갖고, for는 that과 달리 [−T]를 가지며, whether와 if는 [+wh]자질을 가진다. 이와 같은 자질을 이용하여 [that-t]효과를 점검이론으로 설명할 수 있다. 다음을 살펴보자.

(18) Whoi do you think [CP t'i   [TP ti came]]?

(19) *Whoi do you think [CP t'i that [TP ti came]]?

(19a)에서는 종속절 T의 지정어 자리에 있는 t가 T의 [+past]자질에 의

해 허가되고, T의 [+past]자질은 T가 공범주 핵 C로 핵-이동하여 C의 [+wh]자질에 의해 허가된다. 그리고, 그 C의 [+wh]자질은 C의 지정어 자리에 있는 t'의 [+wh]자질에 의해 허가되므로 (18)은 정문이 된다. 반면에 (19)에서는 C의 [+wh]자질에 의한 T의 [+past]자질에 대한 허가는 불가능하다. 왜냐하면 that은 [-wh]자질의 C이기 때문이다. 따라서, (19)는 비문이 된다. 그러나 T의 [+past]자질은 T의 지정어 자리에 있는 t를 허가할 때만, C로 핵 이동한다. 그래서, C의 [+wh]자질에 의해 허가되어야 한다는 조건을 설정해야 하는 문제점을 안고 있다.

나. CP의 분리와 CP의 융합 분석

[that-흔적] 현상을 설명하기 위해, Rizzi(1997)는 CP의 분리를, Sobin(2002)은 CP의 융합을 강조하였다. 여기에서는 각 분석의 설명력 및 문제점을 살펴보고자 한다.

1) CP의 분리

Rizzi(1997)는 CP를 아래의 (20)과 같이 'Force'층위, 'Top'층위, 'Foc'층위, 'Fin'층위로 분리하여 구조화하였다. 가장 높은 층위에 위치한 투사범주 'Force'층위와 가장 낮은 위치에 설정된 'Fin'층위 사이에 'Top'층위와 'Foc'층위가 설정되어 있다.

(20)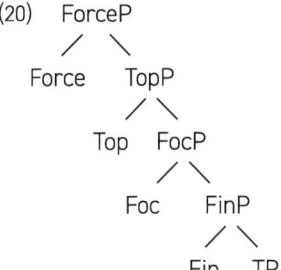

부사 이동과 화제화(topicalization)는 동일한 위치인 'TopP'의 지정어 자리로 이동되거나 대치된다. 따라서 논항이 화제화되거나 부사(구)가 전치되어 이동되는 경우에는 각각 다음과 같은 구조로 도식될 수 있다.

(21) (a) Your article she really enjoyed surprised me.

(b)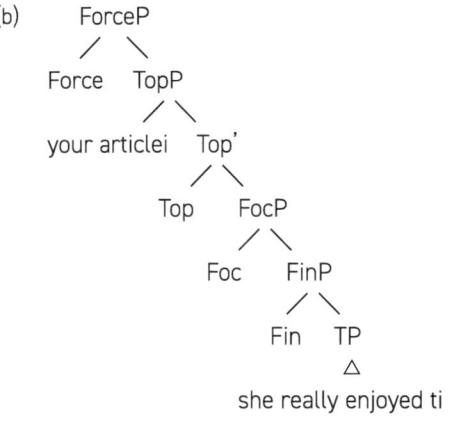

(22) (a) Tomorrow she will read it.

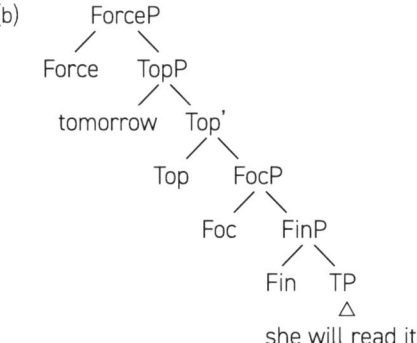

주절이 의문문인 경우에 나타나는 의문사 운용자는 'ForceP'보다 더 낮은 위치인 'FocP'의 지정어 자리에 나타나지만, 매입절에서 wh-이동에 의해 의문문이 되는 경우에는 'ForceP'의 지정어 자리나 지정어 자리를 통과하여 이동하게 된다(Rizzi, 1997; Haegeman & Gueron, 1999).

(23) (a) What will you do?

 (b) ForceP
   / \
    TopP
    / \
     Top'
     / \
      FocP
      / \
    whatᵢ Foc'
      / \
     willⱼ FinP
        |
       Fin'
       / \
      Fin TP
        tⱼ

(24) (a) *Who you think that will win the prize?

(b)

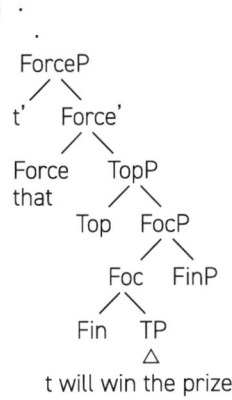

이상의 구조에서, Rizzi(1997)의 보문소분리가설은 화제화 요소나 초점을 받는 요소가 포함되어 있는 문장에서 CP의 요소들이 CP의 분리 층위를 통해 통사구조에 실현될 수 있다는 것을 말해 주고 있다. 화제화 요소와 초점요소를 모두 포함하는 경우에서는 'Force'층위, 'Top'층위, 'Foc'층위, 'Fin'층위가, 화제화 요소만 포함되어 있는 경우에는 'Force'층위, 'Top'층위, 'Fin'층위가, 초점요소만 포함되어 있는 경우에는 'Force'층위, 'Foc'층위, 'Fin'층위가 설정되어 있다. 그러나, 화제화 요소나 초점요소를 포함하지 않는 문장에서는 CP가 분리되지 않고 'Force'자질과 'Finiteness'자질이 합성된(composite) 하나의 핵 C로 실현된다(Radford, 2004).

2) CP의 융합

화제화 요소나 초점을 받는 요소가 포함되어 있는 경우에만 보문소가 분리된다는 관점에서, Sobin(2002)은 보문소를 분리하여 통사구조를 확대할 것이 아니라 매우 단순화할 필요가 있다고 주장한다. 다시 말해서, CP의 지정어와 핵 요소들은 회복 가능성(recoverability)을 위배하지 않고 하나의 요소로 융합(fuse)되면 이들 요소 간에 자질점검이 일어나게 된다. 이러한 주장의 근거로는 첫째, CP층위 자체가 쉽게 무너질 수 있는 매우 강한 압박을 받고 있다는 것이다. 예를 들어, 이중 보문소 제약(doubly-filled comp)과 같이, 모든 요소들이 CP층위에 동시에 나타날 수는 없다는 것이다. 둘째, 매입절에서는 최소의 복잡하지 않는 층위를 요구하고 있으며, 아울러 영어의 절에서도 wh-이동이 일어나는 경우 외에는 보문소를 사용하지 않는 최소한의 CP구조를 보여주고 있다.

Sobin(2002)은 연쇄 핵(chain head)을 고려하면서 CP를 축소하였다. 즉, 연쇄 핵이 CP의 지정어 자리에 있을 때, 다음과 같은 규칙에 의해 연쇄 핵이 융합된다.

(25) Fuse a Chain head

A Chain head(in SpecCP) may collapse with C if one of these elements (SpecCP or C) is overt(that is, phonetic).

CP의 지정어 자리에 있는 연쇄 핵은 CP의 지정어나 C 중의 하나가 음성적으로 실현될 때 C와 융합될 수 있다는 것이다. 이러한 융합의 결과로 C'요소가 삭제되어 CP의 구조는 단순화됨으로써 핵은 연쇄 핵의 동지시 관계를 갖기 때문에 명시적 요소의 형태를 취하게 된다. 아울러 융합된 요소는 다음과 같이 본래의 C의 자질을 그대로 유지한다.

(26) [Ci SpecCPi C]

연쇄의 핵을 포함하고 있는 융합의 조건과 흔적을 포함하고 있는 융합의 조건 간에는 다소 차이가 있다. 전자는 음성적으로 실현되는 CP의 요소가 적어도 하나는 있어야 하지만 후자는 CP의 요소가 음성적으로 실현될 필요가 없다. 따라서 흔적을 포함하는 융합의 조건을 다음과 같이 설정하였다.

(27) Fuse a trace(a non-chain head)
A trace(in SpecCP) may collapse with C if neither of these elements (SpecCP or C) is overt(that is, phonetic).

CP의 지정어 자리에 있는 흔적은 CP의 지정어나 C가 음성적으로 실현되지 않을 때 C와 융합될 수 있다는 것이다. 예를 들어, 흔적이 C와 융합될 때, (28)은 문법적이지만 (29)는 비문법적인 문장이 된다.

(28) (a) Who did you say would hate soup?
   (b) Whoi ... say [CP ti' [c' [c -WH] [IP ti ... →
   (c) Whoi ... say [CP [c -WH] [IP ti ...
(29) (a) *Who did you say that would hate soup?
   (b) Whoi ... say [CP ti' [c' [c that] [IP ti ... ↛

(28)에서는 흔적 ti'가 음성적으로 실현되지 않은 [c -WH]와 융합하여 [CP [c -WH]가 된다. 이것은 주어의 흔적을 인허하게 되어 문법적인 문

장이 된다. 그러나, (29)에서는 흔적 ti'가 음성적으로 실현된 [c that]와는 융합할 수 없다. 다시 말해서, 보문소 that은 주어 위치의 흔적과 공지시 관계를 유지할 수 있는 특성이 부족하다. 결과적으로, C에 공지시 관계를 부여할 수 없기 때문에, C에 명시적으로 나타난 that이 주어 위치에 있는 흔적을 인허할 수 없게 되어 비문법적인 문장이 된다.

그러나, CP의 결정적인 요소들은 순수하게 기능적이며, 특히 융합 시 구조적으로 최소 형태의 일치를 받고 있는데, 이 점에 대해서 구체적으로 설명하지 못하고 있다. 아울러 영어에 초점을 두어 설정한 융합이론은 다른 언어의 자료를 검토하지 않았기 때문에 설명적 타당성이 결여되어 있다. 더욱이, 융합이론은 다음과 같은 이중 보문자 구문(doubly-filled Comp)의 비문법성을 제대로 설명하지 못하고 있다.

(30) (a) I just saw a person who could pass for Albert Einstein!

(b) * I just saw a person who that could pass for Albert Einstein!

(30)의 문법성을 Sobin(2002)은 경제성원리로 설명하고 있다. 복원 가능성의 측면에서 보면, (b)에 융합이론이 적용되어 단순화한 CP구조인 (30a)라고 볼 수 있다. 여기서 융합이 적용된다면 C'는 불필요한 요소가 되기 때문에, 경제적 구조가 이중보문자여과의 효과를 파생시킬 수 있는 덜 경제적인 구조를 차단한다고 한다. 그러나, (25)에 의하면, CP의 지정어 자리에 있는 연쇄 핵인 'who'는 음성적으로 실현된 'that'과 융합을 할 수 있다. 그럼에도, 'that'의 특성 때문에 융합할 수 없다는 분석은 설명력이 떨어진다고 할 수 있다.

또한, 융합이론은 부사와 상호작용한 이중보문소구문의 문법성을 제대로 설명하지 못하고 있다.

(31) I just saw a person who, that for all intents and purposes, could pass for Albert Einstein!

강조를 받는 who, 보문소 that, 부사구 for all intents and purposes가 모두 IP의 자리가 아닌 CP의 자리에 나타나고 있다. 융합이론에 의하면 C의 자리에 모두 실현되어야 한다. 그러나, 강조를 받는 요소, 보문소, 부사구가 C의 자리에 동시에 나타날 수 있다는 것을 융합으로 설명하지 못하고 있다. 따라서, (31)의 문장이 문법적인 문장인데도 비문법적인 문장으로 처리되어야 하는 문제점을 안고 있다. 이런 측면에서, Sobin(2002)의 융합구조보다는 Rizzi(1997)의 보문소 분리 구조로 분석하는 것이 더 타당하다고 판단된다.

다. 문자화에서의 [that-흔적] 현상

앞장에서 Rizzi(1997)의 보문소 분리 구조와 Sobin(2002)의 CP융합구조의 설명력 및 문제점을 살펴보았다. 여기서는 화제화 요소나 초점을 받는 요소가 포함되어 있는 문장에서 보문소가 분리되어야 한다고 주장하는 Rizzi(1997)의 보문소 분리 구조를 바탕으로 [that-흔적] 현상을 분석하고자 한다.

서술문을 나타내는 보문소 that은 ForP의 For로 나타나지만 음성적으로 실현되지 않는 영 보문소(null complementizer)나 for는 FinP의 Fin으로 다음과 같이 실현된다.

(32) (a) I said she really enjoyed your article.

(b)
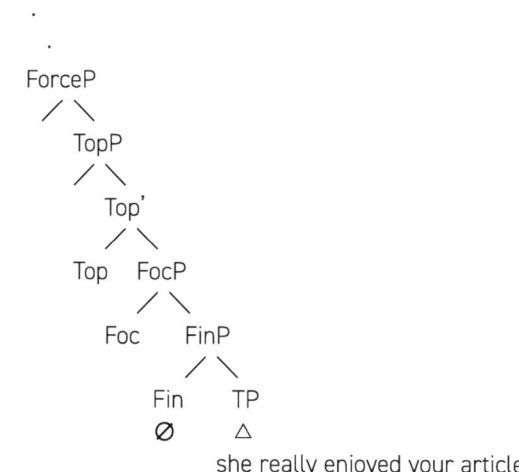

(33) (a) I wanted for her to enjoy your article.

(b)
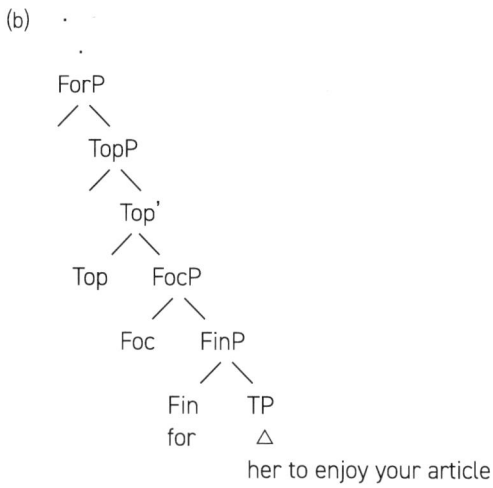

'that'절이 어떤 요소로 구성되어 있느냐에 따라서 CP가 분리될 수도 있고 분리되지 않을 수도 있다.

(34) (a) You must know that this kind of behaviour we cannot tolerate.
(b) You must know that we cannot tolerate this kind of behaviour.

(34a)의 경우는 'this kind of behaviour'가 화제화되기 때문에, CP가 다음과 같이 ForceP, TopP, FinP로 분리되어 나타난다.

(35) [ForceP [Force that][TopP this kind of behaviour [Top ∅][FinP [Fin ∅] [TP we [T cannot] tolerate t]]]]

반면에 (34b)에서는 화제화나 초점요소가 나타나지 않기 때문에 CP가 여러 개의 투사범주로 분리되지 않는다. 즉, 하나의 보문소가 다음과 같이 For와 Fin의 자질을 모두 가질 수 있다.

(36) [CP [C that DEC, FIN][TP we [T cannot] tolerate this kind of behaviour]]]]

이러한 현상을 Rizzi는 한정절에서 관련된 핵의 유형이 다음과 같이 문자화되는 것으로 설명하고 있다.

(37) A head in a split CP projection can be spelled out in English as:
(i) that in a complement clause if it carries a declarative force feature(with or without a finiteness feature)
(ii) ∅ if it carries a finiteness feature(with or without a declarative force feature)

서술문의 Force자질을 갖고 있다면 보문절에서 that으로 문자화될 수 있다. 또한, 한정성 자질을 가지고 있다면 Ø로 문자화될 수 있다. 이 규칙에 따르면, Force의 핵이 that으로 문자화되고, Fin은 Ø로 문자화된다. 이것은 다음 문장들의 문법성을 잘 설명해 준다.

(38) (a) You must know Ø this kind of behaviour we cannot tolerate.
   (b) *You must know Ø this kind of behaviour that we cannot tolerate.
   (c) *You must know that this kind of behaviour that we cannot tolerate.

(38a)는 Ø가 서술문에서 한정성을 가지므로 문법적인 문장이 되지만, (38b)와 (38c)의 두 번째 that은 서술문의 Force자질을 가지고 있음에도 Fin자리에 실현되기 때문에 비문법적인 문장이 된다.

이러한 설명력에도 불구하고, (37)은 For자리에 that이 나타나는 문장의 비문법성을 설명할 수 없다. 즉 (37)에 따르면, that은 Force자질을 가질 경우에만 보문절에서 that으로 문자화될 수 있다. 다음 문장 (39b)는 Force자질을 가지기 때문에 that이 문장에 실현될 수 있어서 문법적인 문장이 된다.

(39) (a) Who$_i$ do you think [$_{ForP}$ [$_{For}$ Ø] [$_{TP}$ t$_i$ came]]?
   (b) *Who$_i$ do you think [$_{ForP}$ [$_{For}$ that] [$_{TP}$ t$_i$ came]]?

이러한 비문법적인 문장이 문자화되지 않으려면 TP의 지정어 자리에 음성적으로 실현되는 요소가 반드시 나타나야 한다.

또한, (37)의 (ⅱ)에서와 같이 한정성을 가지는 자질을 가진 경우에만 Ø로 문자화되는 것은 아니다. 다음 문장에서와 같이 한정성 자질을 가진 if도 FinP의 Fin으로 나타날 수 있다.

(40) (a) I doubt if you can help me.
　　(b) I don't know whether he will go.

더욱이, 한정성 자질을 가지고 있지는 않지만, FinP의 Fin자리에 나타날 수 있다. 다음과 같이 Fin자리에 for도 나타날 수 있다.

(41) I'm anxious for you to receive the best treatment possible.

따라서, 다음과 같이 TP의 지정어 자리가 음성적으로 실현되어야 한다는 조건과 Fin자리에 Ø뿐만 아니라 'if, for, whether' 등도 나타날 수 있다는 조건을 첨가할 필요가 있다.

(42) A head in a split CP projection can be spelled out in English as:
　　(ⅰ) that in a complement clause if it carries a declarativeforce feature(with or without a finiteness feature) and SpecTP is overt(that is, phonetic).
　　(ⅱ) Ø, if, or whether if it carries a finiteness feature(with or without a declarative force feature).
　　(ⅲ) for if it doesn't carry a finiteness feature(with or without a declarative force feature).

여기에 설정된 (42)로 [that-흔적] 현상의 문법성을 설명할 수 있다. 다시 말해서, 보문소가 한정성 자질을 갖고, TP의 명시어 자리에 음성적으로 실현되는 주어가 나타나지 않아 'that'이 문자화될 수 없다. 만약 다음 (43)과 같이, 'that'이 'For'의 자리에 나타난다면 비문법적인 문장이 된다.

(43) (a) *Who did you say that would hate soup?

   (b) Who_i did you say [ForP t_i' [For that] [TP t_i would hate soup]]] ?

또한, (42)는 관계절에 나타나는 이중 보문소 구문을 설명할 수 있다. 규칙 (42)에 따르면, 서술문에서 TP의 지정어 자리가 음성적으로 실현되지 않아 문자화될 수 없는데도 문자화된다면 그 문장은 비문법적인 문장이 된다. 다음 (44)의 문장을 살펴보자.

(44) * I just saw a person who that could pass for Albert Einstein!

(44)에서 TP의 SPEC자리에 음성적으로 실현된 요소가 없는데도 'ForP'의 'For'자리에 'that'이 문자화되어 비문으로 처리된다.

더하여, (42)는 보문소와 부사가 하나의 통사구조를 형성하고 있다는 'that-AvP'를 설명할 수 있다[8].

---

8   Carnie(2000)는 보문소와 부사(구)가 결합하여 '[Co [Co that] AvP]'와 같이 하나의 구성요소를 형성한다고 주장한다.

(45) (a) I think that Zola will beat Mary with her new strategy.

(b) I think that with her new strategy Zola will beat Mary.

'that'이 'Force자질'을 가질 경우에 부사구가 화제화 되어 'TopP'에 나타날 수 있다. (34)를 다시 쓴 다음의 예문을 살펴보자.

(46) (a) You must know that this kind of behaviour we cannot tolerate.

(b) ... [ForP [For that][TopP this kind of behaviour [Top Ø][FinP [Fin Ø] [TP we [T cannot] tolerate t]]]]

(47) (a) *You must know this kind of behaviour that we cannot tolerate.

(b) *You must know that this kind of behaviour cannot tolerate.

(46)에서는 'that'이 'Force'의 핵 자리에, 'this kind of behaviour'는 'TopP'의 명시어 자리에, Ø은 'Fin'의 핵으로 문자화되었다. 만약 (47a)과 같이 'Force'자질을 가진 'that'이 'Fin'의 핵으로 문자화되거나, (47b)에서와 같이 보문소에 나타난 'that-AdvP'의 뒤에 TP의 SPEC자리가 비워있는데도 'that-AdvP'가 문자화된다면 (42)에 의해 비문법적인 문장으로 처리된다.

요약하면, 이 장에서는 CP-분리와 CP-융합의 문제점 및 설명력을 살펴보고, CP-분리가설을 바탕으로 제안한 Rizzi(1997)의 문자화 규칙의 설명력 및 문제점을 제시한 후, 이를 수정·보완한 문자화 규칙을 제안하였다. 구체적으로 살펴보면, Rizzi(1997)의 보문소 분리 가설은 화제화 요소나 초점을 받는 요소가 포함되어 있는 문장에서 CP의 요소들이 CP의 분리 층위를 통해 통사구조에 실현될 수 있다는 것을 말해 주고 있다. 화제화 요소와 초점요소를 모두 포함하는 경우에서는 Force층위, Top층위, Foc층위, Fin층위가, 화제화 요소만 포함되어 있는 경우에는 Force층위, Top층위, Fin층위가, 초점요소만 포함되어 있는 경우에는 Force층위, Foc층위, Fin층위가 설정되어 있다. 그러나, 화제화 요소나 초점요소를 포함하지 않는 문장에서는 CP가 분리되지 않고 Force자질과 Finiteness자질이 합성된(composite) 하나의 핵 C로 실현된다.

또한, Sobin(2002)은 보문소를 분리하여 통사구조를 확대할 것이 아니라 매우 단순화할 필요가 있다고 주장하였다. 다시 말해서, CP의 지정어와 핵 요소들은 회복 가능성(recoverability)을 위배하지 않고 하나의 요소로 융합(fuse)되면 이들 요소 간에 자질점검이 일어나게 된다. 그러나 CP의 결정적인 요소들은 순수하게 기능적이며, 특히 융합시 구조적으로 최소 형태의 일치를 받고 있는데, 이 점에 대해서 구체적으로 설명하지 못하고 있다. 아울러 영어에 초점을 두어 설정한 융합이론은 다른 언어의 자료를 검토하지 않았기 때문에 설명적 타당성이 결여되어 있다. 더욱이, 융합이론은 이중 보문자 구문(doubly-filled Comp)의 비문법성뿐만 아니라 부사와 상호작용한 이중보문소구문의 문법성을 제대로 설명하지 못하고 있다.

이와 같이, Rizzi(1997)의 문자화 규칙은 화제화나 초점요소가 나타나는 구문을 효과적으로 분석할 수 있는 설명력이 있었으나, [that-흔적] 현상과 보문소 'if, whether, for' 등이 나타날 수 있는 경우를 제대로 설명하지 못하고 있다. 따라서, 이 장에서는 Rizzi(1997)의 문자화 규칙을 다소 수정하여 다음과 같은 문자화 규칙을 제안하였다.

(48) A head in a split CP projection can be spelled out in English as:
- (i) that in a complement clause if it carries a declarative force feature(with or without a finiteness feature) and SpecTP is overt(that is, phonetic).
- (ii) ∅, if, or whether if it carries a finiteness feature(with or without a declarative force feature).
- (iii) for if it doesn't carry a finiteness feature(with or without a declarative force feature).

이 규칙은 [that-흔적 현상뿐만 아니라 이중보문소구문과 'that-Adv'의 현상을 설명할 수 있다는 것을 살펴보았다.

4. 보문절의 역동적 의미해석

보문소와 시제는 보문절의 의미해석에 있어서 중요한 역할을 하고, 동사의 특성으로 시제일치규칙에서 예외로 처리하는 현상을 설명할 수 있으며, 부사, 시제, 문맥 등에 의해 다양한 해석들이 분명하게 해석될 수 있음을 살펴보고자 한다.

4.1. 통사론적 접근

Enc(1987), Stowell(1992)은 통사구조에 있어서의 보문소의 정박 여부를 바탕으로 보문절이 갖는 다양한 의미를 해석하고자 하였다. 모문절의 사건과 보문절의 사건 간에는 시간적 의미 관계가 표현된다. 다음 (49)의 문장은 보문절의 사건이 모문절의 사건 이전에 일어난 회상해석이 된다.

(49) Bill reported that Peter sang a song on Friday.

과거시제는 Bill이 보도하기 이전의 지점에 Peter가 노래하는 사건이 있다는 회상해석이 된다. Peter가 금요일에 노래한 사건을 Bill이 토요일에 보도했다(Bill reported on Saturday that Peter sang a song on Friday)는 의미로 해석된다.

Enc(1987:636-7)은 보문절의 회상해석을 설명하기 위해 다음과 같은 정박조건(Anchoring Condition)을 도입한다.

(50) Anchoring Conditions
 (a) Tense is anchored if it is bound in its governing category(GC), or if its Comp is anchored. Otherwise, it is unanchored.
 (b) If Comp has a GC, it is anchored iff it is bound within its GC.
 (c) If Comp does not have a GC, it is anchored iff it denotes the ST.

시제가 지배범주에서 결속되고 그 시제를 결속하는 Comp가 정박된다면 그 시제는 정박되며, Comp가 지배범주를 갖고 지배범주 내에서 결속된다면 정박되며, Comp가 지배범주를 갖지 않지만 그것이 발화시(speech time)를 나타낸다면 정박된다. 이러한 정박조건으로 문장 (49)를 통사구조 (51)로 설명할 수 있다.

(51)
```
       CP
       |
       C'
      / \
     C   IP
   COMP₀ / \
        I'  
       / \
      I   VP
         / \
        V₀  CP
      report |
             C'
            / \
           C   IP
         COMPⱼ / \
              I'
             / \
            Iⱼ  VP
               / \
              V   NP
                 sing
```

모문절에서 발화시를 갖고 있는 COMP₀는 GC를 갖고 있지 않지만 발화시를 나타내므로 정박되고, 모문절의 시제는 GC에서 결속되므로 정박되며, 보문절의 COMPⱼ는 GC내에서 결속됨에 따라서 모문절의 동사에 의해 결속되게 된다. 따라서, 정박조건에 의해 보문소가 정박되기 때문에 보문절의 시제도 정박되어 회상해석이 된다. 다시 말해서, 모문절의 사건시에 의해 보문절의 보문소가 정박되고 보문소에 의해 보문절의 사건시가 정박되기 때문에 보문절의 사건시는 모문절의 사건시 이전에 일어나는 회상해석이 된다.

모문절과 보문절 간의 시간관계가 회상해석 뿐만 아니라 동시해석이 될 수 있음을 보문소를 고려하여 살펴보자. 다음 (52a)는 회상해석뿐만 아니라 동시해석도 될 수 있다.

(52) (a) Bill said that Peter sang a song on Friday.

　　(b) Bill said on Saturday that Peter sang a song on Friday.

　　(c) Bill said on Friday that Peter sang a song on Friday.

(52b)와 같이 Bill이 말한 시간이 토요일이고 Peter가 노래 부른 시간이 금요일이라면 보문절은 회상해석이 되고, (52c)와 같이 Bill이 말한 시간과 Peter가 노래 부른 시간이 동일하게 금요일에 일어난 것이라면 동시해석이 된다. 회상해석과 동시해석이 되는 경우를 다음과 같은 통사구조로 각각 제시할 수 있다.

(53) (a)
```
        CP
       /  \
          C'
         /  \
        C    IP
     COMP₀  /  \
           I'
          /  \
         Iᵢ   VP
             /  \
            V    CP
           say  /  \
               C'
              /  \
             C    IP
          COMPⱼ  /  \
                I'
               /  \
              Iⱼ   VP
                  /  \
                 V    NP
                sing
```

(b)
```
        CP
        /\
          C'
         /  \
        C    IP
     COP₀   / \
           I'
          / \
         Iᵢ  VP
            / \
           V   CP
          say  / \
              C'
             /  \
            C    IP
          COMP  / \
               I'
              / \
             Iⱼ  VP
                / \
               V   NP
              sing
```

(53a)에서는 모문절의 COMP$_0$는 GC를 갖고 있지 않지만 발화시를 나타내므로 정박되고, 모문절의 시제는 GC에서 결속되므로 정박되며, 보문절의 COMP$_j$는 GC내에서 결속됨에 따라서 모문절의 동사에 의해 결속되게 된다. 다시 말해서, 모문절의 사건시 E가 보문절의 COMP를 결속하므로 정박조건에 의해 보문소가 COMP$_j$로 정박되고, COMP$_j$는 보문절의 사건시를 결속하여 보문절의 사건시는 I$_j$로 정박된다. 따라서, 정박조건에 의해 보문소가 COMP$_j$로 정박되기 때문에 보문절의 시제가 I$_j$로 정박되어 회상해석이 된다. 반면에, (53b)에서는 보문절의 시제가 GC를 갖기 때문에 직접 결속되어 모문절의 시제와 공지표 I$_i$를 갖게 되므로 모문절의 사건시와 보문절의 사건시가 동시에 일어나는 동시해석이 된다.

요약하면, 앞에서 제시한 바와 같이, Enc의 제안에 대한 문제점으로는 지표가 문맥에 의해 임의적으로 할당되고 있고, 아울러 SOT현상을 설명하는데도 불구하고 SOT규칙을 전혀 적용하지 않기 때문에 보문절의 과거시제 형태소만을 고려하여 모문절과 보문절 간의 시간관계를 해석하는데 한계가 있다. 또한 보문소와 관계없이 모문절과 보문절 간의 의미해석이 결정되는 경우를 제대로 설명하지 못하고 있다.

4.2. 형식의미론적 접근

앞에서 살펴본 바와 같이, Ogihara(1995)는 Enc의 문제점을 해결하기 위해 DT를 제안했다. Ogihara는 SOT현상을 설명하기 위해서는 SOT규칙이 필요하다는 전통적 관점을 취하고 있다. 또한, SOT규칙은 통사구조가 모형 이론적(model theoretic)으로 해석되기 이전에 LF에서 수의적으로 적용된다고 강조한다. (54a)에 DT를 적용하면 (54b)가 된다.

(54) (a) John PAST say that Mary PAST be sick.
　　 (b) John PAST say that Mary Φ be sick.

(54b)는 다음과 같이 변환된다.

(55) ∃t₁ [t₁⟨s* & t₁ ⊑tR₁ & say' (t₁, j, ^[be-sick'(m)])]

여기서 'say''는 간격(interval), 개체, 명제를 취하는 3항 술부동사(three-place predicate)이다. 'say'는 태도동사(attitude verb)에 속하기 때문

에 어휘의미는 다음과 같이 정의된다.

(56) For any world w, time t, "property of times" P(= a set of world-time pairs), and individual e, [say']w(p)(e)(t) = true iff in w at t, e talks as if e self-ascribes the property of being located at a time at which p is true.

어떤 세계 w, 시간 t, 시간속성 p, 개체 e에 있어서, e는 p가 참인 시간에 위치하게 되는 속성을 갖는 것처럼 말하게 되는 경우일 때만이 [say']w(p)(e)(t)는 참이 된다. 'say'의 이러한 속성 때문에 (54b)에서 모문절과 보문절간의 시간관계는 동시해석이 된다. 다시 말해서, Mary가 아픈 시점에 John이 말하는 사건이 동시에 일어나는 해석이 된다.

만약 DT가 적용되지 않는다면, 다음의 형식과 같이 변환된다.

(57) ∃t1 [t1⟨s* & t1 ⊑tR1 & say' (t1, j, λt2 [∃t3[t3⟨t2 & t3 ⊑tR3 ^[be-sick'(m)]])]

위의 예에서와 같이, John은 t1의 시점에서 이전의 시간인 t2의 사건을 말하고 있다. 따라서, 'Mary is sick at some t'⟨t'은 t에서 말했다는 회상 해석이 된다. 다시 말해서, John이 실제 말한 시간 보다 더 이전의 시간인 t'에서 Mary가 아팠다는 해석이 된다.

또한, 모문절의 시제가 과거인데도 보문절의 시제가 현재시제인 경우를 설명하기 위해 Shavit(2003)은 다음과 같은 매입가능성 원리(Embeddability Principle: EP)를 제안한다.

(58) 매입 가능성 원리(Embeddability Principle: EP)

모문의 A가 LF에서 정형이면 A와 A'는 내용상 일치하는 A'가 있고 또한 [NP Tense V A']도 LF에서 정형이다(If A is a well-formed LF of a matrix sentence, then there is an A' such that A and A' match in content, and [NP Tense V A'] is also a well-formed LF).

'Mary is pregnant'를 A로 가정하면, A는 EP에 의해 모문에 매입될 수 있다. 이것은 모문절에 있는 LF [Mary Pres be pregnant]가 정형의 LF로써 다음과 같은 LF를 제시한다는 것을 의미한다.

(59) [John PAST believe λ0[Mary 0-be pregnant]]

λ는 보문절을 모문절에 삽입할 수 있도록 하는 연산자(operator)다. 위의 LF는 SOT의 규칙을 적용한 결과다. 여기서 0는 논항들 중의 하나로 시제로 구현되지 않은 경우다. 이것을 삭제되지 않은 과거시제 형태소(undeleted past tense morpheme)가 논항으로 취한다. 따라서, (59)에서 모문절이 과거시제라 할지라도 보문절의 시제표지가 현재가 될 수 있다.

그러나, 보문절의 DT가 적용되면 동시해석이 되고 적용되지 않으면 회상해석이 된다고 설명하고 있다. 이는 수의적으로 적용될 수 있다는 점에서 DT의 적용 기준이 무엇인지 분명하지 않다. 또한, EP는 SOT의 예외 현상을 태도동사와 관련하여 해석하였으나 'match in content'의 정의가 분명하지 않다.

4.3. 보문절의 역동적 해석

앞장에서는 보문절의 시제표지의 구현이나 의미해석을 하나의 원리나 규칙으로 다양한 의미해석을 모두 설명하려고 시도하였기 때문에 반례들을 제대로 설명하지 못하는 문제점들이 제기되었다. 따라서 여기서는 의미해석에 관련되는 다양한 요인들을 동사의 특성, 시제와 시간부사, 문맥정보 등으로 세분하여 살펴보고자 한다.

가. 동사의 특성

태도동사가 보문절의 시간해석에 영향을 미칠 수 있다. 태도동사는 모문절과 보문절 간의 시간관계가 동시해석이 될 수 있게 한다. 이러한 태도동사는 다음과 같이 네 가지로 분류될 수 있다(Abusch, 1987).

(60) (a) 비사실적 태도동사(non-factitive attitude verb)
　　　(b) 명사구를 보충어로 취하는 동사(NP complemented verb)
　　　(c) 절을 보충어로 취하는 사실동사(clausally complemented factitive verb)
　　　(d) 다소 인지적 표현이 아닌 태도동사(less cognitive sounding attitude expression)

비사실적 태도동사에는 'believe, say' 등이 있고, 명사구를 보충어로 취하는 동사에는 'seek' 등이 있으며, 절을 보충어로 취하는 사실동사에는 'know' 등이 있고, 다소 덜 인지적 표현의 태도동사에는 'regret, be happy, intend' 등이 있다. 다음의 문장은 태도동사에 의해 동시해석이 될 수 있다.

(61) John said that he arrived on Friday.

비사실적 태도동사 'say'에 의해, John이 말한 시간과 도착한 시간이 동일한 시간에 동시에 일어나는(John said that he arrived on Friday) 동시해석이 가능하다.

태도동사는 자리바꿈의 문맥(transposing context)을 만들어 보문절의 시제를 다른 시제로 전환하게 한다. Abusch(1987: 636)는 자리바꿈의 문맥을 다음과 같이 정의한다.

(62) 매입절의 시제(Tns2)가 모문절 동사의 내포논항 내에 있다면, 그 시제는 자리바꿈 문맥에 있다. (In sentences with an embedded Tns2, Tns2 is in a transposing context iff it is within an intensional argument of past tense verb.)

보문절 동사의 시제가 전환되기 위해서는, 그 시제는 모문절 동사의 내포적 논항을 취하는 범위 내에 있어야 한다. 모문절의 시제가 과거시제일지라도 보문절의 시제가 자리바꿈의 문맥에 있다면 현재시제가 될 수 있다. 이와 같은 현상은 시제일치규칙에서 예외로 처리되어 왔다. 시제일치규칙에 의하면, 모문절의 시제가 과거시제이면 보문절의 시제가 후행 이동되므로 반드시 과거시제 또는 과거완료가 되어야 한다. 그러나, 자리바꿈의 문맥에 의하면, 시제일치규칙에서 예외로 처리된 경우를 적절하게 설명할 수 있다.

(63) (a) John said that Mary was pregnant.
　　(b) John said that Mary is pregnant.

(63a)에서는 모문절 내포동사 'say'의 내포적 논항을 취하는 범위 내에 보문절의 시제 'was'가 있다. 따라서, 보문절의 시제가 자리바꿈을 할 수 있기 때문에, (63b)와 같이 현재시제 'is'로 전환될 수 있다. 또한, (63b)의 경우 모문절과 보문절간의 시간해석은 동시해석이나 회상해석 뿐만 아니라 포함해석(inclusive reading)도 가능하다. Mary가 임신한 사실과 John이 말하는 시간이 동시에 일어난 경우는 동시해석이 될 수 있고, Mary가 임신한 이전의 상황을 John이 이후에 말했다면 회상해석이 될 수도 있다. 아울러, 보문절의 동사가 상태 동사이므로 John이 말하는 발화시간을 포함하는 포함해석도 될 수 있다.

모문절의 내포동사가 'say'인 경우, 모문절의 시제가 과거일지라도 다음의 예와 같이 보문절의 시제가 미래가 될 수 있다.

(64) Mary said that John will cry. (Thompson, 2003)

여기서는 SOT의 규칙이 적용되지 않은 것으로 보문절의 사건은 발화시와 관련되어 해석된다. 보문절의 울고 있는 사건은 발화시보다 이후에 일어나는 것으로 해석된다.

나. 시간부사와 시제

모문절과 보문절 간에 나타나는 다양한 의미 해석은 명시적 시간 부사

(explicit temporal adverb)에 의해 분명하게 해석될 수 있다. 이는 부사가 시간의 기준을 설정해 주는 요인이기 때문이다. 다음의 문장은 회상해석만 될 수 있다.

(65) The butler reported yesterday that the duke had vanished a couple of days before. (Declerk, 1991: 132)

보문절의 시제는 모문절의 시제에 의해 통제되어 실현된다. 명시적 부사 'a couple of days before'에 의해 설정된 기준시는 'yesterday'에 의해 설정된 모문절의 기준시보다 더 이전에 일어난 사건임을 말해 주기 때문에 회상해석이 된다.

또한, 명시적 시간부사는 보문절의 시제표지가 포함해석이 될 수 있는 여부를 결정할 수 있다.

(66) (a) Two years ago, Sally found out that Mary was pregnant.
    (b) #Two years ago, Sally found out that Mary is pregnant.

(Sharvit, 2003)

(66a)에서는 임신한 시간이 알게 된 시간을 포함하는 해석이 가능하다. 반면에, (66b)에서는 임신한 시간이 발견한 시간과 발화시를 모두 포함하는 해석이 되도록 요구하지만 보문절의 시제표지에 의해 임신한 시간의 범위에 대한 지식과 포함해석 간에는 충돌이 일어난다. 따라서, (66b)는 용인가능성이 떨어지는 문장이 된다.

명시적 시간 부사(절)와 유사하게, 시제가 보문절의 의미를 분명하게 해석할 수 있도록 한다. 다양한 해석이 될 수 있는 (67a)의 경우와 달리, 시제에 의해, (67b)는 예상해석(forward shifted reading)만 될 수 있다.

(67) (a) John will tell you on Thursday that he feels fine.
(b) John will tell you on Thursday that he will write a letter.

(Baker, 2001: 539)

(67a)에서는 첫째, 'John will tell you on Thursday that he feels fine on Monday'와 같이 회상해석이 될 수 있고, 둘째, 'John will tell you on Thursday that he feels fine on Thursday'와 같이 동시해석이 될 수도 있고, 셋째, 보문절의 동사가 상태 동사이므로 모문절의 발화시를 포함하는 포함해석도 될 수 있다. 그러나, (67b)에서와 같이, 보문절의 시제가 미래시제가 되면 시제에 의해 편지를 쓰는 보문절의 사건이 모문절의 사건 이후에 일어날 것이라는 예상해석이 되게 한다.

유사하게, 모문절의 시제가 미래시제이고 보문절의 시제가 현재인 경우이거나, 보문절에 'be going to' 등이 쓰인 경우는 모문절과 보문절 간의 시간관계가 더 분명하게 해석된다.

(68) He said that there was going to be a storm in a minute.

모문절의 시제가 과거일 때, 'be going to'는 보문절의 사건을 모문절의 사건보다 더 이후에 일어나게 하는 예상해석이 된다. 아울러, 보문절의 시제가 미래완료인 경우, 모문절의 사건과 보문절의 사건간의 시간관계가 분명하게 해석될 수 있다.

(69) I don't know if my assistant has finished the report yet, but I can assure you that he will have finished it before the end of the week, for he has promised to do so and I know that he always keeps his promises. (Declerk, 1991: 226)

보문절에 나타난 미래완료시제는 보고서가 마무리되었는지에 대해 모르는 상태에서 더 많은 정보를 얻고자 하는 경우에 사용되는 시제이므로 보문절의 시제는 미래의 기준시로 이동이 되고, 그 기준시에서 앞으로 사건이 일어날 것을 나타내므로 예상해석이 된다.

시제에 의해 보문절의 의미해석이 결정되는 경우가 있다. 다음 (70)을 살펴보자.

(70) (a) John decided a week ago that in ten days at breakfast he would say to his mother that they were having their last meal together.
(b) John decided a week ago that in ten days at breakfast he will say to his mother that they were having their last meal together.

(70a)는 동시해석과 회상해석이 모두 가능하다. 다시 말해서, 식사를 하는 사건이 어머니에게 말을 하는 사건과 동시에 일어날 수도 있고 이전에 일어날 수도 있다. 그러나, (70b)는 동시해석이 될 수 없고 '식사를 하는' 사건이 '어머니에게 말을 하는' 사건 이전에 일어나는 회상해석만 가능하다.

다. 문맥정보

Trueswell & Tanenhaus(1991)에 의하면, 매입절의 시제가 전형적으로 새로운 사건을 설정하는 것이 아니라 담화 상에 이미 설정한 사건을 회상하는 역할을 한다고 주장한다. 다시 말해서, 매입절의 시제표지는 연관을 맺는 선행사건이 없다면 적절하게 해석될 수 없다고 한다. 또한, Ogihara(1995)도 문맥으로 보문절의 의미해석에 사용되는 변수들에 대한 치(value)를 부여하였다.

보문절의 다양한 해석도 문맥에 의해 분명하게 해석될 수 있다. 문맥은 모문절과 보문절 간의 시간관계에서 다양하게 해석되는 경우를 하나의 해석만 가능하게 한다. 다음의 보문절은 문맥에 의해 회상해석만 될 수 있다.

(71) Kim came to my office yesterday. He looked happy when he arrived. He told me that he got an A in syntax. He was very proud of it.

(Smith, 1980: 355)

통사론 강좌에서 A학점을 받은 사건은 말하기 전에 이미 결정된 사건임을 'He looked happy when he arrived' 등의 문맥정보를 통해 알 수 있다. Kim이 통사론 학점을 잘 받아 행복한 모습으로 찾아와서 말했다는 것을 문맥을 통해 알 수 있으므로 보문절의 사건이 모문절의 사건 이전에 일어나는 회상해석이 된다.

유사하게, 문맥과 시제에 의해 보문절의 시제가 회상해석이 되는 경우가 있다.

(72) (said when planning someone's murder) The police will think that he was killed when he came home after he had attained the meeting at his club. They will believe that he was murdered by the syndicate.

모문절의 시제가 미래시제이고 보문절의 시제가 과거시제이므로 보문절의 사건은 보문절의 사건 이전에 일어났다는 것을 알 수 있다.
　더욱이, 문맥과 상적 특성에 의해, 보문절의 사건이 모문절의 사건과 동시해석이 되는 경우가 있다.

(73) He tied it around his neck and he worked it down under the line that was across his shoulders now. The sack cushioned the line.

보문절에 사용된 상태 동사와 'now'는 보문절의 사건이 모문절의 사건과 동시에 일어나는 해석이 되도록 한다.
　회상해석이나 동시해석과 달리, 보문절의 사건이 문맥과 'would'에 의해 모문절의 사건 이후에 일어나는 예상해석이 된다.

(74) He went back to the stern and he found the jagged end of the tiller would fit in the slot of the rubber well enough for him to steer. He settled the sack around his shoulders.

(75) John said he was tired because he had worked hard and that he would go to sleep early.

'would'는 '과거속의 미래(future in the past)'를 나타내는 시제이기 때문에 앞으로 일어날 것을 예상하는 장치이다. 따라서, 보문절의 사건은 모문절의 사건 이후에 일어나는 예상해석이 된다.

요약하면, 이 장에서는 보문소의 종류와 통사적 위치를 제시하고, 보문소가 보문절의 의미해석에 있어서 중요한 역할을 한다는 것을 살펴본 후, 동사의 특성으로 시제일치규칙에서 예외로 처리하는 현상을 설명하였다. 아울러 부사, 시제, 문맥 등에 의해 보문절의 의미가 분명하게 해석될 수 있음을 논의하였다. 구체적으로 살펴보면, [±wh, ±finite]를 가진 보문소는 CP의 C자리에 구현된다. 또한, 보문소는 첫째, 굴절요소와 달리 동사의 자질을 가지고 있지 않고 의미적 내용도 결여되어 있기 때문에 보문소의 CP는 L-표시되지 않으며 둘째, 보문소는 고유지배자가 아니기 때문에 고유지배자인 N,V,A,P와 달리 핵 이동이나 핵 지배를 할 수 없고, 보문소의 뒤에 남은 흔적을 인허할 수 없으며 셋째, N,V,A,P와 달리 보문소는 시제와 밀접한 관계가 있으며 넷째, 최소이론에서 C는 기능범주로 의문사구 이동이나 I의 C로의 인상(I_0-to-C_0 Raising) 등과 같은 통사적 논증에 의해 정당화되며 다섯째, 보문소 C가 절의 유형을 결정하는 유형자질 [force]와 법을 나타내는 자질 [mood]를 가지며 여섯째, 보문소 'that'이 나타나는 절은 완전한 CP로서 보문소가 가진 범주의 특성대로 DP의 역할을 할 수 있고, 보문소 'that'이 나타나지 않는 절은 불완전 CP이므로 DP의 역할을 하지 못한다.

모문절의 사건과 보문절의 사건 간의 의미 관계는 회상해석, 동시해석, 포함해석, 예상해석 등 다양하게 나타난다. 특히, 태도동사는 모문절과 보문절 간의 시간관계가 동시해석이 될 수 있게 하고, 아울러 자리바꿈의 문맥을 만들어 보문절의 시제를 다른 시제로 전환할 수 있게 한다. 여기서 보문소는 이러한 다양한 해석들을 분명하게 설명할 수 있는 중요한 역할을 한다는 것을 논의하였다. 정박조건에 의해 보문소가 $COMP_j$로 정박되기 때문에 보문절의 시제가 I_j로 정박되어 회상해석이 되는 반면에 보문절의 시제가 GC를 갖기 때문에 직접 결속되어 모문절의 시제와 공지표 I_i를 갖게 되므로 모문절의 사건시와 보문절의 사건시가 동시에 일어나는 동시해석이 된다. 아울러, 이러한 보문절의 다양한 해석을 하나의 해석만 가능하게 해 주는 요인으로 명시적 시간부사, 시제, 문맥 등이 있음을 살펴보았다.

주요개념
- 보문소의 특성
- 핵 이동과 보문소의 자질
- 최소이론의 기능범주
- CP의 분리와 융합
- 보문소 분리가설
- 문자화와 [that-흔적]현상
- 시제일치규칙
- 보문절의 역동적 의미해석
- 매입가능성원리

제5장 연습문제

1. 화자는 개인 내적 층위에서 모문절과 보문절 간의 시간해석이 회상해석이나 동시해석이 될 수 있도록 보문소와 시제 간의 관련성을 고려하여 구조를 형성화해야 한다. 화자는 보문소의 역할, 모문과 보문의 발화시(speech time: S)나 사건시(event time: E) 등의 관계를 연관시켜 언어를 계획하는 과정을 설명하시오.

2. 모문절과 보문절 간에 나타나는 다양한 의미 해석은 명시적 시간 부사(explicit temporal adverb)에 의해 분명하게 해석될 수 있다. 이는 부사가 시간의 기준을 설정해 주는 요인이기 때문이다. 'The butler reported yesterday that the duke had vanished a couple of days before.'의 문장에서 모문절과 보문절 간 어떤 시간해석이 가능한지 설명하시오.

3. Rizzi(1997)의 보문소 분리 구조와 Sobin(2002)의 CP융합구조의 설명력 및 문제점은 무엇인가? 화제화 요소나 초점을 받는 요소가 포함되어 있는 문장에서 보문소가 분리되어야 한다고 주장하는 Rizzi(1997)의 보문소 분리 구조를 바탕으로 [that-흔적] 현상을 분석하시오.

4. 시제일치규칙에 의하면, 모문절의 시제가 과거시제이면 보문절의 시제가 후행 이동되므로 반드시 과거시제 또는 과거완료가 되어야 한다. 그러나, 'John said that Mary is pregnant.'와 같이 시제일치규칙에서 예외로 처리된다. 이에 대해 태도동사를 고려하여 설명하시오.

제6장

등위접속 요소들 간 의미해석

어휘상은 등위접속 요소들 간 시간해석을 명료하게 한다.
- Baker(2001)

생각하기
1. 등위접속 요소 간의 시간관계에 관련되는 요인들은 어떤 것이 있는가?
2. 등위접속 요소들 간 시간해석에 우선적으로 적용할 수 있는 요인들은 무엇인가?
3. 담화에 나타난 등위접속 요소들 간 역동적 해석에는 어떤 양상들이 있는가?

화자는 개인 내적 층위에서 청자가 등위접속 요소들 간 시간해석을 명료하게 이해할 수 있도록 등위접속의 의미구조를 형성화(formulation)한다. 등위접속 요소들 간 시간 관련성은 선후관계, 동시관계, 포함관계, 설명관계, 대조관계 등과 같이 다양한 의미로 해석될 수 있기 때문이다. 이러한 등위접속 요소들 간 시간 관련성을 적절하게 해석하는 데는 어휘상, 인과성, 문맥정보 등의 요인들이 있다. 이 장에서는 등위접속 요소들 간의 다양한 시간관계를 적절하게 해석하는데 필요한 어휘상, 인과성, 문맥정보 등의 요인들과 역할들을 살펴보고, 요인들 간의 우선 적용 순위를 검증한 후, 그 요인들을 바탕으로 담화에 나타난 등위접속 요소들 간의 다양한 시간해석 양상들을 상호작용 의미·화용의 관점에서 살펴보고자 한다[1].

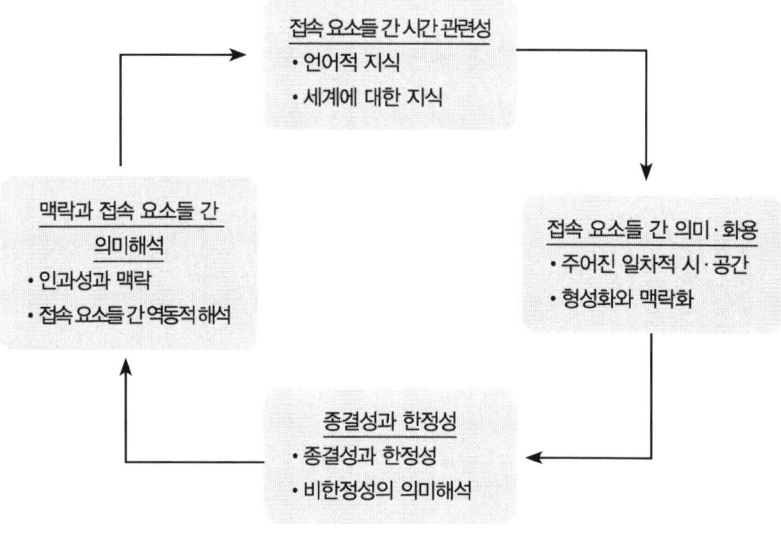

[그림 1] 핵심 내용 흐름도

1. 등위접속 요소들 간 시간 관련성

등위접속 요소 간의 시간관계에 대한 종전의 접근은 Harnish(1976: 359)의 경상규칙, Bar-Lev & Palacas(1980:141)의 의미관할규칙, Sperber & Wilson(1993), Carsten(1993) 등의 관련성수칙, Grice(1989)의 순서성 수칙, Blakemore(1987), Lascarides & Oberlander(1993) 등이 있다. 먼저, 경상규칙은 말하는 순서가 사건의 순서를 반영한다는 규칙이고, 의미관할규칙은 둘째 사건이 첫째 사건보다 시간적 인과적으로 뒤

---

1 이 장은 김진석(2005d)을 상호작용 의미·화용의 관점에서 수정·보완한 것임

에 일어나는 해석이 되어야 한다는 규칙이다. 이 두 규칙은 사건이 일어난 순서대로 기술된다는 순서성 수칙과 유사하다.

또한, 시간적 뿐만 아니라 인과적 함축을 갖는 문장들을 분석하는 관련성 수칙을 들 수 있다. 관련성수칙은 문장 간의 관계를 해석하는데 가능한 노력이 적게 드는 문장일수록 관련성이 많다는 수칙이다. 만약 문장을 해석하는 노력이 많이 든다면 문장 간의 관련성은 상대적으로 적게 나타난다는 것이다(김진석, 1997).

그러나, 경상규칙, 순서성 수칙, 의미관할규칙은 사건[2] 간의 순서가 사건이 일어난 순서대로 기술되지 않는 등위접속 요소들 간의 시간관계를 제대로 분석하지 못한다. 다음의 등위접속 요소들 간 시간관계를 살펴보자.

(1) (a) We spent the day in town and I went to Harrods.

(Carsten, 1993: 38)

(b) She is happy and she got a phone call.

(Carsten, 1993: 38)

(c) John lives in a flat in town and Mary lives in a cottage in Devon.

(Haegeman, 1989: 310)

위 등위접속 요소들 간 시간 관련성은 포함관계, 설명관계, 대조관계

---

2   Vendler(1967)는 어휘상(aktionsart)을 상태와 비상태로 대별한다. 후자는 활동(activity), 성취(accomplishment), 완수(achievement)를 포함하는 것으로 사건(event)자질을 갖지만 전자는 사건자질을 갖지 못한다. Comrie(1976:51)는 성취와 완수가 사건에 속하는 것으로, 활동은 과정에 속하는 것으로 분류한다. Bach(1986)는 상태, 활동, 성취, 완수를 다 포함하는 개념으로 사건성(eventuality)을 사용한다. 본 연구에서는 사건을 Bach(1986)의 사건성 개념과 동일한 것으로 논의한다.

로 해석될 수 있다. (1a)에서는 '우리는 시내에서 하루를 보냈고 나는 Harrods로 갔다'는 해석이 되므로 C2^{3}가 C1에 포함되는 포함관계가 되며, (1b)에서는 '그녀가 전화를 받았기 때문에 행복하다'라는 해석이 되므로 C2가 C1을 보충 설명하여 주는 설명관계가 된다. (1c)에서는 'John은 읍내에 있는 아파트에 살지만 Mary는 Devon에 있는 주택에 산다'라는 해석이 되므로 C2가 C1의 사건과 상반되는 대조관계를 보여준다. 경상규칙, 순서성 수칙, 의미관할규칙은 이러한 다양한 등위접속 요소들 간 시간 관련성을 해석하지 못하고 있다.

또한, 관련성 수칙은 등위접속 요소 간의 관련성과 문장 해석의 노력에 대한 설명은 있으나 관련성의 구체적인 원인에 대한 분석을 제시하지 못한다. 더욱이, Lascarides & Oberlander(1993)는 등위접속 요소 간의 관계에 영향을 미치는 요인으로 언어적 지식이나 세상 지식(world knowledge)을 제시하고 있으나 어휘상(aktionsart), 인과성(causality), 문맥정보(contextual information), 텍스트 구성지식 등의 화용적 지식(pragmatic knowledge)을 고려하지 못하고 있다. 이에 대해, 다음 절에서 상호작용 의미·화용적 접근으로 등위접속 요소들 간 시간 관련성을 해석하고자 한다.

2. 등위접속 요소들 간 상호작용 의미 · 화용

등위접속 요소들 간 관련성은 포괄적으로 해석될 수 있다. 대화 참여자들 간 상호작용 시, 화자는 다양한 요인들을 고려하여 등위접속 요소

---

3   설명의 편의상 등위접속 요소 중 첫 번째 요소를 C1로, 두 번째 요소를 C2로, n요소를 Cn으로 표기한다.

들 간 관련성을 계획하고 발화한다(Deppermann, 2011). 그 요인들에는 1장에서 살펴본 바와 같이 언어적 지식, 언어맥락, 상황 맥락, 사회·문화 맥락 등이 층위별로 관련된다.

[개인 내적 층위]

· 거시계획(macro-planning)

　- 개념층위의 의도(intention) 형성

　- 문장들 간 언어맥락

　· 미시계획(micro-planning)

　- 발화 이전의 통사적·음운적 메시지(pre-verbal message)

　- 발화 이전의 비언어 메시지(pre-nonverbal message)

　- 단일문장 내 언어맥락

[대인 간 층위]

· 상황 맥락

· 사회 문화맥락

[점검 층위]

· I(정체성)	· N^1(규준)	· T^1(시간과 공간)
· E(공감)	· R(관련성)	· A(주체성/ 활성화)
· C(점검)	· T^2(도구)	· I^2(상호 주관성)
· O(의견)	· N^2(연결)	

화자는 개인 내적 층위에서 언어적 지식, 언어맥락 등을 고려하여 등위접속문을 거시·미시계획하며, 대인 간 층위에서는 주어진 일차적 시간(GPT), 주어진 일차적 공간(GPS) 등의 상황 맥락과 세상에 대한 지식 등

의 사회·문화 맥락을 고려하여 등위접속 요소들 간 시간 관련성을 청자가 제대로 해석할 수 있도록 형성화한 후 표현한다. 층위별 시간 관련성에 미치는 요소들을 바탕으로, 청자나 독자는 화자나 작가가 표현한 등위접속 요소 간의 의미를 해석한다. 그렇지 않으면, 의사소통이 원활하게 일어나지 않고, 심지어 의사소통의 단절이 일어날 수 있다. 물론, 대화 참여자들 간 상호작용하고 있는 상황에서도 상호작용의 자질들을 바탕으로 자신의 발화나 상대방의 발화를 서로 주관적(inter-subjectivity)으로 점검하면서 수정하기도 하고 확장하기도 한다.

화자가 자신의 의도를 등위접속문으로 형성하여 맥락화할 경우, 청자는 등위접속 요소들 간 시간 관련성을 포괄적으로 해석할 수 있다. 다음을 살펴보자.

(2) We spent the day in town and I went to Harrods. (Carsten, 1993: 38)

화자는 두 개의 등위요소를 접속하는 사건구조를 다음과 같이 계획하였다.

(3) (a) spend
$\quad$ V
$\quad$ ____ NP$_i$ PP$_k$
[$_{Event}$ CAUSE ([$_{Thing}$]$_i$, [$_{Event}$ DO ([$_{Thing}$]$_j$,
$\qquad\qquad\qquad$ [$_{Path}$ IN ([$_{Place}$]{k})]{k})])]
(b) go
$\quad$ V
$\quad$ ____ PP$_l$
[$_{Event}$ GO [$_{Path}$ TO ([$_{Place}$]$_l$)]

화자는 동일한 행위자를 등위로 연결하지 않았고, 장소 또한 동일한 공간을 접속하지 않았다. 화자는 이를 통사구조로 구축하고 음운적 단계를 거쳐 발화하였다. 청자가 화자의 말을 듣고 'town'이 무엇을 지시하는지 아울러 'Harrods'가 무엇을 의미하는지를 모른다면 Harrods이 런던 시내에 있는 백화점이라는 것을 추론하지 못할 것이다. 그럴 경우, 청자는 '우리는 시내에서 하루를 보냈고, 나는 Harrods로 갔다'는 문장을 '우리는 시내에서 하루를 보낸 후, 나는 Harrods로 갔다'는 해석과 함께, 맥락들 간 충돌로 일련의 의미 협상하는 과정이 일어날 수 있을 것이다. 청자가 화자의 의도를 제대로 해석하기 위해서는 화자가 런던의 시내에서 하루를 보냈다는 상황 맥락과 'Harrods'이 런던 시내에 위치해 있는 백화점이라는 것을 인식해야 한다. 화자가 '하루를 시내에서 보내는 동안 시내에 있는 백화점에 갔다'는 등위접속 요소들 간 시간관계를 구축하고, C2가 C1에 포함되는 포함관계인 '우리가 읍내에서 하루를 보냈고, 나는 Harrods로 갔다'로 해석할 수 있을 것이다.

3. 어휘상과 등위접속 요소들 간 의미

등위접속 요소 간의 시간관계에 영향을 미치는 요인으로 상황상, 인과성, 문맥정보, 텍스트 구성지식 등을 고려할 수 있다. 여기에서는 등위접속 요소들 간의 의미를 적절하게 해석하는데 필요한 요인들을 논의하고자 한다. 먼저, 사건들 간 시간관계를 결정하는데 중요한 역할을 하는 어휘상을 살펴보자.

Jackendoff(1990)는 어휘상을 결정하는 영역이 동사에서 문장으로 확대될 필요가 있다고 주장한다. 아울러 Verkyul(1993)은 명시적 양

(Specified Quantity of A: SQA)으로 문장이 갖는 상적 특성을 설명한다. 이런 관점을 바탕으로, 본 연구에서는 SQA와 종결성 자질(telicity: T)[4]로 문장의 한정성 기준을 다음과 같이 제안한다.

(4) 어떤 문장이 한정성을 가지려면 (a) 문장내의 명사구나 전치사구가 [+SQA]이고, 그 문장 내에 있는 동사가 [+T]의 특성을 가져야 한다. (A sentence is bounded iff (a) the NP or prepositional phrase within the sentence is [+SQA], and (b) the verb within the sentence is [+B])

한정성은 등위접속 요소들 간의 시간관계를 사고 틀(mental script)로 설명한 Carsten(1993)의 분석을 설명할 수 있다. '문을 향해 걸어 간' 사건이 '문을 연' 사건 보다 먼저 일어났다는 사고 틀을 바탕으로 두 사건 간 시간관계를 설명한 Carsten(1993)의 설명을 한정성으로 설명할 수 있다.

(5) (a) Peter went to the door and opened it.
    (b) Peter went into the kitchen and found John.

(5a,b)의 등위접속 요소들에서 명사구가 [+SQA]이고, 동사가 [+T]의 특성을 가지고 있으므로 모두 한정성을 갖는다. 따라서, C2가 C1이후에 일어나는 선후관계로 해석이 된다.

한국어의 경우에도 한정성 기준으로 등위접속 요소간의 시간관계를

---

[4] 종결성은 시작점과 끝점이 설정된 것으로 완수동사와 성취동사가 있다. 만약 동사가 종결성을 갖는 경우라면 [+T]로, 종결성을 갖지 못하는 경우라면 [−T]로 표기된다. SQA는 명시적 양을 나타내는 것으로 'Susan, piano'와 같은 것은 [+SQA]가 되고 'sandwiches'와 같은 명사는 [−SQA]가 된다.

해석할 수 있다.

(6) (a) 일이 있으면 학교에 가서 일을 하고 다시 돌아오곤 한다.
　　(b) 난 한 바퀴 돌고 여관으로 갑니다. (남기심 1993: 36-37)

(6a)에서는 주어가 [+SQA]이고 목적어가 [+SQA]이며 동사구 '학교에 가다', '(집으로)돌아 오다'의 사건들이 성취로써 [+T]이기 때문에 한정성을 갖는 문장이 되어 C2가 C1이후에 일어난 사건이 된다. (6b)에서도 주어가 [+SQA]이고 목적어가 [+SQA]이며 동사구 '한바퀴를 돌다', '여관으로 갑니다'의 사건들이 성취로써 [+T]이기 때문에 한정성을 갖는 문장이 되어 C2가 C1이후에 일어난 사건이 된다.

그러나, C1과 C2가 비한정성인 경우에 두 접속요소 간에 동시해석이 되어야 함에도 선후해석이 되는 경우를 한정성은 설명하지 못한다.

(7) The road was icy and he slipped. (Haegeman, 1989:310)

C1이 상태문장이고 C2가 활동문장이기 때문에 C1과 C2가 모두 비한정성을 갖게 되어 두 요소가 동시해석이 되어야 하는데 '길이 빙판이어서 미끄러졌다'는 선후해석이 된다. 따라서, 이러한 선후해석이 되는 등위접속문을 적절하게 해석하기 위해서는 문맥을 고려할 필요가 있다.

4. 문맥을 고려한 등위접속 요소들 간 의미해석

앞 절에서, 등위접속 문장 C1과 C2가 모두 비한정성을 갖게 되면, 두 요소 간 시간 관계는 동시성을 갖는 것으로 해석이 되어야 하는데도 선후해석이 되는 경우가 있다. 이를 설명하기 위해, Blakemore(2002)는 문맥을 첨가하여 등위접속 요소간의 시간관계를 다음과 같이 설명한다.

(8) (a) Jane got on her bike and rode down the path. The road was icy and he slipped.

(b) Jane$_i$ got on her bike at t and she$_i$ rode down the path at t+n. [The road was icy]$_i$ and because of that$_i$ he slipped.

두 개의 등위접속문으로 구성된 (8a)는 해석구조 (8b)와 같이 'Jane'이 자전거를 타고 길을 내려가고 있는데 노면이 빙판길이기 때문에 미끄러졌다'라고 해석되어 두 개의 등위접속문은 선후해석이 된다. 이와 같은 인과관계는 설명과 결과로 세분될 수 있다. Lascarides & Asher(1993:22)는 결과와 설명을 (9), (10)과 같이 정의했다.

(9) A의 사건에 의해 B의 사건이나 상태가 야기될 때, B는 A의 결과가 된다(the event described in A causes the event or state described in B).

(10) B의 사건이 A의 사건이 일어나게 된 이유를 설명하게 된다면 A와 B는 설명관계가 된다(the event described in B explains why A's event happened(perhaps by causing it.)

(9)와 (10)을 받아 들여, (11)과 같은 인과성을 고려한 해석규칙을 제안할 수 있다.

   (11) C2의 사건이 C1의 결과로 나타난다면 C2는 C1이후에 일어나는 선후해석이 되고 C2의 사건이 C1을 설명한다면 C2는 C1의 사건 이전에 일어난 선후해석이 된다.(Given a sequence of coordinate conjuncts C1 and C2, the temporal relationshipbetween E1 in C1 and E2 in C2 is interpreted as follows: (a) when E2 is the result of E1, E2 is posterior to E1; (b) when E2 is the explanation of E1, E2 is anterior to E1).

인과성을 고려한 해석규칙으로 (12)와 (13)을 설명할 수 있다.

   (12) John pushed Max and he fell.
   (13) (a) Max took a dose of aspirin and he was sick.
       (b) Max took an overdose of aspirin and he was sick.

(12)에서는 John이 Max를 밀어서 Max가 넘어진 것이므로 결과관계에 의해 두 번째 요소가 첫 번째 요소 이후에 일어난 것으로 해석된다. 아울러 (13a)에서는 'Max가 아파서 아스피린을 한 알 먹었다'는 해석이 '아스피린을 한 알 먹어서 아팠다'는 해석보다 더 선호된다. 반면에, (13b)에서는 'Max가 아스피린을 과잉복용해서 아프게 되었다'는 인과적 해석이 더 선호된다. 따라서, (13b)의 둘째 사건은 첫째 사건의 결과가 되므로 비한정성이지만 사건을 진전시킨다.

   인과성과 유사하게, 화용적 지식도 어휘상으로 분석하는 데에 있어서의 반례(counterexample)를 적절하게 해석할 수 있다. 예를 들어, 등위접속 요소가 한정성을 갖는데도 불구하고 등위접속 요소간 선후해석이 되지 않는 경우가 있다. 즉, 상황상 중심의 해석규칙에 의하면, C2가 한정성이면 C1의 사건을 진전시키므로 C2의 사건이 C1이후에 일어나는 선후해석이 되어야 한다. 그러나, 다음의 예에서와 같이, 세상 지식으로 C2가 C1에 포함되는 포함관계가 있을 수 있다. (1a)를 다시 쓴 (14)를 살펴보자.

(14) (C1) We spent the day in town and (C2) I went to Harrods.

(Carsten, 1993:27)

도시에서 하루를 보낸 사건 C1의 시간 폭 내에 Harrods로 간 사건 C2가 포함된다는 것을 세상 지식을 통해 알 수 있다. 따라서, C2의 사건이 C1의 사건에 포함되는 포함관계가 된다.

유사하게, 한국어에서도 세상 지식 때문에 동시해석되는 경우가 있다. 4장의 예문을 다시 쓴 다음의 텍스트를 살펴보자.

(15) (a) 문화의 변질을 우려하면서 '하늘을 보고 가다가 도랑에 빠진다'는 비유를 ....

(b) 문화의 변질을 우려하면서 '하늘을 보고서 가다가 도랑에 빠진다'는 비유를 ....

(c) ??문화의 변질을 우려하면서 '하늘 보고 나서 가다가 도랑에 빠진다'는 비유를 ...

(남기심 1993:30-31)

(15)에서 C1의 '하늘을 보는' 행위는 C2의 '가는' 행위와 동시에 이루어질 수도 있고 순서적으로 이루어 질 수도 있다. 그러나, 두 행위가 동시에 이루어지지 않는다면, 그 다음 사건인 '도랑에 빠지는' 행위는 일어나기가 힘들다는 세상 지식 때문에 동시해석만 가능하다. 따라서, '하늘을 보고 나서 가다가 도랑에 빠진다.'는 선후해석이 될 수 있다.

물론, 선후해석에 있어서, 세상 지식으로 설명될 수 있는 부분을 어휘상으로도 설명할 수가 있다. 다음의 등위접속문은 세상 지식과 어휘상으로 등위접속 요소들 간 선후해석이 될 수 있음을 설명할 수 있다.

(16) (a) Smith hit the ball and ran to first base.
(b) Jane opened the door and walked into the library.

(Baker, 2001)

(17) (C1) The old man dropped the line and (C2) put his foot on it and (C3) lifted the harpoon and (C4) drove it down with all his strength.

(16a)에서는 C1, C2가 모두 한정성을 갖고 있어 선후해석이 되고, 아울러 공을 친 사건이 일루로 달리는 사건보다 먼저 일어난다는 세상 지식으로도 선후해석이 된다. (16b)에서도 C1, C2가 모두 한정성을 갖고 있어 선후해석이 되고, 아울러 문을 연 사건이 도서관으로 걸어 들어가는 사건보다 먼저 일어난다는 세상 지식으로도 선후해석이 된다. 또한, (17)에서도 C1, C2, C3, C4가 모두 한정성을 갖고 있어 선후해석이 되고, 아울러 낚시 줄을 던진 후 자리에 앉는다든가 작살을 든 후 힘껏 던지는 사건이 일어난다는 세상 지식으로도 선후해석이 된다.

5. 등위접속 요소들 간 역동적 의미해석

등위접속 요소간의 시간해석을 적절하게 해석하기 위해서는 순서성수칙, 한정성, 인과성, 문맥정보 등이 고려될 필요가 있음을 논의했다. 여기에서는 이러한 등위접속 요소들 간 시간관계에 영향을 미치는 요인들을 바탕으로 담화에서의 등위접속 요소들 간 나타나는 역동적 해석들을 살펴보고자 한다.

등위접속 요소들 간 시간관계가 순서성 수칙에 의해 기술된 순서대로 선후해석이 된다. 다음 (18)은 등위접속 요소들의 사건들이 일어난 순서대로 기술되고 있다.

(18) (C1) He gets down out of the tree, (C2) and he dumps all his pears into the basket, (C3) and the basket's full, (C4) and one of the pears drops down to the floor, (C5) and he picks it up, (C6) and he takes his kerchief off, (C7) and he wipes it off, (C8) places it in the basket.

'나무에서 내려온' 사건, '배를 바구니에 담은' 사건, '바구니가 가득 찬'사건, '배 하나가 바닥에 떨어진' 사건, '떨어진 배를 줍는' 사건, '수건을 호주머니에서 꺼낸'사건, '주운 배를 깨끗하게 닦은'사건, '닦은 배를 바구니에 넣은'사건들이 순서적으로 일어나고 있다.

그러나, 순서성 수칙은 등위접속 요소들 간의 시간 관계를 제대로 설명할 수 없는 경우가 있다. 이러한 사건 간 시간 관련성을 한정성으로 해석할 수 있다. 다음의 등위접속 요소들은 한정성에 의해 사건간의 시간 관계가 각각 달리 해석될 수 있다.

(19) (C1) The old man was asleep in the chair and (C2) the sun was down. (C3) The boy took the old army blanket off the bed and (C4) spread it over the back of the chair and over the old man's shoulders.

(20) (C1) John got up, (C2) went to the window, and (C3) raised the blind. It was light out. (C4) He pulled the blind down and (C5) went back to bed. He wasn't ready to face the day. He was too depressed.

(19)의 첫째 등위접속 C1과 C2가 비한정성이어서 접속 요소들 간에는 선후해석이 되지 않는 반면에, C3와 C4는 한정성이어서 C4가 C3이후에 일어나는 선후해석이 된다. 유사하게, (20)에서도 'John이 일어나 창가로 간 후 브라인드를 올렸다'는 해석이 되는 C1, C2, C3의 각 사건들은 모두 한정성을 갖기 때문에 사건들이 선후해석이 되고, 'John이 브라인드를 내린 후 잠자리에 들었다'는 해석이 되는 C4와 C5도 한정성을 갖기 때문에 선후해석이 된다.

그러나, 순서성 수칙과 한정성으로는 일련의 사건들이 선후해석이 되지 않고 앞 문장에 종속되는 다음과 같은 경우를 제대로 설명할 수 없다.

(21) (C1) Jane jumped over a fence. (C2) She took one big leap and (C3) she landed on the other side. (ter Meulen, 1990:525)

울타리를 넘는 것은 시작과 끝점 간에 어떤 분리가 일어나지 않기 때문에 전형적으로 완수 문장으로 간주한다. 그러나, 자연언어에서 둘째 문장이 순간적 사건이라 할지라도 그 사건 내에서 일어난 바를 구체적으로 나타내는 내적구조를 가질 수 있다. 즉, (21)의 둘째 문장은 울타리로 향해 도약한 사건과 착지한 사건 간의 어휘적 관계를 텍스트 구성지식을 통해 하위사건 C2와 하위사건 C3이 상위사건 C1에 종속된다는 것을 알 수 있다. 그래서, C2와 C3은 C1의 사건을 진전시키지 못한다. 그러나, 하위사건 간에는 C3이 C2이후에 일어난 상황이므로 선후해석이 된다.

   일련의 연속되는 사건들의 등위접속에서 각 사건들이 비한정성임에도 사건들 간에 선후해석이 되는 경우가 있다. 다음 (22)의 경우에는 텍스트 구성 지식에 의해 선후해석이 된다.

(22) (C1) I got up at six and (C2) took a walk for a while and (C3) took a bath and some oatmeal and ......

어휘상에 의하면, C2와 C3이 활동문장이므로 선후해석이 될 수 없다. 그러나, 사건들이 시제를 바꾸지 않고 일어난 순서대로 나열하여 하나의 이야기 전체를 구성하는 경우에 텍스트 구성지식에 의해 한정성과 관계없이 사건 간에 선후해석이 된다.

   유사하게, 설화 텍스트에 나타난 등위접속 요소가 비한정을 갖는 문장이라 할지라도 세상지식에 의해 선후해석이 되는 경우가 있다.

(23) (C1) The stars were bright now and (C2) he saw the dolphin clearly and (C3) he pushed the blade of his knife into his head and (C4) he drew him out from under the sun.

(24) It was midnight when we finally reached the house. It was clear at once that John had already arrived. He had simply walked in. (C1) He had searched all the cupboards and (C2) had eaten all the bread

in the house. My wife was so angry with him that she told him to leave the house and spend the night in the shed.

(23)에서는 C1이 상태 문장이지만 'now'에 의해 앞 문장의 사건을 진전시킨다. 또한, 별들이 반짝이기 때문에 돌고래를 똑똑히 볼 수 있다는 세상 지식을 통해 C2가 C1 이후에 일어난다는 것을 알 수 있으므로 기동적 해석[5]이 된다. C4의 사건은 C3의 사건을 진전시키는 역할을 한다. 또한 '노인이 칼끝으로 돌고래의 머리를 찔러서 그물 밑에서 돌고래를 끌어냈다'는 상황에서 C3과 C4가 한정성이므로 C4는 C3의 사건을 진전시킨다. 따라서, C3와 C4간에는 선후해석이 된다. (24)에서도 C2는 비한정성이어서 C1의 사건을 진전시키지 못하지만 찾은 후에 먹었을 것이라는 세상 지식에 의해 C1과 C2간 선후해석이 될 수 있다.

더욱이, 비한정성일지라도 문맥정보에 의해 한정성을 갖게 되어 사건 간의 시간관계가 선후해석이 되는 경우가 있다.

(25) (C1) She dipped her cupped palms in the little waves and (C2) washed her bruised face with the stinging salt water, and (C3) then she went creeping up the beach after Kino.

(26) He could feel the steady hard pull of the line and his left hand was cramped. (C1) It drew up tight on the heavy cord and (C2) he looked at it in disgust. We were born lucky, he thought.

---

[5] Dowty(1979)의 분류에 따르면 'see'와 같은 지각동사는 상태동사에 포함되지만 어떤 상황에서는 기동적 해석이 되어 완수동사가 되는 경우가 있다고 주장한다.

(25)에서 '그녀가 손바닥을 물에 담근 후 얼굴을 씻고, Kino의 뒤를 따라 해변을 올라갔다'는 해석이 된다. 여기서 C2와 C3이 활동 동사로 사건의 진전이 일어나지 않지만, 문맥정보에 의해 사건 간의 진전이 나타난다. 즉, 손바닥을 물에 담근 후 얼굴을 씻는다는 세상 지식으로 C2는 C1 이후에 일어난다. 또한, (26)에서 활동 동사 'look'은 문맥정보에 의해 사건이 진전된다. 즉, 줄을 쥐고 있던 왼손이 쥐가 나서 오그려들자 노인이 불쾌한 표정으로 그 손을 응시하는 상황이 계속 진전되므로 문맥정보에 의해 C2가 C1이후에 일어나는 선후관계가 된다.

한국어에서도 문맥정보에 의해 그 해석이 달라질 수 있는 경우가 있다. 다음 예문에서, 연결어미 '-고'가 '-고서'로는 대치되지만 '-고 나서'로는 대치될 수 없다.

(27) (a) 어린 우리들 손을 잡고 논둑을 걸으시면서 늘 시를 읊어...
    (b) 닥터 김의 전송을 받으며 가방을 들고 기차에 올라 떠나기를 기다리고 있었다.
    (c) 너를 누구보다도 좋아했으니 네가 들고 가자.
    (d) 지하철을 타고 가다가 갈아타려고 바삐 가는 할머니....
    (e) 그 걸 가지고 서울로 가거라.
    (f) 간혹 낚싯대를 메고 따라 다니게.
    (g) 아주머니들은 벌써 나물을 한 짐씩 지고 내려갈 준비를 하고 있었다.

(28) (a) 어린 우리들 손을 잡고서 논둑을 걸으시면서 늘 시를 읊어...
    (b) 닥터 김의 전송을 받으며 가방을 들고서 기차에 올라 떠나기를 기다리고 있었다.

(c) 너를 누구보다도 좋아했으니 네가 들고서 가자.

(d) 지하철을 타고서 가다가 갈아타려고 바삐 가는 할머니....

(e) 그 걸 가지고서 서울로 가거라.

(f) 간혹 낚싯대를 메고서 따라 다니게.

(g) 아주머니들은 벌써 나물을 한 짐씩 지고서 내려갈 준비를 하고 있었다.

(29) (a)*어린 우리들 손을 잡고 나서 논둑을 걸으시면서 늘 시를 읊어...

(b)*닥터 김의 전송을 받으며 가방을 들고 나서 기차에 올라 떠나기를 기다리고 있었다.

(c)*너를 누구보다도 좋아했으니 네가 들고 나서 가자.

(d)*지하철을 타고 나서 가다가 갈아타려고 바삐 가는 할머니....

(e)*그 걸 가지고 나서 서울로 가거라.

(f)*간혹 낚싯대를 메고 나서 따라 다니게.

(g)*아주머니들은 벌써 나물을 한 짐씩 지고 나서 내려갈 준비를 하고 있었다.

위 예문들은 동시해석인지 선후해석인지 단정을 하기가 힘들다. (27a)에서 손을 잡는 행위가 논둑을 걷는 행위보다 앞서 일어난 것으로 해석하여, 손을 잡는 행위가 끝난 것을 기준으로 보면 선후해석이 되지만, 논둑을 걷는 동안 손을 잡고 있는 상태인 것을 기준으로 하면 동시해석이 될 수 있다. 이와 같이, 문맥정보에 의해 그 해석이 달라 질 수 있는 동사에는 "가지고(갖고), 감고, 감추고, 거느리고, 걸치고, 두고, 두르고, 들고, 뚫고, 메고, 벗고, 붙들고, 비집고, 신고, 쓰고, 안고, 업고, 이고, 입고, 잊고, 잡고, 쥐고, 지고 짚고, 쪼그리고, 타고, 태우고" 등이 있다(남기심 1993: 31-32).

또한, 한정성이라도 사건의 내적구조에 의해 사건들 간 선후해석이 되지 않는 경우가 있다. 핵 사건의 내적구조를 어휘관계로 기술하는 (30)의 내적구조를 살펴보자.

(30) Jane jumped over a fence. (C1) She started taking a few big steps,(C2) then he ran, (C3) her feet lifted from the ground and (C4) continuing swift as a bird, she ended landing safely on the other side. (ter Meulen, 1990:526)

상적 동사 'start'는 내적구조[6]를 만드는 것으로 성취 동사 내에서 일어나는 사건의 전개를 천천히 묘사하는 역할을 한다. C2-C4는 첫 번째 사건 에 종속되는 하위사건이므로 첫 번째 사건의 내적구조라고 할 수 있다. 사건 C2-C4는 울타리를 넘는 사건이 연속적으로 진행되는 상황이므로 하위사건 간에는 선후해석이 된다. 그러나, C2-C4는 첫 번째 사건에 포함되는 하위사건이어서 선후해석이 되지 않기 때문에 첫 번째 사건을 진전시키지 못한다.

물론, 한국어의 '-고 나서'와 같이, 영어에서도 시제나 명시적 시간부사(explicit temporal adverb)가 등위접속 요소들 간의 시간관계를 분명하게 해석할 수 있도록 한다(김진석, 2001). 만약 시제가 다른 두 사건이 등위 접속될 경우에는 시제표지에 의해 접속요소 간의 해석이 분명하게 나

---

6 Spejewski & Carlson(1993:481)은 어떤 상황이 다른 상황에 종속되는 것을 'E1 is subordinate to E2'라고 분석한다. 또한 Declerk(1990:157)은 종속절이 됨으로써 모문절에 병합되는 형상을 시제종속으로 정의했는데 이 정의는 통사적 종속과 같다.

타난다.

   (31) (a) Sue is happy and she got a phone call.
      (b) Sue is miserable today and she got a phone call.   (Carsten, 1993)

(31a)에서는 'Sue가 전화를 받았기 때문에 행복하다'로 해석되고 (31b)에서는 '전화를 받았기 때문에 오늘 기분이 매우 나쁘다'라는 해석이 된다. 따라서, 둘째 사건이 첫째 사건보다 더 이전에 일어나는 후행이동을 하므로 첫째 사건을 진전시키지 못한다.

또한, 명시적 시간부사 'then'은 (32)의 사건 간 시간관계를 적절하게 해석하도록 한다.

   (32) Mary went to the store and fixed a faucet, and she wrote a long overdue thank-you letter to her nephew. She read the morning paper.
   (33) Mary went to the store and then fixed a faucet, and then she wrote a long overdue thank-you letter to her nephew. Then she read the morning paper.

명시적 시간부사 'then'이 없는 (32)에서는 Mary가 동일한 시간의 폭(time span) 내에서 행했던 일련의 일들을 단지 열거한 것인데 반하여 (33)에서는 'then'이 첨가됨에 따라서 사건들 간의 시간관계가 선후해석이 된다.

담화의 연쇄에서, 'then'은 화자의 관점을 시작점으로 부각시켜 사건

간 선후해석이 되는 경우가 있다. (34)에서 비한정성을 갖는 상태문장이 'then'에 의해 한정성을 갖는 어휘상으로 전환되어 사건 간 선후해석이 된다.

(34) (a) See, every five miles they had a little stone.

(b) Say on one side was Mexico and the other side was the United States. Y'know?

(c) And then, and uh, you rode twenty miles one way

(d) and then uh there was an old deserted ranch house there.

(e) and that's where I-we used to meet the other fellow comin' from the other direction.(Schiffrin, 1992)

(34 a,b,c)의 연쇄에서 (34a)와 (34b)는 상태이고 (34c)는 성취인데 (34c)의 사건에 의해 앞의 두 사건을 진전시킨다. 아울러, (34c)와 (34d)의 연쇄에서 (34d)는 상태이지만 'then'에 의해 화자의 관점이 시작점으로 되는 완수가 되기 때문에 (34d)는 (34c)의 사건을 진전시킨다. 여기서 (34d)의 동사의미는 'noticed'나 'realized'의 의미를 갖는다.

유사하게, 설화 텍스트에서도 'then'에 의해 어휘상이 전환되는 경우가 있다. 활동 문장인데도 'then'에 의해 한정성을 갖게 되어 사건간의 시간관계가 달리 해석되는 경우를 살펴보자.

(35) Johnsey was sleeping when they went upstairs. Sue pulled the shade down to the window sill, and motioned Behrman into the other room. There they peered fearfully out the window at the ivy

vine, and then they looked at each other for a moment without speaking.

'they looked at each other'의 어휘상은 활동 문장이므로 비한정성을 갖는다. 따라서 사건들 간 선후해석이 될 수 없다. 그러나, 명시적 시간부사 'then'에 의해 기동적 해석이 되기 때문에 사건 간 선후해석이 된다.

요약하면, 이 장에서는 등위접속 요소 간의 다양한 시간관계를 적절하게 해석하는데 필요한 상황상, 인과성, 문맥정보 등의 요인들과 역할들을 제시하고, 요인들 간의 우선 적용 순위를 예문을 통해 검증한 후, 그 요인들을 바탕으로 담화에 나타난 등위접속 요소들 간의 다양한 시간해석 양상들을 살펴보았다. 구체적으로 살펴보면, 이 장에서는 등위접속 요소 간의 시간해석에 대한 Grice(1989)의 순서성수칙, Harnish(1976)의 경상규칙, Bar-Lev & Palacas(1980)의 의미관할규칙, Blakemore(1987), Lascarides & Oberlander(1993) 등에 나타난 문제점을 해결하기 위해 어휘상을 고려한 한정성의 정의와 인과성을 바탕으로 다음과 같은 해석규칙을 제안했다.

(36) 어떤 문장이 한정성을 가지려면 (a) 문장내의 명사구나 전치사구가 [+SQA]이고, 그 문장 내에 있는 동사가 [+T]의 특성을 가져야 한다.

(37) C2의 사건이 C1의 결과로 나타난다면 C2는 C1이후에 일어나는 선후해석이 되고 C2의 사건이 C1을 설명한다면 C2는 C1의 사건 이전에 일어나는 선후해석이 된다.

순서성 수칙으로 설명할 수 없는 등위접속 요소 간의 시간해석을 (36)과

(37)로 분석할 수 있음을 예문을 통해 검증하였다.

또한, 설화 텍스트에 나타난 등위접속 요소가 비한정성을 갖는 문장이라 할지라도 선후해석이 되는 경우를 한정성이나 인과성으로 설명하지 못하는 경우가 있음을 제시하였고, 이것을 세상 지식이나 문맥정보로 설명할 수 있음을 살펴보았다. 더욱이, 어떤 등위접속 요소들 간의 시간관계를 순서성 수칙, 어휘상, 인과성, 문맥정보, 세상 지식 등으로 적절하게 해석할 수 있지만, 요인들 간의 우선 적용순위를 정한다면 문맥정보나 세상 지식이 순서성 수칙, 어휘상보다 우선 적용될 수 있는 요인이라는 것을 논의하였다.

주요개념
- 경상규칙
- 의미관할규칙
- 순서성 수칙
- 언어적 지식과 세계에 대한 지식
- 어휘상과 명시적 양(SQA)
- 종결성 자질
- 문맥정보와 인과성
- 인과성 기반 해석규칙

제6장 연습문제

1. 관련성 수칙은 등위접속 요소 간의 관련성과 문장 해석의 노력에 대한 설명은 있으나 관련성의 구체적인 원인에 대한 분석을 제시하지 못하고 있다. Lascarides & Oberlander(1993)가 제시한 언어적 지식이나 세상 지식(world knowledge) 뿐만 아니라, 어휘상(aktionsart), 인과성(causality), 문맥정보(contextual information), 텍스트 구성지식 등의 화용적 지식(pragmatic knowledge) 등으로 등위접속 요소 간의 포괄적 관련성을 예를 들어 설명하시오.

2. Jackendoff(1990)는 어휘상을 결정하는 영역이 동사에서 문장으로 확대될 필요가 있다고 주장한다. 아울러 Verkyul(1993)은 명시적 양(Specified Quantity of A: SQA)으로 문장이 갖는 상적 특성을 설명한다. 이런 관점을 바탕으로 SQA와 종결성 자질(telicity: T)로 문장의 한정성 기준을 설정하고, 그 기준의 타당성을 입증하시오.

3. 순서성 수칙과 한정성으로는 일련의 사건들이 선후해석이 되지 않고 앞 문장에 종속되는 경우를 제대로 설명할 수 없다. 순서성 수칙과 한정성으로 다음의 예문의 사건들 간 시간 관련성을 설명하시오.

    (C1) Jane jumped over a fence. (C2) She took one big leap and
    (C3) she landed on the other side. (ter Meulen, 1990: 525)

4. 한국어의 '-고 나서'와 같이, 영어에서도 시제나 명시적 시간부사(explicit temporal adverb)가 등위접속 요소들 간의 시간관계를 분명하게 해석할 수 있도록 한다. 만약 시제가 다른 두 사건이 등위 접속될 경우에는 시제표지에 의해 접속요소 간의 해석이 분명하게 나타난다. 시제나 명시적 시간부사에 의해 등위접속 요소들 간 선후해석이 되는 사례를 들면서 그 이유를 기술하시오.

3부

문장들 간 의미·화용

제7장

장르별 텍스트 분석

화자가 맥락을 구축할 때, 상호 텍스트의 맥락에 제약을 받는다.
- Kramsch(2012)

생각하기
1. 거시 텍스트의 사건들은 어떤 시간구조로 구조화되는가?
2. 텍스트에 나타난 사건들 간 시간 관련성에 영향을 미치는 요인들은 무엇인가?
3. 텍스트의 사건들 간 시간해석의 양상은 장르별로 달리 나타날 수 있는가?

　화자(작가)와 청자(독자) 간 상호작용 시, 개인 내적 층위에서 화자(작가)는 자신의 의도를 개념-사건구조, 통사구조, 음운구조 형성화한 후, 대인 간 층위에서 상황 맥락과 사회·문화 맥락의 자질들을 바탕으로 그 의도를 맥락화하여 청자(독자)에게 표현한다(Deppermann, 2011). 이런 측면에서, 독자는 작가가 표현한 사건들 간 시간 관련성을 제대로 해석하기 위해, 작가가 형성화한 개념-사건구조, 통사구조, 음운구조 등을 파악하고, 상황 맥락과 사회·문화 맥락의 자질들로 작가가 표현한 의도를 파악할 필요가 있다. 이 장에서는 거시 텍스트 구조에서의 사건 간 시간 관계를 해석하는 데 관련되어 있는 요소들과 사건진전 양상에 대해 살펴보고, 그 들을 기반으로 설정한 분석의 틀로 사건 간 진전이 현저하게 나타나는 설화 텍스트 The Pearl, 에세이 The Nature of Symbolic

Language, 신문기사 Princess Diana, 연설문 Inaugural Address 등을 분석하여, 그 틀의 타당성을 입증고자 한다. 또한, 장르별 텍스트 분석의 결과를 바탕으로 사건 간 시간관계를 결정하는 요인들이 무엇이며, 장르별로 나타나는 사건진전층위의 양상이 어떻게 나타나는지 비교하고자 한다[1].

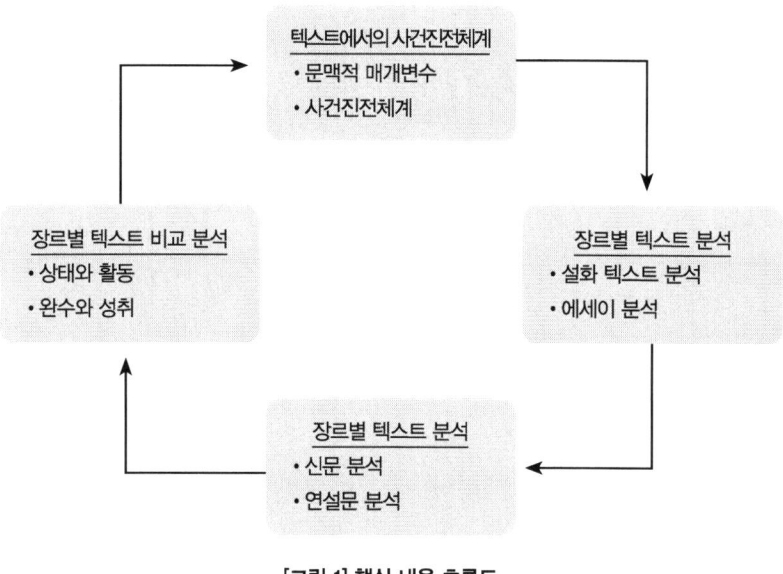

[그림 1] 핵심 내용 흐름도

1. 텍스트에서의 사건진전체계

Reichenbach(1947) 이후로 독립절에 나타나는 시제의 의미를 형식의 미론에서 규명해 왔다. Dowty 외(1985)는 현재시제를 시제가 없는 문장

---

1 이 장은 김진석(1997; 2005a,b; 2008b)을 상호작용 의미·화용의 관점에서 수정·보완하였음

형식으로 설정하고 현재시제에 시제 연산자가 연속적으로 적용되어 과거, 미래, 과거완료, 미래완료 시제가 생성(Griffiths, 2023)되는 것으로 기술한다. 예를 들어, 시제 논리는 "John arrived."의 시제 의미를 다음과 같이 해석한다.

(1) "John arrived" is true if John is a member of the set of individuals who arrived at some past time.

"John arrived."문장이 참이 되려면, 'John'이 어떤 과거 시간 내에 도착한 개체들의 집합 속에 포함되는 구성원이 될 경우이다.

Nerbonne(1984:21)은 Reichenbach(1947)의 기준시, 발화시, 사건시를 나타내기 위해, 시제와 관련된 문맥적 매개변수인 s, e, r을 도입한다. 주어진 문장의 진리치는 다음과 같은 세 개 지표의 시간 치에 의해 결정된다.

(2) A s,e,r $\models$ PREP(P) iff e = r $<$ s and A s,e,r $\models$ P

과거시제의 문장 P가 모형 A에서 s,e,r에 대해 참이 되려면, 사건시와 기준시가 발화시를 선행할 경우다. (2)의 시제가 과거이므로 'John'이 도착한 시간을 나타내는 사건시는 기준시와 동시에 일어난다. 또한, 기준시와 사건시는 발화시 이전에 일어나므로 (2)는 s,e,r에 대해 참이 된다.

그러나, 시제논리의 체계는 습득과 관련성을 갖지 못하고 언어 간의 차이를 설명하지 못하며(Comrie, 1985), 또한 반례를 유연하게 설명하지 못하는 단점(Hinrichs, 1986)이 있다. 더하여, 시제논리는 텍스트에 나타는 시제의 의미를 정확하게 분석하지 못한다. 설화 텍스트에서 GPT가 과거일 때 각 문장의 시제가 과거이면 이야기 시점이 된다. GPT가 모든 시제를 관할하며 실현된 시제표지의 의미해석에 관련되기 때문이다.

(3) (said when planning someone's murder) The police will think that he was killed when he came home after he had attained the meeting at his club. They will believe that he was murdered by the syndicate because he had said he would soon leave America. (Declerk, 1991)

GPT가 과거일 때, 나타나는 시제가 과거시제이면 이야기의 중심 줄거리가 될 수 있고, 과거완료시제이면 전방성을 나타내며, 과거의 미래이면 후방성을 나타낸다.

또한, 사건 간의 시간관계를 적절하게 해석하기 위해서는 시제뿐만 아닐 상, 명시적 시간부사, 순서성 수칙, 어휘상 등이 고려될 필요가 있음을 4장의 사건진전 층위를 통해 살펴보았다. 사건이 일어난 순서대로 기술된다는 순서성 수칙은 다음 (4)의 사건 간 시간관계를 (5)와 같이 해석할 수 있도록 한다.

(4) (a) A number 16 bus finally arrived.
　(b) I asked the driver whether he was going to the university.
(5) (a) A number 16 bus finally arrived at time tn.
　(b) At time n+1, I asked the driver whether he was going to the university. (Blakemore, 2004)

버스가 도착한 이후에 기사에게 질문을 하는 일련의 사건들이 일어난 순서대로 기술되고 있다. 이와 유사하게, Myhill(2004)에 의하면, 첫 번째 사건이 과거 시간기준(past time reference)이고, 이야기의 흐름에서 두 번째 사건이 첫 번째 사건 이후의 사건이라는 것을 나타낸다면 선후해석이 된다고 한다(예, I was reading in the library and this guy came up to me.).

따라서, 생성자와 수신자 간 상호작용을 고려하여 시제와 시간의 의미를 해석할 필요가 있다. 생성자와 수신자에게 알려진 근원적인 시간 연산자인 GPT를 바탕으로, 단순시제, 완료시제 등을 분석하고 사건의 선후관계를 해석할 수 있다. GPT가 과거라고 가정하고 다음과 같이 텍스트의 시제와 시간체계의 틀을 구도화할 수 있다.

(6)
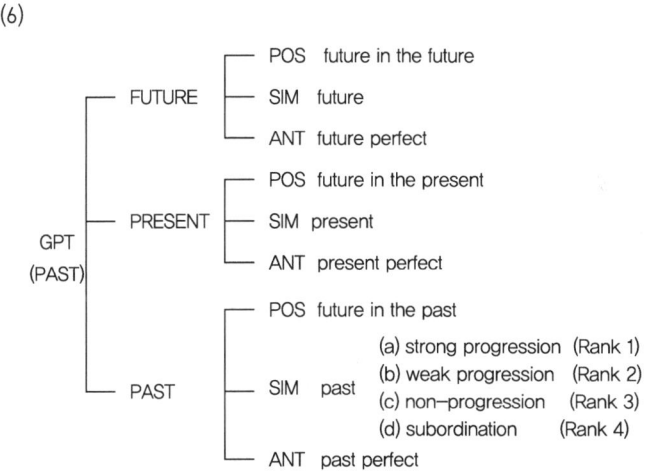

위 틀은 GPT가 과거이고 시간범위가 과거라는 가정하고 도식한 텍스트 시제와 시간체계에 4장에서 설정한 사건진전층위를 다시 제시한 (7)을

간단하게 부가한 것이다.

(7)

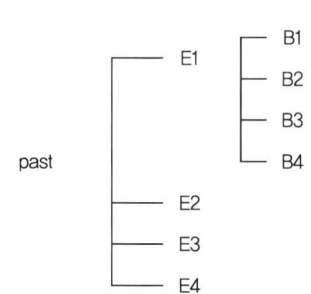

E1은 사건강진전, E2는 사건약진전, E3는 사건비진전, E4는 사건종속을 나타낸다. B1과 B2가 각각 상태, 활동이지만 부사나 문맥정보 등에 의해 사건강진전이 되는 것을 나타내며, B3과 B4는 각각 완수, 성취로서 사건강진전이 된다는 것을 말한다.

위의 틀로 시제의 분포뿐만 아니라 사건 간의 시간관계를 적절하게 분석할 수 있다.

(8) (a) Paolo said (last Sunday) (b) that he had called John (the day before) but (c) that they had said (d) that he already had left three days before. (Lo Cascio, 1986)

발화 시간간격에 의해 GPT가 과거가 된다. 또한, R이 S이전이므로 과거시간범위가 된다. 시간범위와 사건시 간의 관계에서 동시성의 [SIM] 자질을 가지는 (a)는 과거시제로 실현되지만, 전방성의 [ANT]자질을 가지게 되는 (b), (c), (d)는 과거완료로 실현된다.

GPT가 과거이면, 과거시제는 이야기의 줄거리를 구성할 수 있는 중심시제가 된다. 물론, 과거시제 내에서 사건의 진전여부에 따라 계층 간의 위치가 결정되고 사건을 진전시키는 사건강진전층위가 되면 텍스트의 중심 줄거리가 된다. 과거시간범위 중 기준시와 동시성을 갖는 사건시는 과거시제로 (9)와 같이 나타난다.

(9) (a) By and by one of our boys went away. (b) He was not heard for a long time. (c) At last he turned up as an apprentice engineer on a steamboat. (d) This thing shook the bottom out of all my Sunday schoolteachings. (YBA)

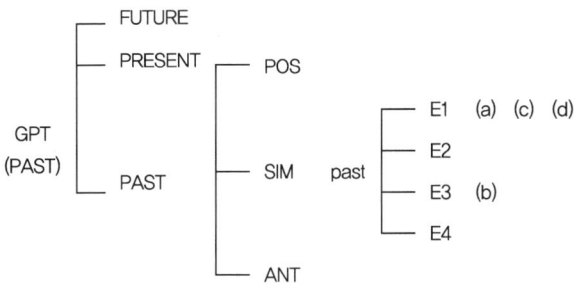

사건 (a), (c), (d)는 사건이 강진전되므로 텍스트의 중심 줄거리가 되지만, 사건 (b)는 비한정성을 갖는 상태문장이어서 사건이 비진전되어 중심 줄거리가 되지 못한다. 여기서, GPT가 과거인 경우에 나타나는 과거시제는 이야기의 중심적 역할을 할 수 있다.

사건진전체계로『노인과 바다(The Old Man and the Sea)』의 텍스트를 다음과 같이 분석할 수 있다.

(10) (a) The old man dropped the line and (b) put his foot on it and (c) lifted the harpoon and (d) drove it down with all his strength and more strength (e) he had just summoned, into the fish's side just behind the great chest fin that (f) rose high in the air to the altitude of the man's chest. (g) He felt the iron go in and (h) he leaned on it and (i) drove it further and (j) then pushed all his weight after it.

(k) Then the fish came alive, with his death in him, and (l) rose high out of the water showing all his great length and width and all his power and his beauty. (m) He seemed to hang in the air above the old man in the skiff. (n) Then he fell into the water with a crash that (o) sent spray over the old man and over all of the skiff.

(p) The old man felt faint and sick. (q) But he cleared the harpoon line and (r) let it run slowly through his raw hands and (s) he saw (t) the fish was on his back with his silver belly up. (u) The shaft of the harpoon was projecting at an angle from the fish's shoulder and (v) the sea was discolouring with the red of the blood from his heart. First (w) it was dark as a shoal in the blue water that (x) was more than a mile deep. (y) Then it spread like a cloud. (z) The fish was silvery.

(11)

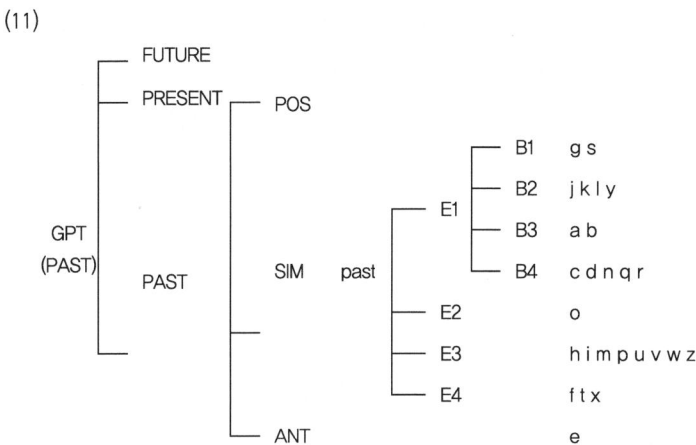

텍스트의 근원적 시간 연산자 GPT는 과거다. 텍스트를 사건진전체계로 분석하여 도식화한 (11)에서의 같이, 사건이 진전되는 것은 (a), (b), (c), (d), (n), (q), (r)이고, 사건비진전은 (g), (j), (k), (l), (s), (y)다.

이와 같이, 분석의 틀로 설화 텍스트에 나타난 시제와 사건 간의 시간관계를 분석할 수 있다. 다음 절에서는 장르별(설화 텍스트, 에세이, 신문, 연설문)로 200개의 사건을 선정하여 시제와 사건 간의 시간관계를 분석하고자 한다.

2. 장르별 텍스트 분석

2.1. 설화 텍스트

The Pearl(P)에 나타난 시제를 분석한 결과, 과거시제가 76% (152/200)로 텍스트의 중심시제가 되고 있다. 과거시제는 설화 텍스트에서 사건 간의 진전에 영향을 주는 중요한 시제라는 것을 알 수 있다. 사건 간의 연쇄로 나열된 (12)와 같은 설화 텍스트는 (13)과 같이 도식될 수 있다.

(12) (a) Kino looked down at her and
   (b) his teeth were bared.
   (c) He hissed at her like a snake, and
   (d) Juana stared at him with wide unfrightened eyes, like a sheep before the butcher.
   (e) She had accepted it. And (f) then the rage left him and
   (g) a sick disgust took its place.
   (h) He turned away from her and
   (i) walked up the beach and through the brush line.
   (j) His senses were dulled by his emotion.
   (k) He heard the rush,
   (l) got his knife out and
   (m) lunged at one dark figure and
   (n) felt his knife go home, and
   (o) then he was swept to his knees and swept again to the ground.
   (p) Greedy fingers went through his cloths,
   (q) frantic fingers searched him, and
   (r) the pearl, knocked from his hand, lay winking behind a little stone in the pathway.
   (s) It glinted in the soft moonlight.

(t) Juana dragged herself up from the rocks on the edge of the water.

(u) Her face was a dull pain and

(v) her side ached.

(w) She steadied herself on her knees for a while and

(x) her wet skirt clung to her.

(y) There was no anger in her for Kiwno.

(13)

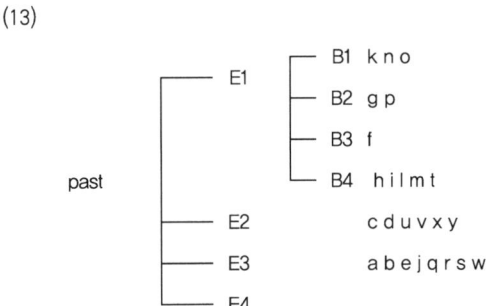

P에 나타난 과거시제 문장들을 (11)과 같은 방식으로 분석한 결과, 어휘상의 분포는 다음과 같다.

(14)

상태	활동	완수	성취	계
65(32.5)	55(27.5)	34(17)	46(23)	200(100)

P를 분석한 결과, 상태 동사가 32.5%로 가장 많고, 활동, 성취, 완수가 각각 27.5%, 23%, 17%순으로 나타났다.

완수 동사나 성취 동사가 종결성(telicity)을 갖고, 주어와 목적어가 모두 [+SQA]자질을 갖게 된다면 그 사건은 한정성(boundedness)을 갖는다. 한정성을 갖게 되면 사건이 진전되지만 비한정성을 가지면 사건이 진전되지 않기 때문에, P에서 사건을 강진전시키는 한정성을 추출할 필요가 있다. P의 사건강진전에 영향을 미치는 한정성과 비한정성의 분포는 다음과 같다.

(15)

비한정성	한정성	계
27(29.3)	65(70.7)	92(100)

P에 나타난 사건강진전 총 92개 중 한정성을 갖는 사건이 강진전되는 경우가 70.7%, 비한정성을 갖는 사건이 강진전되는 경우가 29.3%로 나타났다. 이것은 한정성이 사건을 진전시키는 중요한 요소라는 것을 알 수 있다. 예로서 사건을 강진전시키는 한정성과 비한정성으로 엮어진 (16)과 같은 경우를 살펴보자.

(16) (a) She put Coyotito back in his hanging box and then she combed her black hair and braided it two braids and tied the ends with thin green ribbon. (b) When Kino had finished, Juanna came back to the fire and ate her breakfast. They had spoken once, but, ...

(16a)에서 비한정성에 의해 'Coyotito를 눕힌 상황'이 '그녀의 머리카락을 빗는 상황'과 동시적 상황이 되어야 하지만, 부사 'then'이 둘째절을 첫째절 이후에 일어나게 하므로 부사에 의해 활동 문장의 사건이 강진전된

다. 유사하게 (16b)에서도 Kino가 식사를 마친 후에 Juanna가 불가로 와서 식사를 하는 상황이 연속적으로 전개되므로 'she ate her breakfast'가 비한정이지만 문맥정보에 의해 선행절의 사건 이후에 일어나게 되어 사건이 강진전된다.

사건을 강진전시키는 요소 중 한정성을 갖는 사건과 비한정성을 갖는 사건을 상태, 활동, 완수, 성취로 세분하여 분석한 결과는 (17)과 같다.

(17)

상태	활동	완수	성취	계
7(7.6)	20(21.7)	26(28.3)	39(42.4)	92(100)

어휘상과 사건의 진전 간에 나타나는 관계를 제시한 도표 (17)에서 성취가 42.4%로 빈도수가 가장 높고 완수 28.3%, 활동 21.7%, 상태 7.6% 순으로 나타났다. 이것은 성취가 사건의 진전에 중요한 영향을 준다는 것을 말해 준다.

사건의 계층상승이동과 달리, 사건진전 유형의 계층이 하강 이동되는 경우도 있다. 즉 종결성을 가진 동사가 사건을 진전시켜 주는 결정적 요인이지만 텍스트의 구성이나 문맥정보에 의해 사건이 다른 사건에 하위 사건이 되어 사건을 진전시키지 못하는 종속층위가 있다. 종결성을 가진 성취와 완수가 80개 중에서 15개는 다음과 같이 종속층위에 속한다.

(18)

	완수	성취	계
사건종속	8(53)	7(47)	15(100)

한정성과 사건 종속 간의 관계를 제시한 도표 (18)에서 완수가 53%,

성취가 47%로 나타났다. 이것은 완수와 성취가 사건을 진전시키는 요소이지만 화용적 요인이나 통사적 요인에 의해 사건이 종속되는 경향이 있다는 것을 말해 준다.

2.2. 에세이

The Nature of Symbolic Language(NSL)에 나타난 시제를 분석한 결과, 현재시제가 89%(178/200)로 텍스트의 중심시제가 되고 있다. 따라서 현재시제는 사건 간의 진전에 영향을 주는 중요한 시제라는 것을 알 수 있다. 사건 간의 연쇄로 나열된 (19)와 같은 에세이는 (20)과 같이 도식될 수 있다.

(19) (a) A symbol is often defined as "something

 (b) that stands for something else."

 (c) This definition seems rather disappointing.

 (d) It becomes more interesting, however,

 (e) if we concern ourselves with those symbols

 (f) which are sensory expressions of seeing, hearing, smelling, touching, standing for a "something else"

 (g) which is an inner experience, a feeling or thought.

 (h) A symbol of this kind is something outside ourselves:

 (i) that which it symbolizes

 (j) is something inside ourselves.

 (k) Symbolic language is language

(l) in which we express inner experience

(m) as if were a sensory experience,

(n) as if were something.

(*The Nature of Symbolic Language*, 1995:24)

(20)
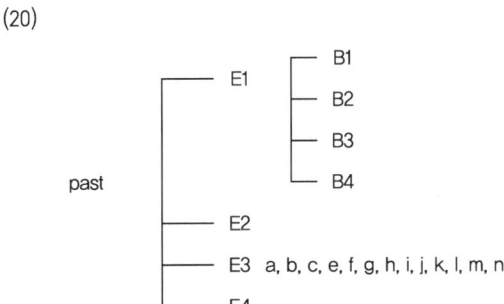

NSL에 나타난 현재시제의 문장들을 (20)과 같은 방식으로 분석한 결과를 토대로 사건들의 시간관계를 설명하고자 한다.

에세이를 분석한 결과, NSL에 나타난 어휘상의 분포는 다음과 같다.

(21)

상태	활동	완수	성취	계
103(51.5)	69(34.5)	15(7.5)	13(6.5)	200(100)

NSL을 분석한 결과, 상태동사가 51.5%로 가장 많고, 활동, 완수, 성취가 각각 34.5%, 7.5%, 6.5%순으로 나타났다.

NSL의 사건강진전에 영향을 미치는 한정성과 비한정성의 분포는 다음과 같다.

(22)

비한정성	한정성	계
16(41)	23(59)	39(100)

한정성과 사건강진전 간의 관계를 살펴보기 위해 분석한 도표 (22)에서 한정성을 갖는 사건이 강진전되는 경우가 59%, 비한정성을 갖는 사건이 강진전되는 경우가 41%로 나타났다. NSL에서는 한정성뿐만 아니라 비한정성도 사건을 진전시키는 중요한 요소라는 것을 알 수 있다.

NSL에서 사건이 강진전되는 문장은 총 200개의 사건들 중 39(19.5%)개이다. 사건을 강진전시키는 요소 중 한정성을 갖는 사건과 비한정성을 갖는 사건을 상태, 활동, 완수, 성취로 세분하여 분석한 결과가 (23)과 같이 나타난다.

(23)

상태	활동	완수	성취	계
7(17.9)	9(23.1)	11(28.2)	12(30.8)	39(100)

어휘상과 사건의 진전 간에 나타나는 관계를 제시한 도표 (23)에서 성취가 30.8%로 빈도수가 가장 높고 완수 28.2%, 활동 23.1%, 상태 17.9% 순으로 나타났다. 이것은 성취가 사건의 진전에 중요한 영향을 준다는 것을 말해 준다.

종결성을 가진 성취와 완수가 28개 중에서 5개는 다음과 같이 종속층위에 속한다.

(24)

	완수	성취	계
사건종속	3(60)	2(40)	5(100)

한정성과 사건 종속 간의 관계를 제시한 도표 (22)에서 완수가 60%, 성취가 40%로 나타났다. 이것은 완수와 성취가 사건을 진전시키는 요소이지만 화용적 요인이나 통사적 요인에 의해 사건이 종속되는 경향이 있다는 것을 말해 준다.

2.3. 신 문

Princess Diana(PD)에 나타난 시제를 분석한 결과, 과거시제가 75%(150/200)로 텍스트의 중심시제가 되고 있다. 따라서 과거시제는 사건 간의 진전에 영향을 주는 중요한 시제라는 것을 알 수 있다. 사건 간의 연쇄로 나열된 (25)와 같은 신문기사는 (26)과 같이 도식될 수 있다.

(25) (a) When the ambulance reached the hospital,

　　 (b) the emergency-room physicians found that

　　 (c) Diana was alive- just barely but that

　　 (d) the injuries caused extensive internal bleeding.

　　 (e) For more than two hours they struggled to stabilize her, eventually opening her chest and applying direct massage to her heart.

　　 (f) But the loss of blood and the system-widetrauma proved too much.

(g) At 3 a.m. London time, after two hours of massaging Diana's unbeating heart, doctors declared the princess dead.

(*Time*, 1997:19)

(26)
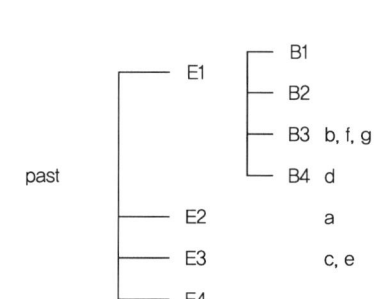

PD에 나타난 과거시제의 문장들을 (26)과 같은 방식으로 분석한 결과를 토대로 사건들의 시간관계를 설명하고자 한다.

텍스트 분석의 틀로 신문을 분석한 결과, PD에 나타난 어휘상의 분포는 다음과 같다.

(27)

상태	활동	완수	성취	계
55(27.5)	90(45)	36(18)	19(9.5)	200(100)

PD를 분석한 결과, 활동 동사가 45%로 가장 많고, 상태, 완수, 성취가 각각 27.5%, 18%, 9.5%순으로 나타났다.

PD의 사건강진전에 영향을 미치는 한정성과 비한정성의 분포는 다음과 같다.

(28)

비한정성	한정성	계
4(7.5)	49(92.5)	53(100)

한정성과 사건강진전 간의 관계를 살펴보기 위해 분석한 도표 (28)에서 한정성을 갖는 사건이 강진전되는 경우가 92.5%, 비한정성을 갖는 사건이 강진전되는 경우가 7.5%로 나타났다. 이것은 한정성이 사건을 진전시키는 중요한 요소라는 것을 알 수 있다.

　PD에서 사건이 강진전되는 문장은 총 200개의 사건들 중 53(26.5%)개이다. 사건을 강진전시키는 요소 중 한정성을 갖는 사건과 비한정성을 갖는 사건을 상태, 활동, 완수, 성취로 세분하여 분석한 결과가 (29)와 같이 나타난다.

(29)

상태	활동	완수	성취	계
1(2)	3(5.7)	32(60.3)	17(32)	53(100)

어휘상과 사건의 진전 간에 나타나는 관계를 제시한 도표 (29)에서 완수가 60.3%로 빈도수가 가장 높고 성취 32%, 활동 5.7%, 상태 2% 순으로 나타났다. 이것은 완수와 성취가 사건의 진전에 중요한 영향을 준다는 것을 말해 준다.

　종결성을 가진 성취와 완수가 55개 중에서 6개는 다음과 같이 종속층위에 속한다.

(30)

	완수	성취	계
사건종속	4(66.7)	2(33.3)	6(100)

한정성과 사건 종속 간의 관계를 제시한 도표 (30)에서 완수가 66.7%, 성취가 33.3%로 나타났다. 이것은 완수와 성취가 사건을 진전시키는 요소이지만 화용적 요인이나 통사적 요인에 의해 사건이 종속되는 경향이 있다는 것을 말해 준다.

2.4. 연설문

Inaugural Address(IA)에 나타난 시제를 분석한 결과, 과거시제가 75%(150/200)로 텍스트의 중심시제가 되고 있다. 따라서, 과거시제는 사건 간의 진전에 영향을 주는 중요한 시제라는 것을 알 수 있다. 사건 간의 연쇄로 나열된 (31)과 같은 연설문은 (32)와 같이 도식될 수 있다.

(31) (a) So, as we begin, let us take inventory.

　　(b) We are a nation

　　(c) that has a government - not the other way around.

　　(d) And this makes us special among the nations of the Earth.

　　(e) Our government has no power expect

　　(f) that granted it by the people.

　　(g) it is time to check and reverse the growth of government

　　(h) which shows signs of having grown beyond the consent of the governed.

(i) It is my intention to curb the size and influence of the Federal establishment and to demand recognition of the distinction between the powers granted to the Federal government and those reserved to the States or to the people.

(j) All of us need to be reminded

(k) that the federal government did not create the States;

(l) the States created the federal Government.

(*Inaugural Address*, 1995:262-3)

(32)

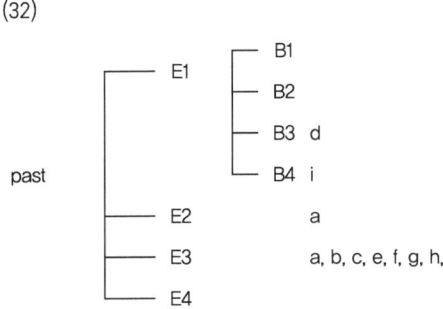

IA에 나타난 과거시제의 문장들을 (32)와 같은 방식으로 분석한 결과를 토대로 사건들의 시간관계를 설명하고자 한다.

텍스트 분석의 틀로 신문을 분석한 결과, IA에 나타난 어휘상의 분포는 다음과 같다.

(33)

상태	활동	완수	성취	계
70(35)	103(51.5)	18(9)	9(4.5)	200(100)

IA를 분석한 결과, 활동 동사가 51.5%로 가장 많고, 상태, 완수, 성취가 각각 35%, 9%, 4.5%순으로 나타났다.

IA의 사건강진전에 영향을 미치는 한정성과 비한정성의 분포는 다음과 같다.

(34)

비한정성	한정성	계
5(17.9)	23(82.1)	28(100)

한정성과 사건강진전 간의 관계를 살펴보기 위해 분석한 도표 (40)에서 한정성을 갖는 사건이 강진전되는 경우가 82.1%, 비한정성을 갖는 사건이 강진전되는 경우가 17.9%로 나타났다. 이것은 한정성이 사건을 진전시키는 중요한 요소라는 것을 알 수 있다.

IA에서 사건이 강진전되는 문장은 총 200개의 사건들 중 28(14%)개이다. 사건을 강진전시키는 요소 중 한정성을 갖는 사건과 비한정성을 갖는 사건을 상태, 활동, 완수, 성취로 세분하여 분석한 결과가 (41)과 같이 나타난다.

(35)

상태	활동	완수	성취	계
2(7.1)	3(10.7)	16(57.1)	7(25)	28(100)

어휘상과 사건의 진전 간에 나타나는 관계를 제시한 도표 (41)에서 완수

가 57.1%로 빈도수가 가장 높고 성취 25%, 활동 10.7%, 상태 7.1% 순으로 나타났다. 이것은 완수와 성취가 사건의 진전에 중요한 영향을 준다는 것을 말해 준다.

종결성을 가진 성취와 완수가 27개 중에서 4개는 다음과 같이 종속층위에 속한다.

(36)

	완수	성취	계
사건종속	2(50)	2(50)	4(100)

한정성과 사건 종속 간의 관계를 제시한 도표 (42)에서 완수가 50%, 성취가 50%로 나타났다. 이것은 완수와 성취가 사건을 진전시키는 요소이지만 화용적 요인이나 통사적 요인에 의해 사건이 종속되는 경향이 있다는 것을 말해 준다.

3. 장르별 텍스트 비교 분석

사건들 간 시간관계는 설화 텍스트, 에세이, 신문, 연설문 등에서 상이하게 분포될 수 있다. 이 장에서는 장르에 따라서 사건강진전과 그에 따른 어휘상이 어떻게 분포되는 지를 살펴보고자 한다.

먼저, 어휘상에 대해 살펴보자. 어휘상을 상태, 활동, 완수, 성취로 나누어 비교 분석해 보면 다음과 같다.

(37) (a) 상태 동사

설화텍스트	에세이	신문	연설문	계
65(22.2)	103(35.2)	55(18.8)	70(23.8)	293(100)

(b)
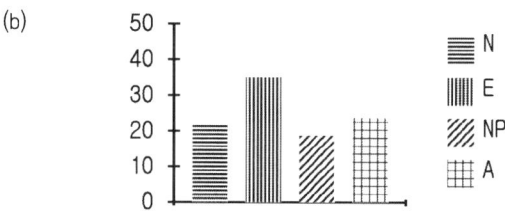

(38) (a) 활동 동사

설화텍스트	에세이	신문	연설문	계
55(17.4)	69(21.8)	90(28.4)	103(32.4)	317(100)

(b)
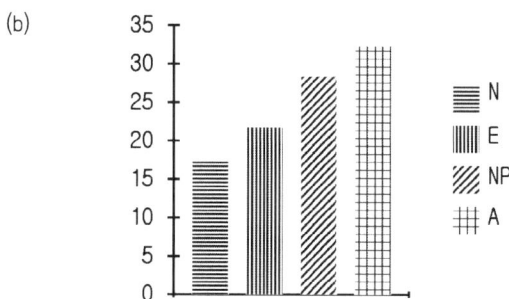

상태 동사는 에세이가 35.2%로 가장 높고 연설문 23.8%, 설화 텍스트 22.2%, 신문 18.8% 순으로 나타났다. 여기서 에세이의 경우에는 상태 동사가 많은 반면에 신문의 경우에는 상태 동사가 적게 나타난다. 활동 동사에서는 연설문이 32.4%로 가장 높고 신문 28.4%, 에세이 21.8%, 설화 텍스트 17.4% 순으로 나타났다. 연설문과 신문의 경우에는 활동 동사가 많은 반면에 설화 텍스트와 에세이의 경우에는 활동 동사가 적게 나타난다. 이것은 연설문과 신문이 설화 텍스트와 에세이보다 이야기의 줄거리가 더 동적으로 전개된다는 것을 말해준다. 장르별 완수 동사와 성취 동사를 비교 분석한 결과는 다음과 같다.

(39) (a) 완수 동사

설화텍스트	에세이	신문	연설문	계
34(33)	15(14.6)	36(35)	18(17.4)	103(100)

(b)
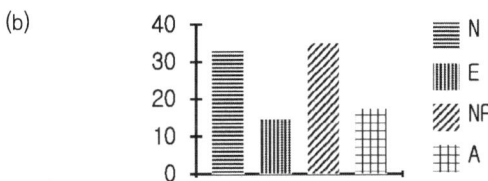

(40) (a) 성취 동사

설화텍스트	에세이	신문	연설문	계
46(52.9)	13(14.9)	19(21.8)	9(10.3)	87(100)

(b)
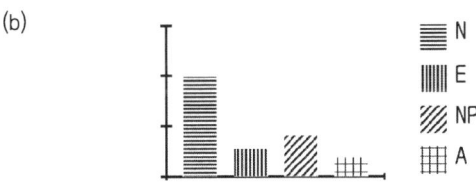

상태와 활동과 달리, 성취와 완수 동사는 상이하게 나타났다. 완수에서는 신문이 35%로 가장 높고 설화 텍스트 33%%, 연설문 17.4%, 에세이 14.6%순으로 나타난 반면에 성취에서는 설화 텍스트가 52.9%로 가장 높고 신문 21.8%, 에세이 14.9%, 연설문 10.3% 순으로 나타났다. 이것은 설화 텍스트에서 상태 동사가 많이 분포되어 있다고 해서 성취 동사와 완수 동사가 적게 분포되는 것이 아니며 아울러 연설문에서 활동 동사가 많이 분포되어 있다고 해서 성취 동사가 많이 분포되는 것이 아니라는 것을 보여준다.

사건이 강진전되는 요소 중 비한정성을 장르별로 비교하면 다음과 같다.

(41) (a) 비한정성

설화텍스트	에세이	신문	연설문	계
27(51.9)	16(30.8)	4(7.7)	5(9.6)	52(100)

(b)
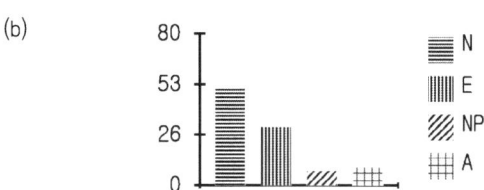

또한, 사건이 강진전되는 요소 중 한정성을 장르별로 비교하면 다음과 같다.

(42) (a) 한정성

설화텍스트	에세이	신문	연설문	계
65(40.6)	23(14.4)	49(30.6)	23(14.4)	160(100)

(b)
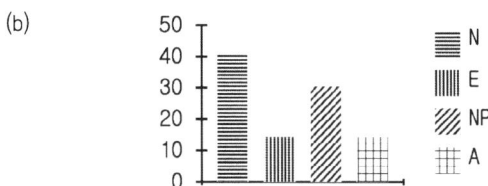

아울러, 사건강진전을 결정하는 비한정성과 한정성을 합한 결과를 장르별로 비교하면 다음과 같다.

(43) (a) 사건강진전

설화텍스트	에세이	신문	연설문	계
92(43.4)	39(18.4)	53(25)	28(13.2)	212(100)

(b)

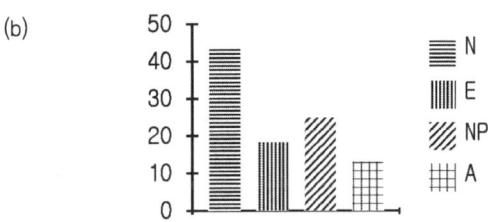

비한정성을 장르별로 비교한 결과, 설화 텍스트가 51.9%로 가장 많이 나타났고 에세이 30.8%, 연설문 9.6%, 신문 7.7%순으로 나타났다. 또한 한정성에서는 설화 텍스트가 40.6%로 가장 많이 나타났고, 신문 30.6%, 에세이 14.4%, 연설문 14.4%순으로 나타났다. 장르별 사건강진전의 분포를 분석한 결과, 설화 텍스트가 43.4%로 가장 높게 나타나고, 신문 25%, 에세이 18.4%, 연설문 13.2%순으로 나타났다. 설화 텍스트가 에세이, 신문, 연설문 등에 비해 사건 강진전이 현저하게 많이 나타나는 것은 사건의 흐름이 긴박하고 역동적으로 진전되기 때문이다. 신문은 Diana의 사건을 기사로 다룬 내용이어서 사건의 흐름이 매우 빠르게 전개되고 있기 때문에, 사건강진전이 많이 나타났다. 반면에 사건강진전이 가장 낮게 나타난 에세이는 언어의 본질을 다루는 내용이어서 사건의 진전이 상대적으로 적게 나타났다.

요약하면, 사건들 간의 시간관계는 시제, 부사, 순서성수칙, 관점상,

어휘상, 언어상의 맥락 등과 같은 언어적 지식과 인과관계, 상황의 맥락과 같은 세계에 대한 지식에 의해 결정될 수 있으며, 아울러 이런 사건진전 양상에 의해 결정되는 사건진전층위를 사건강진전, 사건약진전, 사건비진전, 사건종속으로 분류할 수 있음을 살펴보았다. 다시 말해서, 사건이 진전되면서 주절에 나타난다면 사건강진전이 되고, 사건이 진전되지만 종속절에 나타난다면 사건약진전이 되며, 어떤 요소에 의해서도 사건이 진전되지 못하면 사건비진전이 되고, 화용적 또는 통사적 요인에 의해 사건이 다른 사건에 종속이 되면 사건종속이 된다.

사건진전층위와 GPT를 바탕으로 설정한 분석의 틀로 설화 텍스트 The Pearl, 에세이 The Nature of Symbolic Language, 신문기사 Princess Diana, 연설문 Inaugural Address 등에 각각 나타난 200개의 사건을 분석한 결과는 다음과 같다.

첫째, 연설문과 신문의 경우에는 활동 동사가 많은 반면에 설화 텍스트와 에세이의 경우에는 활동 동사가 적게 나타난다. 이것은 연설문과 신문이 설화 텍스트와 에세이보다 이야기의 줄거리가 더 동적으로 전개된다는 것을 말해준다.

둘째, 설화 텍스트에서 상태 동사가 많이 분포되어 있다고 해서 성취 동사와 완수 동사가 적게 분포되는 것이 아니며, 연설문에서 활동 동사가 많이 분포되어 있다고 해서 성취 동사가 많이 분포되어 있는 것은 아니다.

셋째, 설화 텍스트가 다른 장르보다 사건강진전이 현저하게 많이 나타났다. 사건강진전이 설화 텍스트에 43.4%로 가장 높게 분포되는 것으로 나타났고, 신문 25%, 에세이 18.4%, 연설문 13.2%순으로 나타났다. 이 결과는 설화 텍스트가 다른 장르보다 사건의 흐름이 박진감있고 역동적이라는 것을 입증한다. 이런 차이점에도 불구하고 설화 텍스트, 에세이, 신문, 연설문 모두 한정성이 문장 간의 시간관계에 결정적인 영향을 미치며 또한 완수와 성취가 사건을 진전시키는데 현저한 역할을 한다는 공통점을 추출할 수 있었다.

　화자나 작가는 거시 텍스트를 계획할 때, 이야기의 중심 줄거리를 먼저 계획한 후, 그것을 중심으로 전경정보와 배경정보를 구도화한다. 그래서, 화자나 작가는 전경정보 중 사건이 강진전되도록 어휘상, 한정성 등을 바탕으로 텍스트를 형성화하고 맥락화해야 한다. 물론, 영역, 테너, 장르에 따라서 이야기의 중심 줄거리를 형성하는 양상이 다를 수 있다. 설화 텍스트에서는 사건이 박진감있고 역동적으로 전개될 수 있도록 절정 부분에 사건 강진전을 많이 구성하는 경향이 있다. 따라서, 화자는 SPEAKING의 자질들을 고려하여 자신의 생각이나 느낌을 형성화·맥락화하여 상대방에게 효과적이고 적절하게 표현해야 한다.

주요개념
- 사건진전체계
- 사건강진전과 중심줄거리
- 설화 텍스트의 사건강진전과 사건약진전
- 설화 텍스트의 사건비진전과 사건종속
- 에세이 및 신문의 사건강진전
- 연설문의 사건강진전
- 사건강진전과 사건들 간의 시간관계

제7장　연습문제

1. Nerbonne(1984:21)은 Reichenbach(1947)의 기준시, 발화시, 사건시를 나타내기 위해 시제와 관련된 문맥적 매개변수인 s, e, r을 도입한다. 주어진 문장의 진리치는 다음과 같은 세 개 지표의 시간 치에 의해 결정된다.

    · A s,e,r ⊨ PREP(P) iff e = r ⟨ s and A s,e,r ⊨ P

    과거시제의 문장 P가 모형 A에서 s,e,r에 대해 참이 되려면 사건시와 기준시가 발화시를 선행할 경우다. 문맥적 매개변수인 s, e, r로 사건의 시간해석을 예를 들어 설명하시오.

2. 사건들 간의 시간관계는 시제, 부사, 순서성 수칙, 관점상, 어휘상, 언어상의 맥락 등과 같은 언어적 지식과 인과관계, 상황의 맥락과 같은 세계에 대한 지식에 의해 결정될 수 있으며, 아울러 이런 사건진전 양상에 의해 결정되는 사건진전 층위를 사건강진전, 사건약진전, 사건비진전, 사건종속으로 분류할 수 있다. 텍스트에 나타날 수 있는 사건강진전과 사건종속을 비교하시오.

3. 사건진전층위로 텍스트에 나타나는 사건들 간의 시간관계를 분석할 수 있다. 사건진전 층위의 분석에서 어떤 사건이 층위가 상승 이동이 되는 경우가 있지만, 사건진전 유형의 층위가 하강 이동되는 경우도 있다. 종결성을 가진 동사가 사건을 진전시켜 주는 결정적 요인이지만, 텍스트의 구성이나 문맥정보에 의해 사건이 다른 사건에 하위사건이 되어 사건을 진전시키지 못하는 종속층위가 될 수도 있다. 텍스트에 나타날 수 있는 사건들 간의 진전 유형의 층위가 하강 이동되는 경우에 대해 구체적으로 기술하시오.

제8장

거시 텍스트 구조: 사건 간 의미해석과 전경

텍스트는 화자가 의미를 구축하도록 하는 원천이다.
— Cameron (2001)

생각하기
1. 사건진전 양상에는 어떤 요인들이 있으며, 거시 텍스트구조에서 어떤 작용을 하는가?
2. 거시 텍스트구조는 어떻게 구성되고, 각 부분의 사건진전 양상은 어떻게 나타나는가?
3. 거시 텍스트구조에서 사건진전과 전경 간의 관계는 어떠한가?

Fleischman(1990)에 의하면, 거시 텍스트의 구조는 요약(abstract), 발단(exposition), 갈등(complication), 절정(peak), 결말(conclusion), 종결부(coda)들로 구성되어 있다. 사건 간의 시간관계에서 사건들이 진전되면 거시 텍스트구조에서 설명상의 중심적 요소가 될 수 있다. 사건 간 진전이 일어나면 중요한 사건이 되기 때문에 전경(foreground)정보가 된다. 이와 같이 사건진전과 정보들 간의 관련성을 바탕으로 전경을 정의하면, 텍스트에 나타난 전경을 쉽게 분석할 수 있다. 이 장에서는 언어적 지식과 세계에 대한 지식에 의해 나타나는 사건진전 양상을 살펴보고, 사건 간의 진전이 현저하게 나타나는 Fitzgerald의 The Great Gatsby(GG), Mark Twain의 The Adventures of Tom Sawyer(ATS), Defoe의 Robinson Crusoe(RC), Hemingway의 The Old Man and the

Sea(OMS), Steinback의 The Pearl(P)을 분석하고자 한다[1].

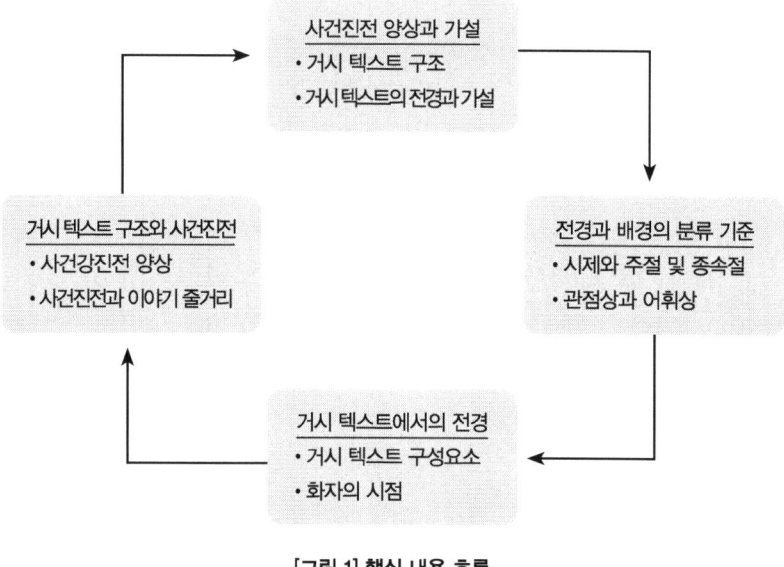

[그림 1] 핵심 내용 흐름

1. 거시 텍스트에서의 사건진전체계와 가설

사건을 진전시키는 요소로는 시간부사, 순서성 수칙, 관점상, 어휘상, 문맥정보 등이 있다. 먼저, 명시적 시간부사(explicit temporal adverb)가 사건 간 시간해석을 결정하는데 중요한 역할을 하는 경우를 살펴보자.

(1) (a) They wheeled me into the operating room and put me under sedation.

---
1   이 장은 김진석(2005a,b; 2008b)을 상호작용 의미 · 화용의 관점에서 수정 · 보완한 것임

(b) Three hours later I woke up. (Dowty, 1986)

명시적 시간부사는 새로운 사건을 도입하여 사건 간의 시간관계를 분명하게 해준다. 즉, (1)의 'three hours later'에 의해 도입된 새로운 사건은 부사의 특성으로 인해 앞 문장보다 뒤에 일어난 사건이 된다.

둘째, 사건 간의 진전관계가 순서성 수칙에 의해 결정될 수 있다. 사건들 간의 진전관계가 일어난 순서대로 결정된다는 순서성 수칙은 Grice(1975)의 순서성 수칙, Clark & Clark(1977)의 언급순서규칙, Cooper(1986)의 담화전략, Lascarides & Oberlander(1993:5)의 시간일관성규칙 등과 일맥상통된다². 그러나 순서성 수칙은 다소 수정될 필요가 있다. 즉, 화자(또는 작가)는 일반적으로 청자(또는 독자)로 하여금 사건 간의 시간관계를 해석하는데 노력을 최소화시키기 위해 사건들 간의 연쇄를 일어난 순서대로 언급하려고 한다. 이러한 사건들 간의 연쇄는 시간적 또는 공간적 간격에 의해 결속되면서 사건들이 진전되어 간다고 할 수 있다. 이런 관점에서, 이 장에서는 Grice(1977) 등의 주장을 다소 수정하여 순서성 수칙을 '화자(또는 작가)는 일련의 사건들이 시간적 또는 공간적으로 진전되도록 언급하라'로 정의한다.

---

2   Grice(1989)의 순서성 수칙은 양태격률(manner maxim)의 하위수칙으로 '순서성있게 말하라'이며 Clark & Clark(1977)의 언급순서규칙은 '사건이 일어난 순서대로 언급하라'는 것이다. 또한 Lascarides & Oberlander(1993:5)는 텍스트가 일관성을 유지하기 위해서 독자가 문장 간에 일관성을 적어도 한번은 추론할 수 있어야 한다는 일관성 규칙을 제안한다.
이러한 주장들 중에서 Cooper(1986)의 담화책략을 살펴보자. 이것은 담화가 진행됨에 따라서 주절에 나타나는 정형의 동사들 간의 관계가 전향이동(move forward)된다는 책략이다.

(i) Pedro entered the kitchen. He washed dishes. He wiped the stove.

즉 (i)은 'Pedro가 부엌에 가서 설거지를 한 후 스토브를 닦았다'는 해석이 선호되기 때문에 첫번째 사건 이후에 일어나는 일련의 사건들이 전향 이동된다고 할 수 있다.

순서성 수칙은 (2)와 같은 예문에 나타나는 사건들 간의 시간관계를 결정한다.

(2) He handed her the scalpel. She made the incision.   (Carston, 1993:27)

수술을 하는 것은 메스를 받은 후에 일어나는 것으로 순서성 수칙에 의해 사건들이 진전되면서 나열되고 있다는 것을 알 수 있다. 따라서 순서성 수칙은 두 번째 문장의 사건을 첫 번째 문장의 사건 이후에 일어나도록 한다.

셋째, 관점상이 사건들 간의 진전관계에 영향을 준다. 예로서 반복상의 한정/비한정에 의해 사건진전이 (3)에서와 같이 다르게 나타난다.

(3) (a) Mary has knitted this kind of sweater for years.
  (b) John kicked the ball three times.
  (c) Ted five times drank a cup of coffee.
  (d) Ted drank five cups of coffee.   (Declerk, 1991:278)

반복상을 나타내는 문장 (3)에서 (3a)는 비한정된 반복을 나타내지만 (3b-d)는 한정된 반복을 나타낸다. (3)에서 한정된 반복을 나타내는 문장은 언급된 상황이 한정된 상황들로 구성된 완료 상황이므로 (3c-d)는 (3b)와 같이 한정된 반복이 된다. 이와 같은 한정된 반복은 사건을 진전시킨다.

관점상 중 미완료상의 가장 대표적인 것으로 진행상이 있다. 진행상은 한정성을 가지는 종결된 사건을 비한정성을 가지는 상태 동사[3]와 유사한 과정으로 전환시킨다(Givon, 1993:153). 그래서, 진행상이 나타나는 둘째 문장은 첫째 문장의 사건을 진전시키는 성질이 부족하다.

(4) John entered the president's office. The president was looking out window.

(4)에서 대통령이 창밖을 바라보고 있는 상황의 중간에 John이 대통령 관저로 들어간 상황이므로 진행상은 상황을 진전시키지 못한다.

넷째, 어휘상은 사건들 간의 진전에 현저한 영향을 미친다. Partee(1984), Hinrichs(1986), Dowty(1986) 등은 문장 간의 시간관계를 어휘상(lexical aspect)으로 설명하려고 하였다. 어휘상은 상태 동사(state), 활동 동사(activity), 완수 동사(achievement), 성취 동사(accomplishment)로 세분된다. Partee(1984) 등은 상태 동사나 활동 동사는 비종결(atelic) 동사이므로 첫째 문장과 둘째 문장 간의 시간관계가 선후해석이 되지 못하며, 성취 동사와 완수 동사가 종결(telic)동사이므로 둘째 문장이 첫째

---

[3] 진행형이 상태 동사와 같이 비한정된다는 주장은 Vendler(1967:114)이래로 많이 논의되어 왔다(Dowty, 1986:44, Mittwoch, 1988:234-5, Parsons, 1989:222). 그러나 진행상은 상태 동사와 달리 이동성이 있는 동적인 속성을 갖고 있다(Smith, 1982:175, de Vuyst, 1985:161). 또한 진행상은 지속적일 필요가 없이 중간에 방해나 단절이 있어도 되지만 상태는 지속되어야 한다(Gabbay and Moravcsik, 1980:63). 더하여 Hatav(1993:501)는 지속부사(durational adverb)로 상태 동사와 진행상을 구분한다.

(ⅰ) (a) John was here for three years.
(b)*John was eating for three years.

즉 (ⅰ)에 나타난 (a)가 상태 동사이기 때문에 지속부사인 'for three years'와 같이 쓰일 수 있으나 (b)는 진행상이기 때문에 지속부사와 같이 쓰이게 되어 비문이 된다.

문장 이후에 일어나는 해석이 된다고 주장한다. 그러나, 예문 (5)와 같이 종결동사인 둘째 문장의 상황이 첫째 문장의 상황 이후에 일어나는 해석이 되지 않을 수도 있다.

(5) (a) John gave Mary an apple. (b) She sat down and took a bite. (c) She took the bite deliberately, savoring the taste. (Dry, 1983:34)

(5)에서 Mary가 John에게 사과를 받아먹은 상황이다. 이런 상황은 Partee(1984) 등에 따르면, 성취 동사를 포함하는 (5c)가 가리키는 사건은 (5b)의 사건 이후에 일어난다는 해석이 되어야 한다. 그러나, (5c)는 (5b)의 사건을 구체적으로 설명하고 있고 있으므로 사건 간 진전이 일어나지 않는다. 따라서, 사건 간 진전을 결정하는데 문맥정보도 고려될 필요가 있다.

다섯째, 문맥정보에 의해 사건들 간의 진전관계가 결정된다. 다음 문장에서와 같이, 완수나 성취 동사인데도 앞 문장의 사건에 종속되어 하위사건이 되는 경우가 있다.

(6) (a) In that year several of John's relatives had an accident. (b) Betty fell down the stairs, (c) Bill drove into a lorry, and (d) Mildred got knocked over by a motorcycle.

(6)의 (a, b, c, d)는 완수 동사와 성취 동사로 구성된 사건들의 연쇄이기 때문에 사건이 진전되어야 한다. 그러나 (6)의 (b, c, d)는 첫 번째 문장의 상황을 구체적으로 열거한 것에 불과하다. 다시 말해서, (6)의 (b, c, d)는

(6a)에 종속되는 하위사건에 불과하므로 (6a)와 (6)의 (b, c, d)간의 사건은 진전되지 않는다.

여섯째, 사건들 간의 진전이 인과관계에 의해 결정되는 경우가 있다. Lascarides & Asher(1993:22-23)와 Carston(1993:37-41)[4]은 문장 간의 시간관계를 인과관계로 설명하려고 했다. 여기서, Lascarides & Asher(1993)는 인과관계를 결과관계와 설명관계로 세분하여 전자는 앞 문장의 상황을 진전시키지만, 후자는 앞 문장의 상황을 진전시키지 않는 다고 한다. 예로서, 첫째 문장의 사건이 둘째 문장의 사건을 야기시키는 인과관계가 된다면, 첫째 문장의 사건 이후에 둘째 문장의 사건이 일어

---

4   인과관계는 결과관계와 설명관계로 나눌 수 있다. 전자는 Lascarides & Asher (1993:22)에 의해 (ⅰ)과 같이 정의된다.

   (ⅰ) Result(A, B): The event described in A caused the event or the state described in B.

즉 사건 A로 인해 B란 사건이 일어날 때 B는 A의 결과가 된다. 그래서 예문 (ⅱ)에서 Max가 불을 소등했으므로 방이 어둡게 되었기 때문에 첫 번째 문장이 두 번째 문장의 결과가 된다.

   (ⅱ) Max switched off the light. The room was pitch dark.

즉 (ⅱ)에서 두 번째 문장의 사건은 첫 번째 문장의 사건을 진전시키는 역할을 한다. 그리고 설명관계는 (ⅲ)과 같이 사건 A가 일어난 이유를 B가 설명하는 것으로 결과관계와 달리 B가 A의 사건을 야기시키는 상황이 된다.

   (ⅲ) Explanation(A, B): the event described in B explains why A's event happened(perhaps by causing it)

설명관계 (ⅲ)은 문장 간의 관련성을 분석하고자 시도한 Carston(1993:37-41)에서도 볼 수 있다.

   (ⅳ) Sue is happy. She got/made a phone-call.

즉 전화를 걸었으므로 Sue가 행복한 상황이 되었다. 그래서 두 번째 문장은 첫 번째 문장의 이유를 나타내는 설명관계라고 하겠다.

나게 된다.

(7) (a) She fed him poisoned stew. He died.
   (b) I left the door open. The cat got in.   (Carston, 1993:27)

(7a)에서는 그녀가 그에게 독약을 먹였기 때문에 그가 죽게 된 상황이다. 그래서, 앞 문장의 사건이 뒷 문장의 사건을 야기시켰다. (7b)에서도 문을 열어 놓았더니 고양이가 들어왔다는 것을 세계에 대한 지식으로 알 수 있으므로 앞 문장의 사건의 결과로 뒷 문장의 사건이 일어난 상황이 된다. 따라서, (7)의 두 문장에서 둘째 문장의 사건은 첫째 문장의 사건을 진전시키게 된다.

  Fleischman(1985)은 거시 텍스트 구조(macro-structure)의 절정 부분에서 갈등이 가장 강렬해 진다고 주장한다. 이는 절정 부분에서 사건진전 요소에 의해 사건이 역동적으로 진전된다고 할 수 있다. 이런 관점에서, 이런 관점에서, 여기서는 다음과 같은 가설을 설정한다.

(8) 거시 텍스트의 구조 중 갈등과 절정 부분이 다른 부분에 비해 사건 진전이 많이 일어나서 전경정보의 빈도수가 높게 나타나 는 반면에, 발단과 결론에서는 비교적 낮게 나타난다.

발단과 결론에 비해 갈등과 절정부분에 사건진전이 많이 일어나서 전경정보의 빈도수가 높게 나타난다는 가설의 타당성을 입증하기 위해, 다음 절에서는 전경과 배경을 구분하는 기준을 살펴보고, 텍스트를 분석한다.

2. 전경

　전경과 배경을 구분하는 기준에 대해서는 학자들 간에 다소 차이가 있다. 첫째, Hopper(1979), Givon(1993)에 의하면, 과거시제가 전경에 속하고 완료시제, 현재시제, 미래시제는 배경에 속한다(Griffiths, 2023). 그러나 다음과 같이 현재시제가 전경의 기능을 하는 경우도 있다.

> (9) ... and then he gets down out of the trees, and he dumps all his pears into the basket, and the basket's full, and one of the pears drops down to the floor, and he picks it up, and he takes his kerchief off, and he wipes it off, places it in the baskets which is very full.

　현재시제로 나열된 (9)의 연속된 사건들은 텍스트의 중심적 사건들이다. 현재시제가 주어진 일차적인 시간(given primary time: GPT)이기 때문에 모든 사건들의 시간적 선후관계는 현재시제를 중심으로 결정된다. 따라서, 현재시제가 전경에 속하는 사건이 될 수 있기 때문에 과거시제만이 전경이 될 수 있다는 기준만으로는 전경과 배경을 구분할 수 없다.
　둘째, Dry(1983), Reinhart(1984)에 의하면, 주절은 전경에 속하고, 매입절은 주절에 포함되므로 배경에 속한다는 주장한다. 주절은 시간적으로 순서짓는 문장배열로 전경과 관련되며, 종속절은 중심적인 시간선상의 배열에 있지 않아 문장순서에 관여하지 않기 때문에 배경과 관련된다는 것이다.
　셋째, 4장에서 살펴본 바와 같이, 전경에 대한 결정적 영향을 미치는 것은 관점상과 어휘상이다. 관점상 중 완료상으로 표현된 것은 전경으로, 어휘상 중 종결성(telicity)을 가진 것은 전경으로 분류될 수 있다 (Partee, 1984; Hinrich, 1986). 이는 사건이 완료상이거나 동사가 성취나 완수이면 전경이 될 수 있다는 것을 말한다.

넷째, Hopper & Thompson(1984)에 의하면, 전경은 하나의 절대적 기준으로 정의될 수 있는 것이 아니라 다양한 언어적 자질들의 집합으로 정의하였다. 이런 맥락에서, Reinhart(1984)는 시간적 기준, 기능-의존적 기능, 문화-의존적 기능으로, Longacre(1989)는 시제, 상, 서법 등을 고려하여 전경을 정의하였다. 그들 중, 이야기선(storyline)에 해당되는 사건들이 이야기의 골격을 이루기 때문에 전경이 된다고 주장한다.

이 장에서는 사건진전 양상으로 전경과 배경을 구분하고자 한다. 사건진전 양상은 Hopper(1979), Reinhart(1984), Langacre(1989) 등의 기준들을 수렴할 수 있다. 사건진전 양상에는 시제, 통사적 요인, 관점상, 어휘상, 문맥 등이 모두 고려되기 때문이다. 이러한 사건진전 양상에 의해 사건진전이 결정되면, 이야기의 중심 줄거리인 전경이 될 수 있다. 이러한 기준을 바탕으로, 다음 장에서는 거시 텍스트 구조에서의 사건진전을 살펴보고자 한다.

3. 거시 텍스트 구조

Warren(1943)은 플롯을 발단, 갈등, 절정, 대단원으로 세분한다. 발단은 등장인물이 소개되고, 배경 및 상황이 설정되는 것으로 소설이 시작되는 첫 부분이다. 소설의 플롯에서 가장 중요한 부분은 갈등과 절정이다. 그 중에서 절정은 갈등이 가장 강렬해지고, 결말이 필연적으로 나오게 되는 순간이다. 마지막으로 대단원은 작품의 결말에 해당되는 것으로 승패가 결정되는 해결의 단계이다.

Labov(1972)에 의하면, 거시 텍스트 구조는 요약(abstract), 도입(orientation), 갈등(complicating action), 평가(evaluation), 결말(resolution), 종결부(coda)로 구성되어 있다고 주장한다. 구성요소들 중 갈등이 이야기의 핵심이기 때문에 필수적인 요소인 반면에, 요약과 종결부는 수의적이다. 요약, 도입, 결말은 참조 기능(referential function)을 하며, 평가는 이야기가 전개된 이유를 명세화하는 기능이 있다.

van Dijk(1980)도 이야기의 주요 사건을 조직하고 배열하는 구조로 거시구조(macrosyntax)를 설정했다. 거시 구조는 요약(summary), 본론(main story), 결말(ending) 부분으로 구성된 것으로 작가나 독자의 인지적 도식(schemata)을 반영하고 실현한다. 구성 요소들 중 요약은 이야기의 도입부이고, 본론은 하나 또는 더 많은 에피소드로 구성되어 있으며, 결말은 평가나 설명들로 되어 있다.

Chafe(1986)는 거시 구조의 구성요소로 요약(summary), 도입(initial state), 갈등(complication), 절정(climax), 대단원(denouement), 결말(final state), 종결부(coda)를 들고 있다. 요약과 종결부는 수의적이지만 다른 요소들은 필수적으로 제시되어야 한다. 갈등은 도입을 절정으로 가도록 하는 요소이고, 대단원은 절정을 결말로 가도록 하는 징검다리 역할을 한다.

Fleischman(1990)은 요약(abstract), 발단(exposition), 갈등(complication), 절정(peak), 결말(conclusion), 종결부(coda)로 거시 텍스트의 구조(macro-structure)를 (10)과 같이 제시한다.

(10)

Abstract	Plot				Coda
	Exposition	Complication	Peak	Conclusion	

요약과 종결부는 화자의 시점이지만 플롯의 각 구성요소인 발단, 갈등, 절정, 결말은 이야기 시점이다. 플롯의 각 부분은 시제와 상의 표출 양상을 각각 달리하고 있다. 발단은 이야기의 배경을 설명하고 전개하는 모양을 갖추는 부분이고, 갈등은 이야기를 이루는 설화 텍스트의 사건들을 묶어 놓은 것이며, 절정은 사건이 극에 달하는 핵심적인 이야기의 흐름이므로 매우 구체적이고 생동감있게 표현하기 위해 장면을 천천히 묘사해 가는 문체적 장치를 사용한다. 대표적인 장치로는 중요한 사건의 삽입, 반복, 환문, 직접화법 등이 있다[5].

Labov(1972), van Dijk(1980), Chafe(1986), Fleischman(1990)의 구성요소들을 비교하면 다음과 같다.

〈표 1〉 거시 텍스트 구성요소 비교

Labov(1972)	van Dijk(1980)	Chafe(1986)	Fleischman(1990)
요약 도입 갈등 평가 결말 종결부	요약 본론 결말	요약 도입 갈등 절정 대단원 결말 종결부	요약 발단 갈등 절정 결말 종결부

---

5 Longacre(1989: 372)에 따르면, 직접화법은 절정이 빨리 지나가지 않도록 카메라를 천천히 움직인다.

거시 텍스트 구성요소를 비교한 〈표 1〉에서, van Dijk가 분류한 구성요소들 중 본론에는 도입이나 갈등이 포함되어 있다. 구성요소 분류들 간의 차이점으로 Labov는 평가를, van Dijk는 본론을, Chafe는 절정과 대단원을, Fleischman은 절정을 제시하고 있다. 이러한 차이점에도 불구하고 구성요소들 중 요약, 발단(도입), 갈등, 결말, 종결부가 공통된 요소로 추출될 수 있다. 여기서 평가는 구성요소로 반드시 설정될 필요가 없다. 이는 결말부분에서 평가가 포함될 수 있기 때문이다. 그러나, 절정은 명시적으로 제시되어야 한다. 절정은 갈등을 가장 강렬하게 하고, 결말을 필연적으로 나오게 하는 역할을 하기 때문이다. 이런 측면에서 공통된 요소인 요약, 발단, 갈등, 결말, 종결부에 절정을 포함할 필요가 있다고 주장한 Fleischman(1990)의 틀을 바탕으로 거시 구조를 분석하고자 한다.

시제는 사건 간의 시간관계를 명시적으로 나타내 주는 장치이다[6]. 텍스트에서 시제가 나타나는 현상도 플롯에 따라 달리 나타난다. 줄거리가 아닌 요약과 종결부는 화자의 시점이므로 의사소통 형태에 나타난 시제에 의존한다. 따라서, 요약은 일반적으로 현재시제가 나타나지만, 텍스트에서는 과거시제로 나타날 수도 있다. 종결부는 화자의 시점으로 전환하는 장치이기 때문에, 종결부에는 현재완료가 많이 나타난다.

이와 같이, 거시텍스트의 분석에 관여되는 요소로 시제, 시점 등이 있음을 간략하게 살펴보았다. 여기서는 거시 텍스트 구조에서 사건진전 양

---

[6] 시제는 한 상황이 다른 상황에 대해 갖는 시간적 선후 관계를 표시하는 문법범주이다. 따라서 시제는 반드시 두 상황이 관련되어 있으며 한 상황이 다른 상황에 대해 갖는 전시(anterior), 동시(simultaneous), 후시(posterior)에 의해서 과거, 현재, 미래 등으로 분류된다. 예를 들어, Reichenbach(1947)는 발화시(speech time: S), 사건시(event time: E), 기준시(reference time: R)간의 관련성으로 시제를 전방과거(anterior past), 단순과거(simple past), 후방과거(posterior past), 전방현재, 단순현재, 후방현재, 전방미래, 단순미래, 후방미래로 분류한다.

상이 어떻게 나타나는지를 점검하는 것이므로 거시 텍스트구조의 구성요소인 요약, 발단, 갈등, 절정, 결말, 종결부에 사건진전이 어떻게 나타나는 지를 다음 절에서 살펴보고자 한다.

4. 거시 텍스트에서의 사건진전과 전경

앞에서 논의한 사건진전 양상과 거시 텍스트의 구조의 이론적 타당성을 점검하기 위해 본 절에서는 GG, ATS, RC, OMS, P를 분석하고자 한다. 이를 위해, 거시 텍스트 구조의 각 부분에 해당되는 100개의 연속된 사건을 선정하여 분석하였다. 선정 시, 회상을 나타내는 과거완료나 배경정보도 포함되어 처리되었다. 또한, 분석의 대상이 되는 사건은 시제로 실현된 절(clause)에 국한하였다.

먼저, GG에서 사건진전 양상이 거시 텍스트 구조의 각 부분에 어떻게 나타나는지를 살펴보고자 한다. 이야기의 절정부분은 다음과 같이 분석되었다.

(11) (a) She was the first "nice" girl (b) he had ever known. (c) In various unrevealed capacities he had come in contact with such people but always with indiscernible barbed wire between. (d) He found her excitingly desirable. (e) He went to her house, at first with other officers from Camp Taylor, then alone. (f) It amazed him – (g) he had never been in such a beautiful house before. (h) But what gave it an air of breathless intensity, (i) was that (j) Daisy lived there – (k) it was as casual a thing to her (l) as his tent out at camp was to him.

(m) There was a ripe mystery about it.

GG에서 이야기시점을 나타내는 GPT는 과거다. (11)의 (b), (c), (g)는 과거완료이므로 이야기의 전개 상황을 이전의 상황과 관련짓는다. 따라서, 회상의 역할을 하기 때문에 배경정보에 속한다. 또한, (a), (i), (j), (k), (m)은 상태이어서 사건을 진전시키지 못하므로 배경정보에 속한다. (12)에서 전경정보에 속하는 사건은 (d), (e), (f)이다. (d)가 완수, (e)가 성취, (f)가 완수동사[7]이기 때문이다. 이런 방식으로, 총 400개의 사건을 분석한 결과, 거시 텍스트의 구조와 사건진전 간의 관련성이 다음과 같이 나타났다.

〈표 2〉 거시 텍스트의 구조와 사건진전

	도입	갈등	절정	결말	계
사건진전	8(12.6%)	20(31.4%)	29(46.7%)	6(9.3%)	63(100%)

(12)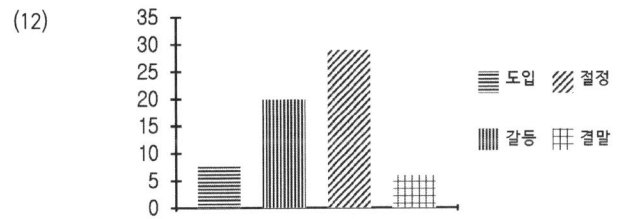

---

[7] 심리동사가 완수동사가 되는 경우가 있다. 심리동사에는 'fear유형'과 'frighten유형'이 있다. 'like, fear, be surprised at, be concerned about' 등은 주어가 경험자이고 변화성이 없는 'fear유형'이지만 'please, frighten, surprise, concern'은 주어가 자극자이고 변화성이 있는 'frighten유형'이다. 'fear유형'은 상태동사이기 때문에 사건을 진전시킬 수 없지만, 'frighten유형'은 완수동사이기 때문에 사건을 진전시킨다.

GG의 거시 텍스트 구조와 사건진전 간의 관계를 제시한 〈표 2〉에서 사건진전은 절정, 갈등, 도입, 결말 순으로 나타났다.

이제, ATS에서 사건진전양상이 거시 텍스트 구조의 각 부분에 어떻게 나타나는지를 살펴보자. ATS의 절정부분은 다음과 같이 분석되었다.

(13) (a) Tom joined the new order of Cadets of Temperance, being attracted by the showy character of the 'regalia'. (b) He promised to abstain from smoking, chewing, and profanity (c) as long as he remained a member. (d) Now he found out a new thing – namely, (e) that to promise not to do a thing is the surest way in the world to make a body want to go and do that very thing. (f) Tom soon found himself tormented with a desire to drink and swear.

(13)에서 이야기 시점을 나타내는 GPT는 과거다. 여기서 전경정보에 해당되는 사건은 (a), (d), (f)이다. (a), (d), (f)가 완수로 사건을 진전시키기 때문이다. 이런 방법으로 총 400개의 사건을 분석한 결과, 거시 텍스트의 구조와 사건진전 간의 관련성이 다음과 같이 나타났다.

⟨표 3⟩ 거시 텍스트의 구조와 사건진전

	도입	갈등	절정	결말	계
사건진전	11(11.7%)	31(33.8%)	42(45.9%)	8(8.6%)	92(100%)

(14)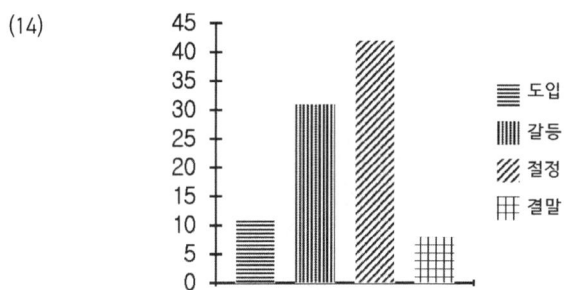

ATS의 거시 텍스트 구조와 사건진전 간의 관계를 제시한 ⟨표 3⟩에서 사건진전은 GG에서와 같이 절정, 갈등, 도입, 결말 순으로 나타났다.

RC에서 사건진전 양상이 거시 텍스트구조의 각 부분에 어떻게 나타나는지를 살펴보자. 이를 위해, 거시 텍스트 구조의 각 부분에 해당되는 사건을 100개 선택하여 분석하였다. 이야기의 절정 부분을 다음과 같이 분석하였다.

(15) (a) I soon found a way to convince him (b) that I would do him no harm, and (c) taking him up by the Hand laugh'd at him, and (d) pointed to the Kid (e) which I had killed, (f) beckoned to him to run and fetch it, (g) which he did; and (h) while he was wondering and looking to see (i) how the Creature was killed, (j) I loaded my gun again, and (k) by and by I saw a great Fowl like a Hawk sit upon a tree within Shot; (l) so to let Friday understand a little what I would do, (m) I call him to me again, (n) pointed at the Fowl (o) which was

indeed a Parrot.

RC의 GPT는 과거이다. (15)에서 전경정보가 되는 것은 (a), (j), (k)이다. (a)는 완수이고 (j)는 성취이므로 사건을 진전시킨다. 여기서, (k)는 상태이지만 'by and by'와 문맥에 의해 사건이 진전된다. 이런 방법으로 총 400개의 사건을 분석한 결과, 거시 텍스트의 구조와 사건진전 간의 관련성이 다음과 같이 나타났다.

〈표 4〉 거시 텍스트의 구조와 사건진전

	도입	갈등	절정	결말	계
사건진전	15(15.4%)	29(30.6%)	41(42.5%)	11(11.5%)	96(100%)

(16)
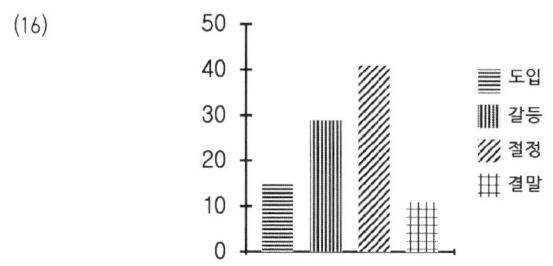

RC의 거시 텍스트 구조와 사건진전 간의 관계를 제시한 〈표 4〉에서 사건진전은 GG, RC와 같이 절정, 갈등, 도입, 결말 순으로 나타났다.

이제, OMS의 거시 텍스트 구조에 나타난 사건진전의 양상을 살펴보자. Vitacolonna(1983: 287)는 OMS의 거시구조를 다음과 같이 분류한다.

(17) (a) 1단계: 소설의 도입부에서 노인이 항구를 출발하는 사건들
    (b) 2단계: 고기잡이를 하는 사건들

(c) 3단계: 노인이 항구로 돌아오는 사건들

(17)과 같이 OMS의 구성은 노인이 항구를 출발하는 발단, 고기잡이를 하는 전개, 항구로 돌아오는 결말부분만 있는 것으로 분석된다. Fleischman의 거시 텍스트 구조에 맞게 (17)을 재구성한다면, (17b)의 2단계를 갈등과 절정으로 구분한다. 노인이 고기를 잡는 일련의 사건들을 갈등으로, 고기잡이를 하는 중 상어 떼들의 습격에 저항하다 결국 패배하게 된 사건들을 절정으로 세분할 수 있다.

거시 텍스트 구조의 각 부분에 해당되는 사건을 100개 선택하여 분석하였다. 4장에서 살펴본 예시를 다시 쓴 (18)의 텍스트를 사건진전체계로 분석하였다.

(18) (a) Then the fish came alive, with his death in him, and (b) rose high out of the water showing all his great length and width and all his power and his beauty. (c) He seemed to hang in the air above the old man in the skiff. (d) Then he fell into the water with a crash (e) that sent spray over the old man and over all of the skiff. (f)The old man felt faint and sick. (g) But he cleared the harpoon line and (h) let it run slowly through his raw hands and (i) he saw (j) the fish was on his back with his silver belly up. (k) The shaft of the harpoon was projecting at an angle from the fish's shoulder and (l) the sea was discolouring with the red of the blood from his heart. First (m) it was dark as a shoal in the blue water (n) that was more than a mile deep. (o) Then it spread like a cloud. (p) The fish was silvery.

OMS의 GPT는 과거다. (18)에서 사건이 진전되는 것은 (a), (b), (d), (h), (g), (o)이다. 이 중 (i)는 상태이지만 문맥에 의해 사건이 진전되는 경우이고, (a), (b), (o)는 활동이지만 명시적 시간부사와 문맥정보에 의해 사건이 진전되는 경우이며, (d), (g), (h)는 완수로써 사건이 진전된다.

이런 방법으로, 총 400개의 사건을 분석한 결과, 거시 텍스트의 구조와 사건진전 간의 관련성은 다음과 같이 나타났다.

〈표 5〉 거시 텍스트의 구조와 사건진전

	도입	갈등	절정	결말	계
사건진전	4(11.1)	11(30.6)	18(50)	3(8.3)	36(100)

(19)
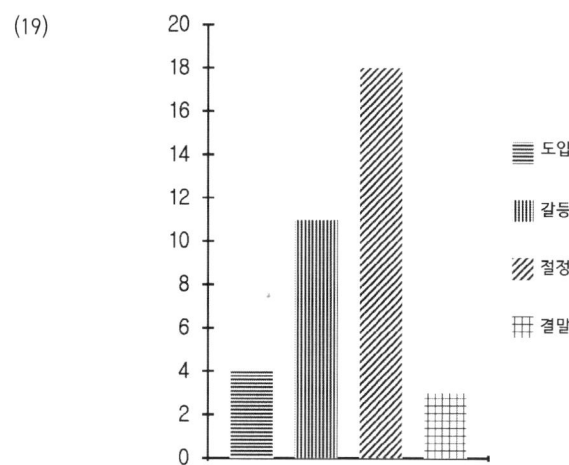

거시 텍스트 구조와 사건진전 간의 관계를 제시한 〈표 5〉에서 사건 진전은 절정 50%, 갈등 30.6%, 도입 11.1%, 결말 8.3% 순으로 나타났다.

또한, P에서도 OMS와 같이 거시 텍스트 구조의 각 부분에 해당되는 문장을 100개 선택하여 분석하였다. 예를 들어, 이야기의 절정부분을 다음과 같이 분석하였다.

(20) (a) Kino looked down at her and (b) his teeth were bared. (c)He hissed at her like a snake, and (d) Juana stared at him with wide unfrightened eyes, like a sheep before the butcher. (e) She had accepted it. And (f) then the rage left him and (g) a sick disgust took its place. (h) He turned away from her and (i) walked up the beach and through the brush line. (j) His senses were dulled by his emotion. (k) He heard the rush, (l) got his knife out and (m) lunged at one dark figure and (n) felt his knife go home, and (o) then he was swept to his knees and swept again to the ground. (p) Greedy fingers went through his cloths, (q) frantic fingers searched him, and (r) the pearl, knocked from his hand, lay winking behind a little stone in the pathway. (s) It glinted in the soft moonlight. (t) Juana dragged herself up from the rocks on the edge of the water. (u) Her face was a dull pain and (v) her side ached. (w) She steadied herself on her knees for a while and (x) her wet skirt clung to her. (y) There was no anger in her for Kino.

P의 GPT는 과거다. (20)에서 사건이 진전되는 것은 (f), (g), (h), (i), (k), (l), (m), (n), (o), (p), (t)이다. (f), (o)는 명시적 시간부사 'then'에 의해, (g), (k), (n)은 문맥정보에 의해 사건이 진전된다. 이 사건들은 이야기의 중심 줄거리인 전경정보가 된다. 배경정보들 중 (e)는 과거완료로써 회상의 역할을 한다.

이런 방법으로 총 400개의 사건을 분석한 결과, 거시텍스트의 구조와 사건진전 간의 관련성이 다음과 같이 나타났다.

〈표 6〉 거시 텍스트의 구조와 사건진전

	도입	갈등	절정	결말	계
사건진전	16(22.2)	18(25)	24(33.3)	14(19.5)	72(100)

(21)
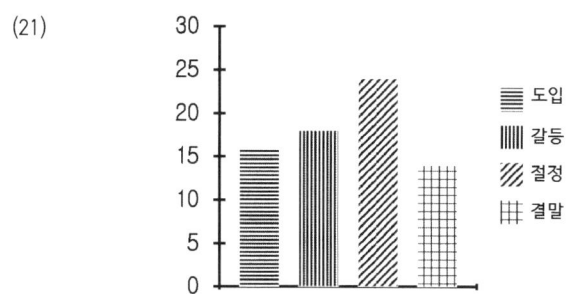

거시 텍스트 구조와 사건진전 간의 관계를 제시한 〈표 6〉에서 사건진전은 절정 33.3%, 갈등 25%, 도입 22.2%, 결말 19.5% 순으로 나타났다.

GG, ATS, RC, OMS, P에 나타난 사건의 진전을 분석한 결과, 첫째 거시 텍스트의 구조들 중 갈등과 절정 부분에 사건진전이 많이 일어나기 때문에 전경정보가 많은 반면에, 발단과 결론에서는 비교적 적게 나타난다는 가설의 타당함이 입증되었고 둘째, GG, ATS, RC, OMS, P 모두 공통적으로 사건 간 진전이 절정에서 가장 빈도수가 많았고, 그 다음으로 갈등, 도입, 결말 순으로 나타났으며 셋째, 어휘상 중 성취 동사와 완수 동사가 사건 간 진전을 결정하는데 핵심적 역할을 하였다.

더욱이, GG, ATS, RC, OMS, P에 나타난 사건진전과 절정 간의 관계를 분석한 결과, 다음의 표와 같이 ATS와 RC가 다른 텍스트보다 사건간의 진전이 현저하게 많이 나타났다.

〈표 7〉 절정에서의 GG, ATS, RC, OMS, P간 사건진전 비교

	GG	ATS	RC	OMS	P
사건진전	29	42	41	18	24

ATS와 RC의 텍스트에서 사건간 진전이 일어난 빈도수가 가장 높게 나타났고, 그 다음으로 GG, P, OMS순으로 나타났다. 이 결과는 ATS와 RC가 절정부분에서 다른 텍스트보다 사건의 흐름이 더 박진감있고 역동적이라는 것을 입증한다.

 화자는 거시 텍스트 구조를 형성할 때, 화자의 시점과 이야기 시점을 구분하여 계획해야 한다. 요약과 종결부는 화자의 시점이지만 플롯의 각 구성요소인 발단, 갈등, 절정, 결말은 이야기 시점이다. 무엇보다도, 화자는 시제와 상이 플롯의 각 부분에 어떻게 표현될지를 형성화해야 한다. 화자는 사건 진전이 갈등과 절정 부분에 현저하게 많이 일어날 수 있도록 어휘상, 시제, 관점상, 맥락 등을 고려하여 텍스트를 구축해야 한다. 갈등은 이야기를 이루는 설화 텍스트의 사건들을 묶어 놓은 것이고, 절정은 사건이 극에 달하는 핵심적인 이야기의 흐름이므로 매우 구체적이고 생동감있게 표현되어야 한다. 따라서, 화자는 갈등과 절정 부분의 사건이 역동적이고 박진감있게 흐를 수 있도록 전경정보 중심의 사건을 형성화·맥락화할 필요가 있다.

주요개념
- 시제, 상, 그리고 전경
- 주절 및 종속절과 전경
- 성취, 완수 그리고 전경
- 전경과 배경 간 분류기준
- 거시 텍스트의 구성요소
- 사건강진전과 이야기 줄거리

제8장 연습문제

1. Hopper & Thompson(1984)에 의하면, 전경은 하나의 절대적 기준으로 정의될 수 있는 것이 아니라 다양한 언어적 자질들의 집합으로 정의하였다. 이런 맥락에서, Reinhart(1984)는 시간적 기준, 기능-의존적 기능, 문화-의존적 기능으로 전경을 정의하였고, Longacre(1989)는 시제, 상, 서법 등을 고려하고, 그 중 이야기선(storyline)에 해당되는 사건들이 이야기의 골격을 이루기 때문에 전경이 된다고 주장한다. 전경과 배경을 구분하는 기준을 설정하고, 그 기준의 타당성을 설명하시오.

2. Chafe(1986)는 거시 구조의 구성요소로 요약(summary), 도입(initial state), 갈등(complication), 절정(climax), 대단원(denouement), 결말(final state), 종결부(coda)를 들고 있다. Fleischman(1990)은 요약(abstract), 발단(exposition), 갈등(complication), 절정(peak), 결말(conclusion), 종결부(coda)로 거시 텍스트의 구조(macro-structure)를 설정하였다. 필수적으로 설정해야 할 거시 텍스트의 구조는 무엇인지 제시하시오.

3. Fleischman(1985)은 거시 텍스트 구조(macro-structure)의 절정부분에서 갈등이 가장 강렬해진다고 주장한다. 거시 텍스트의 구성요소들 간 사건을 진전시키는 비율이 가장 높게 나타나는 것은 절정이고, 그 다음으로 갈등, 도입, 결말 순으로 나타날 수 있다. 사건진전 층위에서 사건진전이 절정 부분에서 빈도수가 가장 높게 나타는 이유는 무엇인지를 설명하고, 다른 장르들에서는 어떻게 나타나는지를 분석하시오.

제9장
연설문에서의 헤지(hedge) 표현

헤지는 대화 참여자들 간 상호작용이 원만하게 지속되도록 한다.
— Thornbury(2005)

생각하기
1. 텍스트에서의 헤지 표현은 어떻게 정의되는가?
2. 연설문에 나타난 헤지 표현은 어휘적, 통사적으로 어떤 양상과 의미를 지니고 있는가?
3. 연설문에서의 헤지 표현은 원어민 화자와 비원어민 화자 간 어떤 차이가 있는가?

Lakoff(1972)의 "Hedges: A Study in Meaning Criteria and the Logic of Fuzzy Concepts"에서 처음으로 사용된 헤지(hedge)는 진단적 가치(diagnostic value)를 가진 표현들을 나타내는 개념이었다. 그는 언어 철학적 관점에서 헤지를 '의미를 더 모호(fuzzy)하게 하거나 덜 모호하게 하는 기능을 가진 단어들(words whose function is to make meanings fuzzier or less fuzzy)'로 정의하였다. 이런 측면에서, 헤지는 대화 참여자들 간 상호작용이 원만하게 이루어지도록 하는 역할을 한다. 화자는 대인 간 층위에서 공손성 원리(Leech, 2014)를 고려하여 헤지를 선정하고 발화할 수 있다. 이 장에서는 연설문들의 분석을 통해 추출한 어휘적, 통사적 헤지 표현들의 자료를 바탕으로 헤지에 대한 개념을 다시 정립하고, 그것에 기초하여 연설문에 나타난 어휘적, 통사적 헤지 표현의 양상과 의미를 분석하고자 한다[1].

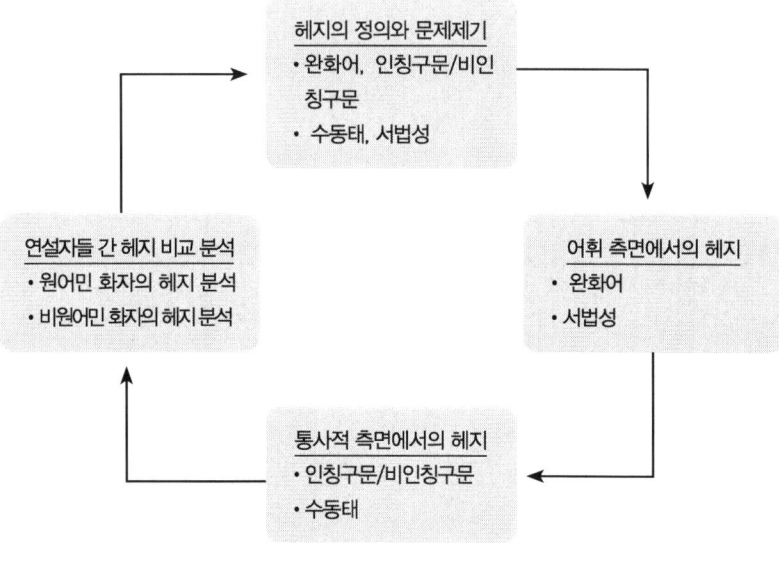

[그림 1] 핵심 내용 흐름도

1. 헤지란 무엇인가?

헤지에 대한 학자들 간의 정의가 매우 다양하여 헤지가 무엇인지를 명확하게 정의내리기는 쉽지 않다. Lakoff(1972)는 헤지를 모호성을 나타내는 표현으로 정의하였다. 다음 예문에서와 같이, 'strictly speaking, technically speaking, regular, sort of'와 같은 단어들에서 볼 수 있다.

(1) a. A robin is a bird.

---
1 이 장에서는 김진석(2008a)을 상호작용 의미·화용의 관점에서 수정·보완하였음.

b. A chicken is a bird.

(2) A chicken is sort of a bird.

(1a)는 울새이므로 사실이지만 (1b)의 경우는 생물학적 개념으로 보면 꿩과의 새이므로 사실인 듯하지만, 일상적 개념으로 볼 때는 사실이 아닌 것처럼 느껴질 수 있다. (1b)에 'sort of'를 첨가한 (2)의 경우는 화자의 의도나 상황에 따라 사실이거나 사실에 매우 가까운 것으로 느껴진다. 여기서 'sort of'는 문장의 참과 거짓을 모호하게 만드는 표현으로 진리 조건에 영향을 미치고 있다.

유사하게, Channell(1994)도 Lakoff(1972)와 같이 헤지를 모호함(vagueness)의 개념으로 정의하였다. 화자는 'around, about, some kind of, sort of' 등의 표현을 사용하여 다음과 같이 사물의 양이나 질 등을 불확실하게 표현하고 있다.

(3) The orderly transfer of authority as called for in the Constitution takes place as it has for almost two centuries and few of us stop to think how unique we really are.

Reagan의 대통령 취임 연설문인 (3)에서의 'almost'는 연설자가 기간이나 수를 정확하게 가늠할 수 없도록 하고 있다. 다시 말해서, 헤지를 사용하여 화자의 발화를 참과 거짓으로 분명하게 구분 짓는 것을 방해하고, 아울러 명제에 대한 화자의 판단이 무엇인지를 명확하게 드러내기보다는 흐리게 하고 있다.

또한, 의사소통적 관점에서, Brown & Levinson(1978, 1987)은 헤지

를 화자 간 의견의 불일치를 피하려는 장치(device to avoid disagreement)로 간주하였다. 유사하게, Clemen(1997)은 판단을 유보하거나 완화하는 의사소통 전략[2]으로 모호성(vagueness), 간접성(indirectness), 완화성(mitigation) 등이 있다고 주장한다. 각 전략에 사용되는 장치로는 서법성(modality)이 있다. 화자는 의사소통의 전략으로 인식적 서법성(epistemic modality)을 표현하여 자신이 표현한 명제에 진리치를 부여하는 경우가 있다. 이러한 서법성은 화자가 어떤 것에 대해 확신하거나 불가능하다고 판단하는 것을 나타내는데 사용된다. 'I think / believe / assume / guess / suppose / hear that Joan is taking the job'에서 명제 앞에 첨가된 'I think / believe / assume / guess / suppose / hear…' 등으로 나타나기도 하고, 'I am sure / positive / certain / that Joan will take the job'이나 'It is likely / possible / conceivable / doubtful that Joan will take the job'에서의 'I am sure/positive/certain', 'It is likely/possible/ conceivable/doubtful'과 같이 표현되기도 한다(Berk, 1999). 따라서, 서법성은 단언하는 표현을 다소 완화시켜 주는 것으로 사용되므로 헤지를 표현하는 장치의 하나라고 할 수 있다. 물론, 인식적 서법성 중 'I am positive that …' 등은 화자의 표현을 강화시켜 주는 경우도 있다.

이 장에서는 Lakoff(1972), Channell(1994), Brown & Levinson(1987), Clemen(1997) 등의 정의를 바탕으로, 헤지를 '화자가 명제의 내용에 대한 판단을 직접적으로 나타내는 것이 아니라, 완화어, 인칭구문/비인칭구문, 수동태, 서법성 등을 통해 화자의 판단을 유보하거나 완화

---

[2] 의사소통 전략은 화자가 청자에게 메시지를 어떻게 전달하는가의 문제로 회피전략과 보상전략으로 대별될 수 있다. 회피전략의 가장 대표적인 종류는 어휘적 회피와 통사적 회피가 있다. 보상전략으로는 우회적 화법(circumlocution), 근접 대체어(approximation) 등이 있을 수 있다(Brown, 2000).

하는 표현'으로 정의하고자 한다. 또한, 헤지의 개념을 문장의 범위까지 확대하여 정의하고, 인식적 서법성 중 'I am sure/positive/certain' 등은 인칭구문으로, 'It is likely/possible/conceivable/doubtful' 등은 비인칭 구문으로 세분한다.

2. 어휘 측면에서의 헤지

헤지 표현은 화자가 청자의 상황을 고려하여 좋지 않은 표현들의 부정적 의미를 부드럽게 표현(Deppermann, 2011)하거나 명제를 직접적으로 언급하는 대신에 발화를 모호하게 표현하기도 하고, 화자와 명제 내용 간 거리를 조절하여 청자가 명제에 대해 판단을 내리는데 부담을 완화시키기 위해 표현되기도 한다. 이런 측면에서, 화자와 청자가 상호 작용이 활발하게 진행되는 대화 상황에서 표현된 헤지를 분석의 대상으로 할 수도 있지만, 연설자가 자신의 주장을 청중에게 호소하는 연설문에서 의사소통 전략의 장치인 헤지 표현을 어떻게 표현했는지를 분석의 대상으로 삼았다.

분석의 대상으로는 George Washington (1789), Thomas Jefferson (1801), Abraham Lincoln (1861), Franklin D. Roosevelt (1933), John F. Kennedy (1961), Reagan (1981), George Bush (1989), Bill Clinton (1993) 등의 미국 대통령 취임사, Thatcher(1976)의 Kensington Town("Britain Awake") 연설문, 반기문(2006a)의 유엔사무총장 수락 연설(acceptance speech on appointment as the 8th Secretary-General of the United Nations), 반기문(2006b)의 유엔 연설문, 김대중(2007)의 미국 워싱턴 NPC 연설문, 이명박(2008a)의 당선인 신년 외신 기자 회견 연설문,

이명박(2008b)의 대통령 취임사 등이다.

　헤지는 어휘나 통사적 구문을 사용하여 화자의 판단을 유보하거나 완화하는 표현이므로 연설문을 어휘 측면에서의 헤지와 통사적 측면에서의 헤지로 대별하여 분석한다. 아울러, 어휘 측면에서의 헤지는 완화어와 서법으로, 통사적 측면에서의 헤지는 인칭구문, 비인칭구문, 수동태 등으로 세분하여 분석한다.

2.1 완화어

　의사소통 전략에서 헤지의 의미가 어휘표현(예, sort of, probably, a bit 등)과 같은 불명확한 형태(indefinite form)로 전달될 수 있다. 이러한 어휘의 헤지는 수동태와 같은 통사적 헤지와 구분되며 'something like that'과 같은 표현을 포함하여 다음과 같은 것들이 있다(Brown & Levinson, 1978, 1987; Quirk et al., 1985; Grabe & Kaplan, 1997).

(4) sometimes, most of the, typically, modestly, nearly, no more than, approximately, usually, candidly, flatly, honestly, seriously, strictly, truly, truthfully, confidentially, privately, approximately, bluntly, briefly, broadly, crudely, frankly, generally, roughly, simply

　헤지는 좋지 않은 표현들의 부정적 의미를 부드럽게 하기 위해 사용되는 경우가 있다. 다음과 같이 'rather, sort of, kind of, bit of' 등의 표현들이 사용될 수 있다.

(5) a. My boss is *sort of* a jerk.

　　b. She is *kind of* a prima donna.

　　c. Your cousin is *rather* a fool.

　　d. Boris is a *bit of* a snob. (Berk, 1999)

　(5)에 나타난 'rather, sort of, kind of, bit of' 표현들은 부정적 의미를 함의하고 있는 'a jerk, a prima donna, a fool, a snob' 등과 같은 명사구를 수식하여 명사구가 갖는 단정적인 부정의 의미를 완화시켜준다[3].
　일반적으로, 헤지는 긍정적 의미를 완화하는 표현으로 연설문에서 다음과 같이 사용된다.

(6) a. One might say that our new relationship *in part* reflects the

---

[3] Berk(1999)는 'rather, sort of, kind of, bit of' 등의 표현을 완화어(downtoner)라고 한다. 헤지는 판단을 유보하거나 완화하는 표현이므로 완화어들은 헤지의 범주에 속한다고 할 수 있다. 이러한 완화어들은 다음과 예문에서 같이 부정 구문보다는 긍정 구문에서 사용되는 경향이 있다.

(1) a. I *rather* enjoyed the play.
　　b. Barbara *sort of* snickered.
　　c. This will hurt *a bit*.
　　d. Stuart was *somewhat* annoyed by her remarks.
　　e. I was *kind of* hurt by her behavior.

(2) a. *I didn't rather enjoy the play.
　　b. ?? Barbara didn't sort of snicker.

　(3) Barbara didn't sort of snicker; she positively guffawed.

부정적 의미의 명사구 표현들과 달리, 완화어들은 부정구문에서는 거의 사용되지 않는다. 만약 (3)과 같이 대조를 이루는 구문에서는 가능하다.

triumph of hope and strength over experience. (GB)[4]

b. The academic qualifications are *in general* high. [...] There is, however, a clear difference between male and female applicants. It has been much easier for male applicants to get into the university. (Mauranen, 1997)

(6a)에서는 부시 대통령이 새로운 관련성을 강조하는 대통령 취임 연설문의 일부이다. 여기서 부시 대통령은 자신의 주장을 다소 완화하는 표현 방식으로 'in part'을 표현하였다. (6b)에서도 'in general'은 대학 입학 자격에 대한 기준이 높다는 화자의 주장을 다소 완화해 주는 표현이다. 이는 대학 입학에 있어서 남성과 여성 지원자들 간에 분명한 차이가 있다는 문맥을 통해 'in general'이 헤지 역할을 하고 있다는 것을 알 수 있다. 'The academic qualifications are high'는 'There is a clear difference between male and female applicants.'에 의해 명제 내용의 제한을 받게 된다.[5] 이런 맥락에서 'in general'은 명제에 대해 완화의 의미를 부여하게 된다.

그러나, 어떤 표현은 상황에 따라서 헤지로 분류될 수도 있고, 그렇지 않을 수도 있다. 여기서 헤지임을 결정하는 데 중요한 역할을 하는 것은 텍스트에서의 문맥이다. 다시 말해서, 어떤 표현이 전형적으로 사용되는 것이 헤지인데도 상황에 따라서는 헤지가 아닌 경우가 있다. 따라서,

---

4 GB는 Gorge Bush의 연설문을 약술한 것이다. 본 연구에서는 George Washington을 GW로, Thomas Jefferson을 TJ로, Abraham Lincoln을 AL로, Franklin D. Roosevelt를 FR로, John F. Kennedy를 JK로, Bill Clinton을 BC로, Ronald Reagan을 RR로, Margaret Thacher를 MT로, Ki Moon Ban을 KMB로, 김대중은 DJK로, 이명박은 MBL로 표기한다.

5 Mauranen(1997)은 'in general'이 제한적 타당성(limited validity)을 갖게 되어 헤지의 역할을 한다고 주장한다.

헤지는 문맥이나 다른 언어 자질들과 상호 작용에 의해 판단될 수 있다. 'in general'과 같은 표현은 다음 예문에서와 같이 문맥에 의해 헤지의 역할을 하지 못하는 경우도 있다.

(7) a. The academic qualification are *in general* high.
　　b. The academic qualification are *in general* high. [...] thus the marks in the matriculation examination and the GPA must be high.

(7a)는 문맥이 제시되어 있지 않기 때문에 헤지일 수도 있고 아닐 수도 있다. 만약 (7b)와 같이 문맥이 주어진다면, 헤지가 아니라 다음 문장의 결론에 대한 정보를 제공해 주는 일반화된 문장으로 해석된다(Mauranen, 1997).

또한, 언어학적 전략으로 명제를 직접적으로 언급하는 대신에 명제에 헤지라는 언어적 장치를 덧붙임으로써 발화를 객관적으로 하거나 모호하게 하는 경우가 있다. 예를 들어, 다음의 예문에서와 같이 (8)대신에 (9)를 표현함으로써 발화를 객관화할 수 있다.

(8) An elephant has a nice voice.
(9) *Perhaps* an elephant has a nice voice.

'Perhaps/possibly/probably ...' 등은 발화의 명제를 부드럽게 표현하고, 아울러 청자/독자의 부정적 반응을 최소화한다. 이러한 헤지 표현들을 사용하여 연설문에서 명제 내용에 대해 명시적 판단을 내리지 않고 발화를 객관적으로 표현하거나 모호하게 하는 경우가 있다.

(10) a. Since the preservation of the sacred fire of liberty and the destiny of the republican model of government are justly considered, *perhaps*, as deeply, as finally, staked on the experiment entrusted to the hands of the American people. (GW)

b. *Sometimes* it is said that man can not be trusted with the government of himself. (TJ)

c. Every step by which they have advanced to the character of an independent nation *seems* to have been distinguished by *some* token of providential agency. (GW)

(10a-c)에서 'perhaps, sometimes, some' 등의 예들은 연설자가 명시적으로 판단을 내리지 않고 있음을 알 수 있다. 다시 말해서, 연설자가 헤지를 사용하여 자신의 발화를 참과 거짓으로 분명하게 구분 짓지 않고 판단을 유보하고 있으며, 아울러 명제에 대한 화자의 판단이 무엇인지를 청자가 제대로 이해할 수 없도록 하는 역할을 한다. 더욱이, (10b)와 같이 한 문장 내에서 여러 개의 헤지가 묶음(clustering of hedges)으로 표현되는 경우가 있다. 처음의 헤지는 매입절의 명제를 완화하는 어휘 표현이고, 두 번째와 세 번째는 명제를 객관화하기 위해 수동태를 사용하였다.

연설자가 어떤 내용을 한정하는 의미로 표현한 표지도 헤지에 해당된다. 'around, about, nearly, almost, utterly' 등의 표현들은 명제에 대한 판단 그 자체를 한정함으로써 판단을 유보한다.

(11) a. For I have sworn before you and Almighty God the same solemn oath our forebears prescribed *nearly* a century and three

quarters ago. (JK)

b. The orderly transfer of authority as called for in the Constitution routinely takes place as it has for *almost* two centuries and few of us stop to think how unique we really are. (RR)

(11a, b)에서 'nearly, almost'는 연설자가 말하는 양을 정확하게 가늠할 수 없어서 청자가 명제의 참과 거짓을 명확하게 구분할 수 없도록 하는 표현이다[6]. 우리말에서도 '그녀는 다소/비교적 예쁘다', '그녀는 그리 예쁘지 않다', '깊이 있게 생각하지 않았다' 등과 같은 표현은 그녀가 예쁘다는 것인지 그렇지 않다는 것인지, 생각을 어느 정도 했다는 것인지 등처럼, 판단을 모호하게 한다(신명선, 2006).

2.2 서법성

서법성은 조동사 'can, must, should, may, would' 등에 의해 표현되며, 의도, 필연, 의무, 가능 등의 의미를 나타내는 문법범주이지만, 서법성이 헤지로 사용될 경우는 가능성이나 추측의 의미를 갖는다. 가능성이나 추측을 나타내는 헤지 표현을 다음과 같이 표현할 수 있다.

---

[6] 사건이 일어난 정확한 연대를 모르는 경우, 화자가 'almost, nearly ...' 등으로 말한다면 완곡 표현이라기보다는 진실을 말하는 것이므로 헤지 표현으로 분류될 수 없을 것이다. 이런 측면에서 'almost, nearly ...' 등의 표현도 (9)의 'in general'과 같이 문맥을 고려하여 헤지 표현인지 아닌지를 판단해야 한다.

(12) One *might* say that our new relationship in part reflects the triumph of hope and strength over experience. (GB)

(12)에서는 매입절의 명제가 'in part'에 의해 완화된 표현을 했음에도 청자의 입장에서 다른 관점이 있을 수 있으므로 명제를 한 번 더 완화하기 위해 가능성과 추측의 의미를 갖는 'might'를 사용하였다.

유사하게, 화자가 자신의 주장을 다소 완화하기 위해 다음과 같이 'may'를 표현하기도 한다.

(13) a. Progress *may* be slow—measured in inches and feet, not miles—but we will progress. (RR)
b. This *may* be the key to Asia's success, and to the UN's future. (KMB)

또한, (13a)에서의 'may'는 뒤에 오는 'we will progress'의 주장을 더욱 강화하려는 적극적인 의지의 표현일 수 있다. 헤지를 매우 적극적인 호소 장치(positive appeal device)로 화자의 논지로 끌어 들이기 위한 유인장치로 볼 수도 있다(Homes, 1990). (13b)의 'may'도 '이것이 아시아 성공의 열쇠이고 유엔 미래의 열쇠'라고 단언하는 표현을 다소 완화시켜 주는 표현으로 사용되었다. 더욱이, 'may'와 같이 'can, will'도 헤지로 표현될 수 있다.

(14) Assistance *can* be shown here, and *will* be long remembered. (GB)

(14)에서는 가능성을 나타내는 'can'과 추측을 나타내는 'will'을 헤지로 사용하여 연설자 자신의 주장을 완화하였다.

3. 통사적 측면에서의 헤지

3.1. 인칭구문

헤지는 화자와 명제 내용간 거리를 조절하여 청자가 명제에 대해 판단을 내리는데 부담을 완화시켜주는 역할을 할 수 있다. 다시 말해서, 연설자가 자신이 표현한 명제를 'I claim, I assume, I suggest' 등과 같이 주관화하게 되면 청자가 명제에 대한 판단의 부담을 다소 줄일 수 있다.

(15) claim, assume, say, report, suggest, think of, assert, believe, finds, are convinced, appear, seem, argue, agree to, is capable of, if that is what it is[7]

연설문에서는 주관화된 표현이 다음과 같이 자주 나타난다.

(16) a. *I am certain* that my fellow Americans expect that on my induction into the Presidency I will address them with a candor and a decision which the present situation of our Nation impels.

---

[7] 화자의 주관화를 나타내는 헤지 표현으로 'I believe, I guess, I think, I expect, I feel, I hear, I presume, I assume, I understand, I suppose, I consider, I suspect, I'm told, I have read, I have heard, I have heard tell, I can see, I may assume, I daresay, I venture to say' 등이 있다(Quirk et al., 1985).

(FR)

b. *I am convinced* that you will again give that support to leadership in these critical days. (FR)

c. *I earnestly hope* that young boys and girls of today will grow up knowing that the UN is working hard to build a better future for them. (KMB)

(16a), (16b), (16c)에서의 'I am certain, I am convinced, I earnestly hope' 등은 화자 자신이 판단한 매입절의 명제가 객관화되는 것을 방지함으로써 표현된 명제 내용에 대해 판단을 유보하고 있고, 청자는 이로 인해 표현된 명제의 내용으로부터 다소 자유롭게 판단을 내릴 수 있게 된다.

이제, 한 문장 내에서 여러 개의 헤지들이 묶여져서(clustering of hedges) 나타나는 경우를 살펴보자.

(17) *I think* that Finland is a special case *in many respects* when we talk about teacher education, *although there naturally are* many common features and details in teacher education *in general* (Mauranen, 1997).

한 문장 내에서 'I think, in many respects, although there naturally are, in general' 등과 같은 여러 개의 헤지 표현들이 나타날 수 있다. Halliday(1985)는 'I think'와 같은 표현은 주관화를 명시적으로 표현하는 유형(subjective explicit type)으로 분류하였지만, 헤지의 측면에서는 자신

의 판단을 유보하여 객관화되는 것을 방지하는 표현이라고 볼 수 있다. 명제의 내용이 주관적으로 됨으로써 화자의 생각을 청자에게 강요하지 않는다는 형식적 특징이 생기게 되고 이로 인해 청자는 제시된 명제 내용으로부터 다소 자유로운 상태에서 판단을 내릴 수 있게 된다(신명선, 2006). 이러한 주관화된 표현으로는 토론이나 발표를 할 경우 사용되는 'I suppose, I hypothesize' 등이 있을 수 있다. (17)의 in many respects는 핀란드가 특별한 경우라는 단언적 표현을 약화시키는 헤지이고, 양보절도 전체의 명제를 약화시키는 헤지 표현이다.

3.2. 비인칭구문

인칭대명사가 주어로 구현되지 않고 문장에 제시되어 명제를 주관화하는 경우가 있다. 'It seems to me that…, For me it is conceivable that…, It appears to me that…, For me it is possible that…' 등은 명제에 대한 객관적인 표현이라고 할 수 있다[8].

(18) *For the trust reposed in me* I will return the courage and the devotion that befit the time. (FR)

연설자는 'in me'를 명시함으로써 주관화를 분명하게 표현하였고, 청자는 이 표현을 통해 명제에 대한 판단을 다소 자유롭게 할 수 있다.

---

[8] 화자의 객관화를 나타내는 헤지 표현으로 'one hears, they tell me, they allege, they say, it is said, it is reported, it is claimed, it is rumoured, it has been claimed, it seems, it appears' 등이 있다(Quirk et al., 1985).

또한, 비인칭 구문에서는 주관화와 달리 화자가 자신이 표현한 명제와 거리를 두기 위해 명제를 객관화하는 경우가 있다. 이런 경우는 화자 자신의 판단임에도 불구하고, 마치 제3자가 'they said that..., it is said that...' 등의 표현을 통해 화자와 명제간 거리를 둔다. 화자는 명제 내용에 대해 판단을 유보하는 헤지 구문(hedge construction)을 명제 앞에 첨가하여 자신의 주장에 따른 책임을 회피하는 경우가 있다.

(19) a. The world is round.
　　b. It is said that the world is round.

(19)의 a에서는 '지구가 둥글다'는 명제에 대해 명시적으로 판단한 것과 달리 (19)의 b에서는 명제 앞에 'it is said that...'을 첨가함으로써 화자가 명제의 진리치에 대한 책임을 거부하고 있다(Skelton, 1997).

이와 같이, 화자/작가가 명제를 표현할 때, 인칭 대명사를 표현하지 않고 다음과 같이 비인칭구문으로 표현[9]하는 경우가 있다.

(20) a. Sometimes *it is said* that man can not be trusted with the government of himself. (TJ)
　　b. *It is to be hoped* that the normal balance of executive and legislative authority may be wholly adequate to meet the unprecedented task before us. (FR)

9　비인칭구문으로는 'It seems that..., It is conceivable that..., It is presumed that..., It appears that..., It is theorized that..., It is possible that..., It is supposed that..., It is hypothesized that...' 등이 있다.

(20a)의 경우는 매입절의 명제에 'it is said that...'을 첨가하여 명제를 객관화함으로써 판단을 유보하고 있다. 여기에 'sometimes'를 덧붙임으로써 헤지의 의미가 강화되었다. (20b)의 경우도 명제에 'it is to be hoped...'를 첨가하여 보문절의 명제를 객관화하고 있다.

3.3 수동태

영어 연설문에서 연설자가 어떤 사실이나 주장을 객관화하기 위해 수동태를 사용하는 경우가 있다. 이러한 역할을 하는 수동태에는 다음과 같이 행위자가 명시적으로 나타나는 경우가 대부분이지만, 행위자가 분명하지 않아서 행위자 없는 수동태(agentless passive)가 있을 수 있다.

(21) a. I have been too much swayed by a grateful remembrance of former instances, or by an affectionate sensibility to this transcendent proof of the confidence of my fellow-citizens, ... my error **will be palliated by** the motives which mislead me, and its consequences be judged by my country with some share of the partiality in which they originated. (GW)

b. During the throes and convulsions of the ancient world, ... that this s**hould be more felt** and *feared* by some and less by others, and should divide opinions as to measures of safety. (TJ)

c. If there be any among us who would wish to dissolve this Union or to change its republican form, let them stand undisturbed as monuments of the safety with which error of opinion **may be** *tolerated* where reason *is left* free to combat it. (TJ)

d. A new breeze is blowing, and the old bipartisanship must *be made* new again. (GB)

e. But it *can be done*, and done fairly, not choosing sacrifice for its own sake, but for our own sake. (BC)

(21a-b)는 행위자가 있는 수동태이지만 (21c-e)는 행위자가 없는 수동태다. 담화에서는 일반적으로 화제(topic)를 지속적으로 유지하기 위해 수동태를 사용하기도 하고, 연설자가 자신이 표현한 명제를 객관화하기 위해 수동태를 사용하기도 한다. 특히, 행위자가 없는 수동태는 연설자나 청자의 책임을 피하기 위해 사용되는 헤지 표현이다.

4. 연설자들 간의 헤지 비교 분석

 NS 화자와 NNS 화자의 연설문을 비교 분석하기 위해, NNS 화자의 연설문으로는 반기문(2006 a, b), 김대중(2007), 이명박(2008a, b)의 연설문을, NS의 연설문으로는 Kennedy(1961), Thatcher(1976), Reagan(1981), Bush(1989), Clinton(1993) 연설문을 분석하였다. 각 연설문들 중 총 1,800개의 단어만 분석하였다. 정확한 분석을 위해, 분석의 대상을 동일하게 연설문의 첫 번째 단어부터 1,800번째의 단어로 한정하였다. 문장의 수가 아닌 단어의 수로 분석하는 것은 한 문장 내에서도 여러 개의 헤지들이 있을 수 있기 때문이다.
 NS 화자의 연설문에 나타난 어휘적, 통사적 헤지 표현들은 다음과 같다.

(22) a. As for the enemies of freedom, those who are potential adversaries, they *will be reminded* that peace is the highest aspiration of the American people. (RR)

b. *I do believe* in a fate that will fall on us if we do nothing. (RR)

c. Steps *will be taken* aimed at restoring the balance between the various levels of government. (RR)

d. The Socialists *seem to regard* defence as almost infinitely cuttable. (MT)

e. Last year on the eve of the Helsinki Conference, *I insisted* that the Soviet Union is spending 20 per cent more each year than the United States on military research and development. (MT)

f. *Some military experts believe* that Russia has already achieved strategic superiority over America. (MT)

(22a)에서의 'they will be reminded'는 매입절의 명제를 객관화한다. (22b)에서는 명제를 주관화함으로써 청자로 하여금 다가올 운명에 대한 판단의 부담을 주지 않는 표현이고, (22c)에서는 수동태를 사용하여 균형을 복원하기 위해 취해야할 단계들에 대해 객관화를 표현하고 있다. 또한, Thacher의 Kensington Town("Britain Awake")의 연설문에 사용된 어휘적 및 통사적 헤지 표현들 중 (22d)에서는 'seem to'를 명제에 첨가하여 연설자의 명제를 완화하였다. (22e)에서는 명제를 주관화함으로써 냉전 체제에서 소련이 미국보다 매년 국방비를 증가하고 있다는 점에 대해 청자에게 판단의 부담을 주지 않으려는 표현이고, (22f)에서는 매입절의 명제에 'Some military experts believe that'을 첨가하여 연설자의 주장

을 객관화하였다.

  NNS 화자의 연설문에 나타난 어휘적, 통사적 헤지 표현들은 다음과 같다.

> (23) a. We need to muster the human, institutional and intellectual resources, and to organize them *properly*. (KMB)
>
> b. *I earnestly hope* that young boys and girls of today will grow up knowing that the UN is working hard to build a better future for them. (KMB)
>
> c. At the time, *I stated* that the U.S. and North Korea should pursue give and take negotiations, and that former President Jimmy Carter pay a visit to Pyongyang in order to deal with the nuclear crisis. (DJK)
>
> d. *I do* declare our solemn start towards a society that cherishes the fruit of democratization and industrialization, with each of its members doing their bits voluntarily in collaboration for the general welfare and towards a country that abounds in wealth, caring, and dignity. (MBL)

(23a)에서의 'properly'도 연설자의 단언적 표현을 다소 모호하게 하여 판단을 유보하고 있다. (23b)와 (23c)에서의 'I earnestly hope', 'I stated' 표현은 명제를 주관화함으로써 화자의 명제에 대해 청자가 판단하는데 부담을 주지 않는 표현이며, (23d)에서는 명제를 주관화함으로써 청자로 하여금 다가올 상황에 대한 판단의 부담을 주지 않는 표현이다.

NS 화자와 NNS 화자의 연설문에 나타난 헤지 표현의 분석 결과는 다음과 같다.

⟨표 1⟩ NS 화자와 NNS 화자의 연설문에 나타난 헤지 표현의 분석 결과

	연설자	어휘적 측면	통사적 측면	계
NS	Kennedy	8	23	31
	Thatcher	11	37	48
	Reagan	5	15	20
	Bush	5	34	39
	Clinton	11	27	38
	소계	40	136	176
NNS	반기문a	3	5	8
	반기문b	5	7	12
	김대중	2	8	10
	이명박a	6	5	11
	이명박b	5	9	14
	소계	21	34	55

어휘로 사용된 헤지 표현을 살펴보면, NS 화자가 NNS 화자보다 (40/21= 1.90) 헤지를 90% 더 사용하였다. 이는 NS 화자가 NNS 화자 간 유의미한 차이가 있음을 보여 주고 있다. 특히, 통사적 측면에서는 NS 화자가 NNS 화자보다(136/34= 4.00) 헤지를 4배로 현저하게 많이 표현하였다. 이러한 결과는 영어 연설문에서 NS 화자가 NNS 화자보다 헤지 표현을 많이 사용한다는 것을 말해 주고 있다. 이것은 NNS 화자가 헤지를 적절하게 사용하지 않거나 잘못 사용하고 있다고 주장하는 Arndt & Janney(1991)의 연구 결과와도 일치한다.

요약하면, George Washington (1789), Thomas Jefferson (1801), Abraham Lincoln (1861), Franklin D. Roosevelt (1933), John F.

Kennedy, 1961), Thatcher (1976), Reagan (1981), George Bush (1989), Bill Clinton (1993), 반기문(2006) 등의 연설문 분석에서 추출한 자료들을 바탕으로 헤지에 대한 개념을 다시 정립하고, 그에 터하여 연설문에 나타난 어휘적, 통사적 헤지 표현의 양상과 의미를 분석하였다. 연설문에서 헤지의 의미가 어휘표현과 같은 불명확한 형태로 전달되는 완화어로는 첫째, 좋지 않은 표현들의 부정적 의미를 부드럽게 하기 위해 'rather, sort of, kind of, bit of' 등의 표현들이 사용되었고 둘째, 언어학적 전략으로 명제를 직접적으로 언급하는 대신에 발화를 객관적으로 하거나 모호하게 하기 위해 .명제에 헤지 표현 'Perhaps/possibly/probably …' 등의 언어적 장치를 덧붙였고 셋째, 연설자가 판단을 유보하기 위해 어떤 내용을 한정하는 'around, about, nearly, almost, utterly' 등의 표현들을 사용하였다. 아울러 'can, must, should, may, would' 등은 헤지로 사용될 경우 가능성이나 추측의 의미를 갖게 되어 화자의 주장을 다소 완화할 수 있다는 것을 살펴보았다.

통사적 측면에서는 첫째, 청자가 명제에 대해 판단을 내리는데 부담을 완화시키기 위해 연설자가 자신이 표현한 명제에 'I claim, I assume, I suggest' 등을 첨가하여 주관화하였고 둘째, 인칭대명사가 주어로 구현되지 않고 'It seems to me that…, For me it is conceivable that…, It appears to me that…, For me it is possible that…'와 같이 명제에 첨가함으로써 명제를 주관화하는 경우가 있으며 셋째, 화자가 자신이 표현한 명제와 거리를 두기 위해 'they said that …, it is said that…' 등의 표현과 같이 명제를 객관화하는 경우가 있으며 넷째, 연설자가 수동태를 사용하여 어떤 사실이나 주장을 객관화하는 경우가 있음을 살펴보았다.

NS 화자와 NNS 화자의 연설문에 나타난 헤지 표현의 분석 결과, 첫째, NS 화자가 NNS 화자보다(40/21= 1.90) 어휘적 측면에서의 헤지를 90% 더 사용하였다. 이는 NS 화자가 NNS 화자 간 유의미한 차이가 있음을 보여 주었고 둘째, 통사적 측면에서는 NS 화자가 NNS 화자보다 (136/34=4.00) 헤지를 4배로 현저하게 많이 표현하였다. 이러한 결과는 영어 연설문에서 NS 화자가 NNS 화자보다 헤지 표현을 많이 사용한다는 것을 말해 주고 있다.

화자는 연설문에서 좋지 않은 표현들의 부정적 의미를 부드럽게 하거나 발화를 객관적이고 모호하게 하기 위해 헤지를 표현한다. 또한, 화자는 판단을 유보하기 위해 헤지를 표현하기도 한다. 화자는 공손성 원리뿐만 아니라 의사소통의 전략적 측면도 고려하여 상호작용하고 있다는 것을 보여준다. 이는 화자가 표현하고자 하는 단어, 구, 문장과 대상물 간 관련성을 상대방이 포괄적으로 탐구해야 할 이유다.

주요개념
- 완화어
- 인칭구문/비인칭구문
- 인식적 서법성
- 수동태
- 헤지 묶음
- 적극적 호소 장치(positive appeal device)
- 주관적 · 명시적 헤지 표현 유형

제9장 연습문제

1. Lakoff(1972), Channell(1994), Brown & Levinson (1987), Clemen(1997) 등의 정의를 고려하여, 헤지를 '화자가 명제의 내용에 대한 판단을 직접적으로 나타내는 것이 아니라, 완화어, 인칭구문/비인칭구문, 수동태, 서법성 등을 통해 화자의 판단을 유보하거나 완화하는 표현'으로 정의할 수 있다. 어휘 단위에서만 국한한 Lakoff(1972)의 정의의 문제점을 예를 들어 설명하시오.

2. 연설문에서 헤지의 의미가 어휘표현과 같은 불명확한 형태로 전달되는 완화어로는 좋지 않은 표현들의 부정적 의미를 부드럽게 하기 위해, 'rather, sort of, kind of, bit of' 등의 표현들이 사용된다. 통사적 측면에서 텍스트에 나타나는 헤지 표현의 특성에 대해 설명하시오.

3. 헤지 표현은 화자가 청자의 상황을 고려하여 좋지 않은 표현들의 부정적 의미를 부드럽게 표현하거나 명제를 직접적으로 언급하는 대신에 발화를 모호하게 표현하기도 하고, 화자와 명제 내용 간 거리를 조절하여 청자가 명제에 대해 판단을 내리는데 부담을 완화시키기 위해 표현되기도 한다. 이런 측면에서 화자와 청자가 상호작용이 활발하게 진행되는 대화 상황에서 표현된 다음의 텍스트를 분석하시오.

   · I think that Finland is a special case in many respects when we talk about teacher education, although there naturally are many common features and details in teacher education in general.

참고문헌

강현석, 이지은. (2016). *이해중심 교육과정을 위한 백워드 설계의 이론과 실천: 교실혁명*. 학지사.

김경자, 온정덕. (2014). *이해중심 교육과정: 백워드 설계*. 교육아카데미.

김진석. (1997). 사건간의 시간해석. 언어, *22*(1), 27-55.

김진석. (2000). 영어 담화에서의 완료의 제약과 의미. *새한영어영문학*, *42*(2), 637-660.

김진석. (2001a). 영어 진행형의 제약과 의미. *새한영어영문학*, *43*(1), 235-257.

김진석. (2001b). 영어의 명시적 시간부사. 언어과학, *8*(1), 45-78.

김진석. (2005a). 영어 거시 텍스트구조에서의 사건진전 양상과 전경 간의 관련성. 언어학, *41*, 25-46.

김진석. (2005b). 영어 텍스트에서의 사건 간 시간 해석. 언어, *30*(1), 73-94.

김진석. (2005c). 영어 보문절의 의미해석: That절을 중심으로. *새한영어영문학*, *47*(1), 141-160.

김진석. (2005d). 영어 담화에서의 등위접속 요소 간 의미해석. 한국언어과학회, *12*(1), 81-96.

김진석. (2007). CP분리 구조에서의 문자화 규칙-영어의 [that-t]효과를 중심으로- 한국언어과학회, *14*(2), 43-60.

김진석. (2008a). 영어 연설문에 나타난 헤지(Hedge) 표현. 언어, *33*(1), 21-42.

김진석. (2008b). 영어 거시텍스트 구조에 나타난 사건진전 유형의 전이 양상-헤지 표현의 의미를 중심으로. 언어학, *50*, 3-22.

김진석. (2013). *담화분석과 영어교육*. 한국문화사.

김진석. (2015). *문화 간 의사소통능력과 다문화 교육*. 한국문화사.

김진석. (2016). *영어과 교육과정 및 평가(개정판)*. 한국문화사.

김진석. (2018). *영어과 교육과정 기반 교육평가의 이해*. 한국문화사.

김진석. (2022). *문화지능 기반 글로벌시민교육*. 한국문화사.

김진석. (2023). *초등영어교육과정의 이해와 적용(개정 4판)*. 한국문화사.

김진석. (2024). 2022개정 초등영어교육과정 내용 체계의 적합성 평가. 영어평가, 19(1), 55-74.

김진석, 장은숙. (2024). 글로벌 시대 문화다양성 이해. 한국문화사.

남기심. (1993). 국어 연결어미의 쓰임. 서광학술자료사.

백설자. (1995). 학술 논증에서 조건 구문의 선취기능. 독일언어문학 3, 51-70.

신명선. (2006). 국어 학술테스트에 드러난 헤지(Hedge) 표현에 대한 연구. 배달말 38, 151-180.

안동환. (1984). 영어 현재완료의 의미 분석. 영어영문학, 30, 1-25.

이익환. (1990). 의미론 개론. 한신문화사.

이완기, 김진석, 장은숙. (2022). 문화 속의 영어, 영어 속의 문화. 한국문화사.

이은표. (2007). A study on error analysis & hedging expressions of medical research abstracts. 영어어문교육 13(1), 47-57.

이재희, 유범, 양은미, 한혜령, 백경숙, 안경화, 나경희. (2011). 영어교육을 위한 화용론. 한국문화사.

장은숙, 윤응진. (2012). 공손성을 고려한 초등영어교육과정 구성 및 지도방안. 초등영어교육, 18(3), 235-252.

조성식. (1991). 영어학 사전. 신아사.

Abusch, D. (1987). Sequence of tense, intensionality and scope. *Proceedings of the West Coast Conference on Formal Linguistics*. SLA.

Akmajian, A. et al. (1995). *Linguistics: An introduction to language and communication*. MIT Press.

Anderson, A. (1991), A note on the constituent structure of adverbials and auxiliaries. *Linguistic Inquiry, 11,* 311-317.

Anderson, R. W. (1991). Developmental Sequences. In T. Huebner & C. A. Ferguson(Eds.), *Second Language Acquisition and Linguistic Theories*(pp. 305-324). Netherlands.

Antaki, C. (2008). Formulations in psychotherapy. In A. Peräkylä, C. Antaki, S. Vehviläinen, & I. Leudar (Eds.), *Conversation analysis and psychotherapy*(pp. 107–123). CUP.

Al-Buananin, N. (1992). Present progressive: suggestions for teaching this form to Arab students of English. *IRAL 34,* 74-105.

Allen, R. L. (1966). *The verb system of present-day American English.* Mouton.

Allen, J.P.B, Frohlich, M. & Spada, N. (1984). The communicative orientation of language teaching: An observation scheme. In J. Handscombe, R. Orem, & B. P. Taylor(eds.), *On TESOL 83: The question of control.* TESOL.

Arndt, H. & Janney, R. W. (1991). Verbal, prosodic, and kinesic emotive contrasts in speech, *Journal of Pragmatics, 15*(6), 521-549.

Austin, J. L. (1962). *How to do things with words.* Clarendon Press.

Bach, E. (1986). The algebra of events. *Linguistic Philosophy, 9,* 63-81.

Bailey, B. (2015). *Interactional Sociolinguistics.* University of Massachusetts-Amherst Press.

Baker, C. L. (1989). *English syntax.* MIT Press.

Baker, C. L. (2001). *English syntax*(2nd ed.). MIT Press.

Bardovi-Hardig, K. (1992). The relationship of form and meaning. *Applied Linguistics 23,* 101-147.

Bardovi-Hardig, K. & Reynolds, D. W. (1995). The role of lexical aspect in the acquisition of tense and aspect. *TESOL QUARTERLY, 29,* 57-99.

Bar-Lev, Z. & Palacas, A. (1980). Semantic command over pragmatic priority. *Lingua, 51.* 131-157.

Barth-Weingarten, D., Reber, E., & Selting, M. (Eds.). (2010). *Prosody in interaction.* John Benjamins.

Bucholtz, M. (2007). Variation in transcription. *Discourse Studies, 9*(6), 784-808.

Bennett, M. (1981). A guide to the logic of tense and aspect in English. *Logitique & Analyse 20,* 28-59.

Berk, L. M. (1999). English syntax. Oxford University Press.

Berkeley, D. & Oberlander, J. (1993). Temporal Coherence and Defeasible Knowledge. *Theoretical Linguistics, 19*(1), 1-43.

Bilmes, J. (2012). Generally speaking. Formulating an argument in the U.S. Federal Trade Commission. *Text & Talk, 28*(2), 193–217.

Blakemore, D. (1987). *Semantic constraints on relevance*. Basil Blackwell.

Blakemore, D. (2004). Discourse and relevance. In D. Schiffrin(ed.) *Discourse analysis*. Blackwell. 100-118.

Bloomfield, L. (1933). *Language*. Renehart & Winston.

Bloomfield, L. (1981). *On tense and aspect*. Renehart & Winston.

Bolaji, E. T. & Bolaji, O. M. K. (2022). Beyond the Sentence. *Journal of College of Languages and Communication Arts Education, 1*(1), 221-234.

Brannen, N. (1979). Time deixis in Japanese and English discourse. In G. Bedell et. al.(eds.) *Exploration in Linguistics*. 97-205.

Brown, R. (1973). *A first language: The early stages*. Harvard U. Press.

Brown, H. D. (2000). *Principles of language learning and teaching*. Longman.

Brown, P. & Levinson, S. (1987). *Politeness: Some universals of language usage*. Cambridge University Press.

Brown, G. & Yule, G. (1983). *Discourse analysis*. Cambridge Textbooks in Linguistics.

Bucholtz, M. (2007). Variation in transcription. *Discourse Studies, 9*(6), 784-808.

Caenepeel, M. (1995). Aspect and text structure. *Linguistics 33,* 27-82.

Caenepeel, M. & Sandstrom, G. (1992). A discourse-level approach to the past perfect. In M. Aurnague(ed.), *Semantics of time, space, and movement*. Toulouse.

Carnie, A. (2000). On the definition of X0 and XP. *Syntax 3,* 59-106.

Carroll, J. B. (1988). *Language, thought, and reality: Selected writings of Benjamin Lee Whorf*. MIT Press.

Carston, R. (1993). Conjunction, explanation and relevance. *Lingua 90,* 121-164.

Carte, P. & Fox, C. (2004). *Bridging the culture gap: A practical guide to international business communication*. 이승철 역(2008). 문화차이 극복하기. 동인.

Cazden, C. B. (2001). *Classroom discourse*. Heinemann.

Chafe, W. (1986), Beyond Bartlett: Narratives and remembering. In E. Gulich & U. M. Quasthoff(eds.), Narrative analysis: An interdisciplinary dialogue. *Special issue of Poetics, 15,* 139-51.

Chafe, W. (2012). From thoughts to sounds. In J. P. Gee & M. Handford(eds.), *The Routledge handbook of discourse analysis*. Routledge handbooks.

Channell, J. M. (1994). *Vague language*. Oxford University Press.

Chong, H. J. (1987). *A study of the function of tense and aspect in Korean narrative discourse*. Ph. D. Dissertation, Ball State University.

Charleston, B. M. (1955). A construction of the problem of time, tense, and aspect. *Modern English Studies 36*, 77-102.

Chomsky, N. (1970). Remarks on nominalisation. In R. Jacobs & P. S. Rosenbaum(eds.), *English transformational Grammar*.

Chomsky, N. (1977). *On Wh-Movement*. In Culicover et. al.(eds.), 1977.

Chomsky, N. (1981). *Lectures on Government and Binding*. Mounton de Gruyter.

Chomsky, N. (1986). *Barriers*. MIT Press.

Chomsky, N. (1991). Principles and Parameters Theory. In J. Jacobs (ed). *Syntax: An international handbook of contemporary research*. MIT Press.

Chomsky, N. (1993). A minimalist program for linguistic theory. In K, Hale & S. J. Keyser(eds.). *The View from Building 20*. MIT Press. 41-58.

Chomsky, N. (1995). *The minimalist program*. MIT Press.

Chomsky, N. (1998). *Minimalist inquires: The framework. MIT occasional papers in linguistics*. Cambridge.

Chomsky, N. & H. Lasnik. (1977). Filters and control. *Linguistic Inquiry 8*, 47-98.

Chomsky, N. & H. Lasnik. (1991). *Principles and parameters theory*(manuscript). The MIT Press.

Christie, F. (2000). The language of classroom interaction and learning. *Journal of Linguistics 38*, 184-203.

Chridler, C. W. (2014). *Introducing English semantics*. Routledge.

Clark, H. H. & E. V. Clark. (1977). *Psychology and language: An introduction to psycholinguistics*. Harcourt Brace Jovanovich.

Clemen, G. (1997). The concept of hedging: Origins, approaches and definitions. In R. Markkanen & H. Schröder, (eds.), *Hedging and Discourse*. Walter de Gruyter.

Clyne, M. (1991). The socio-cultural dimension: The dilemma of the German-speaking scholar. In H. Schröder, (ed.), *Subject Oriented Texts*. de Guyter.

Coates, J. (1983). *The semantics of modal auxiliaries*. Croom Helm.

Comrie, B. (1976). *Aspect*. Cambridge University Press.

Comrie, B. (1985). *Tense*. Cambridge University Press.

Connell, D. (2005). *Brain-based strategies to reach every learner*. Scholastic.

Cook, G. (1999). *Discourse*. Oxford University Press.

Cooper, R. (1986), Tense and discourse location in situation semantics. *Linguistic Philosophy, 9*, 1-44.

Couper-Kuhlen, E. (1987), Temporal relations and reference time. In A. Schopf(ed.), *Essays on tensing in English, 1: Reference time, tense and adverbs*. Tubingen.

Couper-Kuhlen, E., & Ford, C. (Eds.). (2004). *Sound patterns in interaction*. John Benjamins.

Couper-Kuhlen, E., & Selting, M. (Eds.). (2001). *Studies in interactional linguistics*. John Benjamins.

Croft, W. (1987). *Categories and relation in syntax: The clause level organization of information*. Ph.D. Dissertation, Stanford University.

Croft, W. (1991). *Syntactic categories and grammatical relation: The cognitive organization of information*. University of Chicago Press.

Croft, W. (2012). *Lexical verb*. University of Chicago Press.

Rosen, S. T. (1996). Events and verb classification", *Linguistics 34,* 191-223.

Declerck, R. (1986). From Reichenbach(1947) to Comrie(1986) and beyond. *Lingua, 70*. 87-112.

Declerck, R. (1991). *Tense in English: Its structure and use in discourse*. Routledge.

Deppermann, A. (2000). Ethnographische Gesprächsanalyse: Zu Nutzen und Notwendigkeit von Ethnographie für die Konversationsanalyse.— Ethnographic conversation analysis. On the uses and necessities of ethnography for conversation analysis. *Gesprächsforschung, 1*, 96–124. http://www.gespraechsforschungozs. http://de/heft2000/ga-deppermann.pdf.

Accessed 9 September 2023.

Deppermann, A. (2005). Conversational interpretation of lexical items and conversational contrasting. In A. Hakulinen & M. Selting (Eds.), *Syntax and lexis in conversation* (pp. 289-317). John Benjamins.

Deppermann, A. (2007). *Grammatik und Semantik aus gesprächsanalytischer Sicht.—Grammar and semantics form a conversation analytic point of view*. de Gruyter.

Deppermann, A. (2008). *Gespräche analysieren.—Analyzing conversation*. VS.

Deppermann, A. (2011). The Study of Formulations as a Key to an Interactional Semantics. *Human Studies, 34*, 115-128.

Deppermann, A. (2011). Notionalizations: The transformation of descriptions into categorizations. *Human Studies, 34*(2). doi:10.1007/s10746-011-9186-9.

de Vuyst, J. (1985). The present perfect in Dutch and English. *Journal of Semantics 4*. 137-163.

Diamond, S. (2011). *Getting more*. Penguin.

Dowty, D. R. (1979). *Word meaning and Montague grammar: The semantics of verbs and times in generative semantics and in Montague's PTQ*. Reidel.

Dowty, D. R. (1986). The effects of aspectual class on the temporal structure of discourse semantics or pragmatics. *Linguistic Philosophy, 9*, 45-79.

Drew, P. (2003). Comparative analysis of talk-in-interaction in different institutional settings. In P. Glenn, C. LeBaron, & J. Mandelbaum (Eds.), *Studies in language and social interaction* (pp. 293-308). Erlbaum.

Dry, H. (1983), The movement of narrative time. *Journal of Literary, 12,* 121-145.

Emirbayer, M., & Maynard, D. W. (2011). Pragmatism and ethnomethodology. *Qualitative Sociology, 34,* 221-261.

Enc, M. (1985). *Tense without scope*. IULC.

Enc, M. (1985). Anchoring conditions for tense. *Linguistic Inquiry, 18,* 102-141.

Falk, J. (1978). *Linguistics and language: A survey of basic concepts and implications*. John Wiley & Sons.

Fillmore, C. J. (1982). Towards a descriptive framework for spatial deixis. In R.

J. Jarvella & W. Klein(eds.), *Speech, place, and action: Studies in deixis and related topics*. John Wiley.

Firth, J. R. (1957). *Papers in linguistics*. https://doi.org/10.1111/j.1473-4192.2007.00164.

Flanders, N. A. (1970). *Analysing teacher behaviour*. Addison-Wesley.

Fleischman, S. (1985). Discourse functions of tense-aspect oppositions in narrative: Toward a theory of grounding. *Linguistics, 23*, 227-271.

Fleischman, S. (1990). *Tense and narrativity*. University of Texas Press.

Gabby, D. & J. Moravcsik. (1980), Verbs, event, and the flow of time. In C. Rohrer(ed.) *Time, tense and quantifiers*. Niemeyer, 59-83.

Gee, J. P. (2001). *Discourse analysis: Theory and method*. Routledge.

Gillespie, A., & Cornish, F. (2009). Fragmentation or differentiation: Questioning the crisis in psychology. *Integrative Psychological & Behavioral Science, 43*(2), 104–115.

Givon, T. (1993). *English Grammar*. John Benjamins Publishing Company.

Glasbey, G. (1993). Distinguishing between events and times: Some evidence from the semantics of 'then'. *Natural Language Semantics 1*. 127-171.

Goffman, E. (1967). *Interaction ritual: Essays in face-to-face behaviour*. Random House.

Grabe, W. & Kaplan, R. (1997). On the writing of science and the science of writing: Hedging in science text and elsewhere. In R. Markkanen & H. Schröder(eds.), *Hedging and discourse*. Walter de Gruyter.

Grice, M. P. (1975). Logic and conversation. In P. Cole & J. L. Morgan(ed.), *Syntax and semantics 3: Speech acts*. Academie Press.

Griffiths, P. (2023). *An introduction to English semantics and pragmatics*. Edinburgh University Press.

Grundy, P. (2008). *Doing pragmatics*(3rd ed.). Hudder Education.

Haegeman, L. (1989). Be going to and will: A pragmatic account. *Journal of Linguistics, 25*. 125-178.

Haegeman, L. (1991). *Introduction to government and binding theory*. Basil

Blackwell.

Haegeman, L. & J. Gueron. (1999). *English grammar: A generative perspective*. Blackwell Publishers.

Hakulinen, A., & Selting, M. (Eds.). (2005). *Syntax and lexis in conversation*. John Benjamins.

Hall, E. T. (1976). *Beyond culture*. Doubleday.

Halliday, M.A.K. (1975). *Learning how to mean: Explorations in the development of language*. Edward Arnold.

Halliday, M.A.K. (1985, 1994). *An introduction to functional grammar*. Edward Arnold.

Halliday, M.A.K. & Hasan, R. (1976, 1989). *Cohesion in English*. Longman.

Harkness, J. (1987), Time Adverbials in English and Reference Time. In A. Schopf(ed.), *Essays on tensing in English, 1: Reference time, tense and adverbs*. Niemeyer. 71-110.

Harnish, R. (1976). Logical form and implicature. In T. Bever, T. Katz, & T. Langendoen(ed.), *An integrated theory of linguistic ability*. Crowell.

Harris, Z. (1952). Discourse analysis. *Language, 28*, 1-30.

Hatav, G. (1993). The aspect system in English: An attempt at unified analysis. *Linguistics, 31*, 89-117.

Herbert, R. K. (1990). Sex-based differences in compliment behavior. *Language in Society, 19*(2), 201-224.

Heritage, J., & Watson, D. R. (1979). Formulations as conversational objects. In G. Psathas (Ed.), *Everyday language* (pp. 123-162). Irvington.

Hinkel, E. (2005). *Culture in second language teaching and learning*. Cambridge Applied Linguistics.

Hinrichs, E. (1986). Temporal anaphora in discourse of English. *Linguistic & Philosophy, 9*, 168-203.

Homes, J. (1990). Hedges and boosters in women's and men's speech. *Language and Communication, 10*(1), 185-205.

Hopper, P. J. (1979), Some observations on the typology of focus and aspect in narrative language. *Studies in Languages 3*, 37-89.

Hopper, P. J. & Thompson, S. A. (1984). Transitivity in grammar and discourse. *Language, 56*(2), 56-97.

Hyland, K. (2004). *Disciplinary discourses: Social interactions in academic writing.* Michigan Classics Edition.

Hymes, D. (1972). *On communicative competence.* In J. B. Pride & J. Holmes(eds.), *Sociolinguistics.* Penguin.

Hymes, D. (1974). *Foundations of sociolinguistics.* University of Pennsylvania Press.

Jackendoff, R. S. (1990). *Syntactic structure.* MIT Press.

Jackendoff, R. S. (1991). *Semantic interpretation in generative grammar.* MIT Press.

Jalilifar, A. (2009). Thematic development in English and translated academic texts. *Journal of Language & Translation, 10*(1), 81-111.

Jones, L. & Jones, L. K. (1979). Multiple levels of information relevance in discourse. *Discourse Studies in Mesoamerican Language 1,* 1-47.

Justice, L. M. (2006). *Communication sciences and disorder: An introduction.* Merrill/Prentice Hall.

Karttunen, L. & S. Peters. (1979). Conventional implicature. In Oh, C. K. & Dineen, D. A. (eds.), *Syntax and semantics, 11*. Academic Press.

Keenan, E. L. (1971). Two kinds of presupposition in natural language. In C. J. Fillmore & D. T. Langendoen, (eds.), *Studies in linguistic semantics.* Holt, Rinehart & Winston.

Kiefer, F. (1994). Modality. In Asher, R. E. & Simpson, J. M. Y. (eds.), *The Encyclopedia of Language and Linguistics, 5*. Pergamon Press.

Koopman, T. & D. Sportiche. (1988), *Subjects(*ms). UCLA.

Kramsch, C. (1986). Classroom interaction and discourse options. *Studies in Second Language Acquisition, 7,* 169-83.

Labov, W. (1972), *Language in the inner city.* University of Pennsylvania Press.

Lakoff, G. (1972). Hedges: A study in meaning criteria and the logic of fuzzy concepts, Papers from the *English Regional Meeting of the Chicago Linguistic Society*(1972), 183-228. Reprinted in *Journal of Philosophical Logic, 2*(4), 458-508.

Landman, F. (1992). The progressive. *Natural Language Semantics 1,* 1-32.

Langacker, R. W. (1991). *Foundations of cognitive grammar.* Stanford University Press.

Langer, C., Aldrup, M., & Lechler, C. (2021). Perspectives of interactional linguistic research-basic and applied. *Report on the International Symposium 2021 in the Research Center on Interactional Linguistics.* University of Potsdam, 441-452.

Lascarides, A. & Asher, N. (1991). Discourse relations and defeasible knowledge. *Proceedings of the 29th Annual Meeting of the Association for Computational Linguistics.*

Lascarides, A. & Asher, N. (1993). Discourse relations and common sense entailment. *LP,* 16, 114-154.

Lascarides, A. & J. Oberlander. (993). Temporal coherence and defeasible knowledge. *Theoretical Linguistics, 19*(1). 105-141.

Leech, G. (1971). *Meaning and the English verb.* Longman.

Leech, G. (1983). *Principles of pragmatics.* Longman.

Leech, G. (1999). The distribution and function of vocatives in American and British English conversation. In H. Hasselgard, & S. Oksefjell(eds.), *Out of corpora: Studies in honour of Stig Johnsson.* Rodopi.

Leech, G. (2014). *The pragmatics of politeness.* Oxford University Press.

Leech, G. & J. Svartvik. (2002). *A communicative grammar of English.* Longman.

Lehtonen, J. K., & Sajavaara, K. (1985). The silent Finn. In D. Tannen & M. Saville-Troike(eds.). *Perspectives on silence.* Ablex. 193-201.

Levelt, W. J. M. (1989). *Speaking: From intention to articulation.* MIT Press.

Levinson, S. C. (1983). *Pragmatics.* Cambridge University Press.

Lewis, D. (1972). General semantics. In D. Davidson & G.H. Harman(eds.), *Semantics of natural language.* Dordrecht: Redel.

Linderberg, A. C. (1994). Rhetorical conventions in scholarly articles in economics and business sciences: A study of introductions with a special reference to knowledge claims. In S. Cmejrkova, et. al. (eds.), Writing vs. speaking: Language, text, discourse, communication. *Proceedings of the Conference Held at the Czech Language institute of the Academy of Sciences of the Czech Republic.* Prague.

Linell, P. (2009). *Rethinking language, mind, and world dialogically.* Information Age Publishing.

LoCascio, V. (1986). Temporal deixis and anaphora in sentence and text: Finding a reference time. In V. LoCascio & C. Vet(eds.), *Temporal Structure in Sentence and Discourse.* Foris.

Loftus, E. (1976). Leading questions and the eyewitness report. *Cognitive Psychology, 7,* 560-572.

Longacre, R. E. (1989). Two hypotheses regarding text generation and analysis. *Discourse Process, 12,* 97-142.

Long, M. H & Sato, C. J. (1983). Classroom foreign talk discourse: Forms and functions of teacher's questions. In H. W. Seliger & M. H. Long, (eds.), *Classroom oriented research in second language acquisition.* Newbury House Publishers. 268-86.

Lustig, M. W. (2006). Communication curricular in the multicultural university. *Communication Education 40,* 250-254.

Lustig, M. W. & Koester, J. (2006). *Intercultural competence: Interpersonal communication across cultures.* Pearson.

Maguire, P., Maguire, R., Cater, A. W. S. (2010). The influence of interactional semantic patterns on the interpretation of noun-noun compounds. *Learning, Memory, & Cognition, 36*(2), 288-297. 0278-7393/10/$12.00 DOI: 10.1037/a0018687.

Markee, N. (2008). Toward a learning behavior tracking methodology for CA-for-SLA. *Applied Linguistics, 29,* 51-81.

Markkanen, R. & Schröder, H. (1997). Hedging: A challenge for pragmatics and discourse analysis. In R. Markkanen & H. Schröder, (eds.), *Hedging and discourse.* Walter de Gruyter.

Martin, J. R. (1992). *English text: System and structure*. Benjamins.

Matthew, R. (1987). Present perfect tenses. In A. Schopf.(ed.), *Essays on tensing English*. Niemeyer.

Mauranen, A. (1997). Hedging in language revisers' hands. In R. Markkanen & H. Schröder, (eds.), *Hedging and Discourse*. Walter de Gruyter.

Maynard, D. W. (2006). "Does it mean I'm gonna die?" On meaning assessment in the delivery of diagnostic news. *Social Science & Medicine, 62*, 1902-1916.

Maynard, D. W. (2011). On interactional semantics and problems of meaning. *Hum Studies, 34*, 199-207. DOI 10.1007/sl0746-011-9188-7.

McCarthy, M. (2005). Fluency and confluence: What fluent speakers do. *Language Teacher, 29*(6), 26-28.

McCarthy, M., Matthiessen, C., & Slade, D. (2002). Discourse analysis. In Schmitt, N. (ed.) *An introduction to applied linguistics*. Edward Arnold.

McCawley, J. (1988). Tense and its relation to participants. *Language 46*, 141-187.

Meyer, P. G. (1997). Hedging strategies in written academic discourse: Strengthening the argument by weakening the claim. In R. Markkanen & H. Schröder(eds.), *Hedging and Discourse*. Walter de Gruyter.

Mittwoch, A. (1988). Aspects of English: On the interaction of perfect, progressive and durational phrases. *LP, 11*, 87-108.

Mufwene, S. (1984). A reconsideration of Lingala temporal inflections. *African Linguistics, 9*, 57-85.

Myhill, J. (2004). Typology and discourse analysis. In D. Schiffrin(ed.) *The Handbook of Discourse Analysis*. Blackwell. 175-196.

Naumann, R. (1998). A dynamic approach to the present perfect in English. *Theoretical Linguistics, 24*, 57-88.

Nore´n, K., & Linell, P. (2007). Meaning potentials and the interaction between lexis and grammar. *Pragmatics, 17*, 387-416.

Ogden, C. K. & Richards, I. A. (1923). *Meaning of meaning*. Harcourt Brace Jovanovich.

O'Keeffe, A., Clancy, B, & Adolphs, S. (2011). *Introducing pragmatics in use*. Routledge.

Olshtain, E. & Blum-Kulka, S. (1985). Degree of approximation: Nonnative reactions to narrative speech act behavior. In S. Gass & C. Madden(eds.), *Input in second language acquisition*. Newbury House.

Olshtain, E. & Celce-Murcia, M. (2004). Discourse analysis and language teaching. In D. Schiffrin.(ed.) *Discourse Analysis*. Black well. 707-724.

Parsons, T. (1990). *Events in the semantics of English*. MIT press.

Partee, B. H. (1984). Nominal and temporal anahpora. *Linguistic Philosophy, 7*. 127-187.

Pence, K. L & Justice, L. M. (2008). *Language development from theory to practice*. Pearson Education.

Polanyi, L. (2004). The linguistic structure of discourse. In D. Schiffrin, D. Tannen, & H. E. Hamilton. (2002) (eds.), *The handbook of discourse analysis*. Blackwell.

Prabhu, N. S. (1987). *Second language pedagogy*. Oxford University Press.

Preisler, B. (1986). *Linguistic sex roles in conversation: Social variation in the expression of tentativeness in English*. Mouton de Gruyter.

Quirk, R., Greenbaum, S., Leech, G., & Scartvik, J. (1985). *A comprehensive grammar of the English language*. Longman.

Radford, A. (1988). *Transformational grammar*. Cambridge University Press.

Radford, A. (1997). *Syntactic theory and the structure of English: A minimalist approach*. Cambridge University Press.

Radford, A. (2004). *English syntax*. Cambridge University Press.

Rapaso, E. & J. Uriagereka. (2000). *English syntax*(manuscript).

Rawls, A. W. (2008). Harold Garfinkel, ethnomethodology and workplace studies. *Organization Studies, 29*, 701-732.

Reichenbach, H. (1947). *Elements of symbolic logic*. Foris Press.

Reinhart, T. (1984). Principle of gestalt perception. In L. David & J. Samuals(eds.) *Basic process in reading: Perception and comprehension*. Hillsdale.

Rivero, M. (1992). Adverb incorporation and syntax of adverbs in Modern Greek, *LP 15*, 131-157.

Rizzi, L. (1997). The fine structure of the left periphery. In L. Haegeman(ed). *Elements of grammar*. Kluwer. 281-337.

Robinson, R. (1990). The primary of aspect: Aspectual marking in English. *Interlanguage Studies in Second Language Acquisition, 12*, 69-99.

Rosenbaum, P. S. (1967). *The Grammar of English predicate complement constructions*. MIT Press.

Rymes, B. (2009). *Classroom discourse analysis: A tool for critical reflection*. Hampton Press.

Salkie, R.(1989). Perfect and plueperfect: What is the relationship? *Journal of Linguistics, 25*, 57-87.

Santos, M. B. D. (1996). The textual organization of research paper abstracts in applied linguistics. *Text, 16*(4), 481-499.

Schegloff, E. (1972). *Opening up closings*. Penguin.

Schiffrin, D. (1992). Anaphoric 'then' : Aspectual, textual, and epistemic meaning. *Linguistics, 30*, 101-150.

Schopf, A. (1987). The past tense in English. In A. Schopf(ed.), *Essays on tensing in English, 1 : Reference time, tense and adverbs*. Tubingen.

Searle, J. R. (1979). *Expression and meaning*. Cambridge University Press.

Sells, P. (1985). *Lectures on contemporary syntactic theories*. MIT Press.

Senthamarai, S. (2018). Interactive teaching strategies. *Journal of Applied and Advanced Research, 3*, https://dx.doi.org/10.21839/jaar.2018.v3S1.166. 36-38.

Shore, B. (1996). *Culture in mind. cognition, culture, and the problem of meaning*. Oxford University Press.

Sinclair, J. M. & Coulthard, R. M. (1975). *Towards an analysis of discourse*. Oxford University Press.

Skelton, J. (1997). How to tell the truth in the British Medical Journal: Patterns of judgement in the 19th and 20th centuries. In R. Markkanen & H. Schröder(eds.), *Hedging and Discourse*. Walter de Gruyter.

Smith, C. (1980). Temporal structures in discourse. In C. Rohrer(ed.), *Time, tense, and quantifiers*. Niemeyer.

Smith, C. (1982). Aspect and aspectual choice. *Texas Linguistic Forum, 19,* 77-99.

Sobin, N. (2002). The comp-trace effect, the adverb effect and the minimal CP. *Journal of Linguistics 38,* 527-560.

Spada, N. & Fröhlich, P. M. (2009). *COLT observation scheme: Communicative orientation of language teaching coding conventions and applications.* National Centre for English Language Teaching and Research at Macquarie University.

Spejewsky, B. & Carlson, G. N. (1993). Modification of Event Relations. *PNELS 23,* 107-155.

Sperber, D. & Wilson, D. (1986). *Relevance.* Blackwell.

Sperber, D. & Wilson, D. (1995). *Relevance: Communication and cognition.* Blackwell.

Sperber, D. & Wilson, D. (2006). *Relevance theory.* In L. Horn & G. Ward(eds.), *The handbook of pragmatics.* Blackwell.

Stoddard, S. (1991). *Text and texture: Patterns of cohesion.* Abex Publishing Corporation.

Stowell, T. (1992). *Syntax of tense.* UCLA.

Tench, P. (1996). *The intonation systems of English.* Cassel.

ter Meulen, A. (1990). Aspectual verbs and generalized quantifiers. In A. Halpern(ed). *ESLI.*

Thompson, G. (1997). Training teachers to ask questions. *English Language Teaching Journal, 51,* 279-289.

Thompson, E. (2001). Temporal dependency and the syntax of subjects. *Journal of Linguistics 37,* 287-312.

Thornbury, S. (2005). *Beyond the sentence: Introducing discourse analysis.* McMillan.

Thornbury, S. & Slade, D. (2006). *Conversation: From description to pedagogy.* Cambridge University Press.

van Dijk, T. A. (1979). *Grammar and descriptions.* Mouton.

van Dijk, T. A. (1980), *Text and context explorations in the semantics and pragmatics of discourse.* Longman.

van Dijk, T. A. (2012). Discourse and knowledge. In J. P. Gee & M. Handford(ed.), *The Routledge handbook of discourse analysis*. Routledge handbooks.

Vasuldeva, H. N. (1971). *Tense and aspect*. University of Michigan.

Vendler, Z. (1967). *Verbs and times*. In Z. Vendler, LP.

Verkuhl, H. J. (1987). Verbal Aspect in Russian and in English. *Linguistics 25*, .275-351.

Verkyul, H. J. (1993). *A theory of aspectuality*. Cambridge University Press.

Vitacolinna, L. (1983), The old Man and the sea: Some aspects of a structural analysis. In J. Petofi & E. Sozer(ed.), *Micro and macro connect of texts*. Penguin Books.

Wagener, A. (2018). A theory of interactional systems: Semantic connections and relational contextics. *Applied Systemic Studies, 8*(1), 32-50.

Walsh, S. (2011). *Exploring classroom discourse: Language in action*. Routledge.

Warren, R. P. (1943). *Understanding fiction*. Appleton Century Crofts.

Watts, R. (2003). *Politeness*. Cambridge University Press.

Weinrich, H. (1993). *Text grammar*. Bibliographisches Institut.

Widdowson, H. G. (1978). *Teaching a language as communication*. Oxford University Press.

Widdowson, H. G. (2007). *Discourse analysis*. Oxford University Press.

Wilson, D. & Sperber, D. (1993). Linguistic form and relevance. *Lingua 90*, 77-98.

Young, R. F. (2008). *Language and interaction: An advanced resource book*. Routledge.

Young, R. F. (2011). Interactional competence in language learning, teaching, and testing. In E. Hinkel (ed.), *Handbook of research in second language teaching and learning, 2*(pp. 426-443). Routledge.

Young, R. F. (2014). What is interactional competence? https://www.researchgate.net/publication/280720225. Accessed 12 March 2023.

Zagona, Z. (1988). *Verb phrase syntax*. Kluwer Academic Publishers.

Zegarac, V. (1993). Some observations on the pragmatics of the progressive. *Lingua 90*, 201-220.

찾아보기

ㄱ-ㅎ

ㄱ

간접화행(indirect speech act)__74
갈등(complicating action)__309
갈등(complication)__299
개인 심성 모형(personal mental model)__28
개인화(personalization)__49, 122
거시계획(macro-planning)__73
거시 텍스트 구조(macro-structure)__306
결말(conclusion)__299
결말(resolution)__309
겸손 수칙(maxim of modesty)__55
경상규칙__242
경제성 원리(economy principle)__75
고맥락 문화(high context culture)__64
공동의 의미(common ground)__51
공동의 정보(common ground)__19, 24, 78
공동정보(common ground)__119
공범주 원리(Empty Category Principle)__203
공손성 원리(Politeness Principle)__55
관련성(relevance)__78
관련성수칙__243
관용 수칙(maxim of generosity)__55
관점상(aspect)__159
교섭(transaction)__93

교환(exchange)__93
구정보(given information)__111
굴절소 분리가설(INFL split hypothesis)__176
근접발달영역(zone of proximal development)__115
기능범주(functional category)__200
기동적 해석(inchoative reading)__143
김진석, 2001__260
김진석, 2005a__300
김진석, 2005b__300
김진석, 2008a__326
김진석, 2008b__300
김진석, 2013__31, 41, 81
김진석, 2015__29, 41
김진석, 2018__115
김진석, 2022__99
김진석, 2024__71
김진석 외, 2024__64
김진석, 장은숙, 2024__47

ㄴ

내적 발화(internal speech)__41
내적시간구성(internal temporal constituency)__130

ㄷ

담화분석(discourse analysis)__30
담화전략__301

대화분석(conversational analysis)__27
도입(orientation)__309
동시해석(simultaneous reading)__195
동의 수칙(maxim of agreement)__55
동정 수칙(maxim of sympathy)__55
동질성(homogeneity)__133

ㅁ

매입가능성 원리(Embeddability
　　Principle)__227
맥락(context)__21
맥락화(contextualization)__20, 23
명시적 시간부사(explicit temporal
　　adverb)__140, 153, 232, 260, 300
모드(mode)__85, 95, 113, 124
문맥__153
문맥정보(contextual information)__142,
　　244, 264
문장 끝 무게(end weight)원칙__76
문장 끝 초점(end focus)원칙__76, 113
문화 모형(cultural model)__28
미시계획(micro-planning)__73
미완료 모순(imperfective
　　paradox)__163, 184
민족지학적 접근__22

ㅂ

반어법의 효과(effect of irony)__53
발단(exposition)__299
발화 수반력(illocutionary force)__42, 73
배경(background)__152
변화성__134, 135
보문소 분리 가설(CP-Split
　　Hypothesis)__204
보문소 삽입변형(complementizer
　　insertion transformation)__196, 202

보문자(complementizer)__203
분기적인 가능세계(branching possible
　　world)__185
비논항자리(non-argument
　　position)__199, 204
비선호 대응(dispreferred response)__101
비한정성__294

ㅅ

사건강진전__290, 295
사건구조(event structure)__39
사건진전체계__275
사고 틀(mental script)__149
사상(mapping)__39
사용역(register)__156
사회·문화 맥락__34
사회·문화적 이론__22
사회 언어학(socio-linguistics)__30
사회적 상호작용(social interaction)__115
상태 동사(state)__303
상호 유창성(confluence)__49
상호이해(mutual comprehension)__57
상호 주관성(inter-subjectivity)__45, 57
상황 맥락__34
서법성__335
선호대응(preferred response)__101
설화 텍스트__291
설화 텍스트 종속(narrative
　　subordination)__151
성취 동사(accomplishment)__303
세계에 대한 지식(world
　　knowledge)__21, 30
세상 지식(world knowledge)__244, 264
순서교대(turn-taking)__27, 45, 93
순서교대 할당규칙(trun-assignment
　　rule)__98

순서성 수칙__242, 263, 264, 301
시간일관성규칙__301
시점의 폭(camera angle)__176
신문, 연설문__291
신정보(new information)__111
심리적 층위(psychological plane)__115

ㅇ

아이러니 원리(irony principle)__56, 87
어휘 머리 제약(Lexical Head Constraint)__204
어휘상(aktionsart)__153, 244, 264
어휘상(lexical aspect)__303
언어 맥락__34
언어적·비언어적 의사소통__25
언어지식(Linguistic Knowledge)__30
에세이__291
영 보문소(null complementizer)__213
영역(field)__73, 93, 95, 113, 124
예상해석(forward shifted reading)__233
예측 가능한 맥락(predictable interactional context)__114
예측할 수 없는 맥락(unpredictable interactional context)__114
완수 동사(achievement)__303
요령 수칙(maxim of tact)__55
요약(abstract)__299, 309
용인 가능성(acceptability)__162
원리 및 변수(Principle & Parameter)__72
의도(intention)__20
의미관할규칙__242
의미론(semantics)__21
의미역(thematic role)__199
의미협상(negotiation of meaning)__28, 34
의의(sense)__22

이동(move)__93
이중 보문소 제약(doubly-filled comp)__210
이중 보문자 구문(doubly-filled comp)__212, 220
이행성(transitivity)__169
인가 수칙(maxim of approbation)__55
인과성(causality)__135, 244, 264
인식적 서법성(epistemic modality)__328
인접쌍(adjacency pair)__100
인지적 자료(cognitive resource)__28
일반화(generalization)__23, 24
일반화 구 구조문법(Generalized Phrase Structure Grammar__203
일차적으로 주어진 시간(Given Primary Time)__151

ㅈ

자리바꿈의 문맥(transposing context)__230
자질점검(feature checking)__201
작업 기억(working memory)__23
저맥락 문화(low context culture)__64
적극적 공손성(positive politeness)__84
적극적 인지효과(positive cognitive effect)__123
적정성 조건(felicity condition)__95
전경(foreground)__152
전경(foreground)정보__299
전시형 질문(display question)__110
절정(peak)__299
정보 처리 원리(processibility principle)__76
종결부(coda)__299, 309
종결성(telicity)__134, 135, 284
종결성 자질(telicity__248

좌측 한정성(left boundedness)__143
좌표(co-ordinate)__26, 67
주관성(subjectivity)__57
주어진 일차적 공간(given primary space)__132
주어진 일차적 시간(given primary time)__132, 307
주체자__19
지배결속이론(Government and Binding Theory)__203
지속성(duration)__135
직접화행(direct speech act)__74
질 수칙(quality maxim)__119

ㅊ

참고 틀(frame of reference)__64, 86
참조형 질문(referential question)__111
체면__55
체면 위협 행동(face threatening act: FTA)__101
최소이론(minimalist theory)__200
추론(inference)__22
추상화(abstraction)__23, 24

ㅌ

태도동사(attitude verb)__226
테너(tenor)__95, 113, 124
통제성(control)__135

ㅍ

평가(evaluation)__309
포괄적 관련성(inclusive relationship)__23, 129
포함해석(inclusive reading)__231
표면여과(surface filter)__203

ㅎ

한정성(boundedness)__280
한정성(finiteness)__177, 198
행위__95
행위(act)__93
행위자 없는 수동태(agentless passive)__341
헤지 구문(hedge construction)__340
협동원리(cooperative principle)__52
협동적 의미협상(cooperative negotiation of meaning)__114
협조적 의미협상(cooperative negotiation of meaning)__52
형성화(formulation)__19, 23, 34, 36, 241
화용론(pragmatics)__21, 30
화제(topic)__342
화제화(topicalization)__207
화행론(speech act)__30
활동 동사(activity)__303
회복 가능성(recoverability)__210

A-Z

A

Anderson, 1991__134
Antaki, 2008__24, 36
Austin, 1962__42

B

Baker, 2001__233, 241, 253
Baltin, 1991__160, 191
Barth-Weingarten et al., 2010__35

Benett, 1977__189
Bilmes, 2012__27
Blakemore, 1987__242
Blakemore, 2002__250
Blakemore, 2004__146, 147
Brannen, 1979__156
Brown & Levinson, 1978__330
Brown & Levinson, 1987__83, 328, 330
Brown & Yule, 1983__68, 86
Brown & Yule, 1988__112

C
Carnie, 2000__218
Carroll, 1988__32
Cazden, 2001__122
Chafe, 1986__310
Chafe, 2012__32
Channell, 1994__328
Chomsky, 1986__196, 202
Chomsky & Lasnik, 1991__160, 176, 178, 199
Christie, 2000__22
Clemen, 1997__328
Comrie, 1976__161
Comrie, 1985__171
Comrie, 1986__194
Connell, 2005__23
Couper-Kuhlen & Ford, 2004__35
Couper-Kuhlen & Selting, 2001__35
Croft, 1987__39
Croft, 2012__39, 160

D
Declerk, 1991__151
Deppermann, 2000__29
Deppermann, 2007__36
Deppermann, 2011__24, 28, 33
Dowty, 1979__163, 171, 185, 189
Dowty, 1986__145, 152
Dowty et al., 1985__270
Drew, 2003__24, 36

E
emic / etic__62
Enc, 1987__221

F
Firth__26
Firth, 1957__26
Fleischman, 1985__151
Fleischman, 1990__299, 310

G
Gillespie & Cornish, 2009__70
Givon, 1993__307
Grabe & Kaplan, 1997__330

H
Haegeman & Gueron, 1999__208
Hakulinen & Selting, 2005__35
Hall, 1976__64
Halliday, 1985__338
Heritage & Watson, 1979__24, 36
Hinkel, 2005__54, 118
Hinrichs, 1986__133, 145, 152
Hopper, 1979__307
Hymes, 1974__27, 47, 67, 68

I
IRE(Initiation, Response, Evaluation)__103
IRF(Initiation, Response, Feedback)__103

J
Jackendoff, 1990__247
Jackendoff, 1991__38

K
Kramsch, 1986__45, 47
Kreidler, 2014__22

L
Labov, 1972__310
Lakoff, 1972__326, 328
Lascarides & Asher, 1993__250, 305
Lascarides & Oberlander, 1993__146, 242, 244
Leech, 1971__163
Leech, 1983__42
Lehtonen & Sajavaara, 1995__45
Levelt, 1989__32, 44
Levinson, 1983__44
Lewis, 1972__26, 27, 68
Linell, 2009__36
L-marking__204
Lo Cascio, 1986__157
Lustig & Koester, 2006__42, 87

M
Mead__26
Myhill, 2004__273

N
Nore'n & Linell, 2007__36

O
Ogden & Richards, 1923__22
Ogihara, 1995__226, 235
O'Keefee et al., 2011__120, 121

O'Keeffe et al., 2011__22
Olshtain & Celce-Murcia, 2004__147
Ouhalla, 1990__160, 191

P
Parsons, 1990__136, 163, 188, 189
Partee, 1984__133, 145, 152, 303
Pence & Justice, 2008__31, 32

Q
Quirk et al., 1985__330

R
Radford, 2004__209
Reichenbach(1947)__171
Rizzi 1997__208
Rizzi(1997)__206, 219
Rymes, 2009__71, 114

S
Schegloff, 1972__36
Searle, 1979__42
Sharvit, 2003__232
Shavit, 2003__227
Shore, 1996__28, 29
Sinclair & Coulthard, 1975__104
Sinclair & Coulthart, 1975__93
Sobin(2002__204, 206, 213
Sperber & Wilson, 1995__123
Sperber & Wilson, 2006__123
Stowell, 1992__221

T
ter Meulen, 1990__260
Thompson, 2001__160, 179
Thornbury, 2005__66
Thornbury & Slade, 2006__76, 97, 100

Trueswell & Tanenhaus, 1991__235

V

van Dijk, 1980__310
van Dijk, 2012__32
Vendler, 1967__133
Verkuhl, 1991__133
Verkuyl, 1991__136
Verkyul, 1993__247
Vygotsky__26

W

Walsh, 2011__27, 47, 50, 110, 116
Watts, 2003__82
Widdowson, 2007__52, 53, 78

Y

Young, 2006__27, 49
Young, 2011__45, 47

상호작용 의미 화용론

1판 1쇄 발행 2024년 12월 31일

지 은 이 | 김진석
펴 낸 이 | 김진수
펴 낸 곳 | 한국문화사
등   록 | 제1994-9호
주   소 | 서울시 성동구 아차산로49, 404호 (성수동1가, 서울숲코오롱디지털타워3차)
전   화 | 02-464-7708
팩   스 | 02-499-0846
이 메 일 | hkm7708@daum.net
홈페이지 | http://hph.co.kr

ISBN 979-11-6919-279-8 93700

· 이 책의 내용은 저작권법에 따라 보호받고 있습니다.
· 잘못된 책은 구매처에서 바꾸어 드립니다.
· 책값은 뒤표지에 있습니다.

오류를 발견하셨다면 이메일이나 홈페이지를 통해 제보해주세요.
소중한 의견을 모아 더 좋은 책을 만들겠습니다.